Jochen Vogt

Wie analysiere ich eine Erzählung?

Ein Leitfaden mit Beispielen

Wilhelm Fink

Der Autor:
Jochen Vogt, geb. 1943, Promotion an der Ruhr-Universität Bochum 1968, danach
als Kulturjournalist bei Rundfunk und Zeitung, seit 1972 Professor für Germanistik/
Literaturwissenschaft und Literaturdidaktik an der Justus-Liebig-Universität Gießen,
seit 1973 an der Universität/Gesamthochschule Essen. Fachgutachter für Neuere
deutsche Literatur der Deutschen Forschungsgemeinschaft 1996-2004; Fellow am
Kulturwissenschaftlichen Institut des Landes Nordrhein-Westfalen 2002-2005 (Pro-
jekt „Amerikanisierung der deutschen Kultur"); Gründer und bis 2008 Leiter des
Master-Studiengangs Literatur und Medienpraxis an der Universität Duisburg/Essen.
Gastprofessuren in Europa und den USA; seit 2008 Adjunct Professor of German
Studies an der Duke University, Durham, NC. Diverse literaturwissenschaftliche und
-didaktische Publikationen, Literaturkritik in Rundfunk und Presse.

Bibliografische Information der Deutschen Nationalbibliothek.

Die Deutsche Nationalbibliothek verzeichnet diese Publikation in der
Deutschen Nationalbibliografie; detailliertere bibliografische Daten sind
im Internet über http: //dnb.d-nb.de abrufbar.

© 2011 Wilhelm Fink Verlag GmbH & Co. Verlags-KG
Wilhelm Fink Verlag GmbH & Co. Verlags-KG, Jühenplatz 1–3, 33098 Paderborn
ISBN: 978-3-7705-3919-2

Internet: www.fink.de

Printed in Germany
Satz: Ruhrstadt Medien, Castrop-Rauxel
Layout & Einbandgestaltung: Alexandra Brand auf Grundlage der UTB-Reihen-
gestaltung von Atelier Reichert, Stuttgart
Herstellung: Ferdinand Schöningh GmbH, Paderborn

UTB-Bestellnummer: ISBN 978-3-8252-2466-0

EBERHARD LÄMMERT, DEM ALTMEISTER,
RESPEKTVOLL GEWIDMET

Inhaltsverzeichnis

Vorwort

Das *Erzählen* ist für uns Menschen fast so natürlich und notwendig wie das Atmen (und vielleicht auch auf eine ähnliche Weise zweitaktig: einatmen/zuhören, ausatmen/erzählen?). Und *Erzählungen* aller Art umgeben uns fast so dicht und unauffällig wie die Luft. Deshalb kann der Literaturwissenschaftler Volker Klotz mit vollem Recht sagen: „Erzählen scheint unverzichtbar" (und dann ein großes Buch über das Erzählen[1] schreiben). Und weiter: „Erzählen scheint unerschöpflich". Wie sollen wir das nun verstehen?

Die Notwendigkeit des Erzählens, so antwortet unsere Kollegin Sabine Gross in einem Forschungsbericht auf diese Frage, ist in der Endlichkeit des menschlichen Lebens begründet; das Erzählen verleiht dem vergänglichen Stoff, also dem gelebten Leben, eine Form oder viele Formen, macht ihn dauerhaft und überwindet zugleich unsere Sterblichkeit, indem es ein kollektives Gedächtnis schafft, das seinerseits weitergegeben und wiederum auf seine Bedeutung/en hin befragt und entziffert werden kann. Das Geschichtenerzählen im weitesten Sinn gehört also ebenso zum Wesen der Menschen wie das Spiel, das Denken, die Sprache, das Lachen und das Weinen; und jede einzelne Erzählung ist eine einzigartige Mischung des Universellen, Schematischen und Erwartbaren mit dem Individuellen, Einzigartigen und Überraschenden. Geschichten speisen sich aus unserer Erfahrung und unserem Weltwissen; als kunstloser Bericht oder als Kern eines literarischen Kunstwerks verweisen sie auf den Rahmen überlieferter Konventionen und Traditionen – indem sie diese fortführen oder auch indem sie mit ihnen brechen.[2]

Dieser und manch ähnlicher Versuch[3], das Wesen und die Leistung des Erzählens und der Erzählungen begrifflich oder auch metaphorisch zu fassen, verweisen immer wieder darauf, dass diese einerseits ganz alltäglich und oftmals unbeachtet vorhanden und wirksam sind – und andererseits ganz elementar, geradezu transzendental notwendig sind für die menschliche Existenz und Kultur.

---

[1] Volker Klotz: Erzählen: Von Homer bis Boccacio, von Cervantes bis Faulkner, München 2006, S. 13.

[2] Sabine Gross: Surveying Narratology, in: Monatshefte 100 (2008), H. 4; S. 534-559; meine freie Übersetzung und Paraphrase dieser Passage nach S. 534f.

[3] Vgl. etwa eine berühmte Formulierung von Roland Barthes, hier unten S. 17.

Wenn dies nun aber so ist, fragt Sabine Gross weiter – und nun wird es fachspezifisch! – was ist dann die Aufgabe und Leistung einer so genannten *Wissenschaft vom Erzählen?* Was dürfen wir von der Fachdisziplin erwarten, die international seit längerem *narratology* oder *narratologie* heißt, und auf Deutsch üblicherweise *Erzähltheorie*, oder neuerdings ebenfalls *Narratologie* genannt wird? Es sei nämlich nicht immer klar, meint Frau Gross, ob die Analyse des Erzählens und der Erzählungen, wie sie von dieser Disziplin praktiziert wird, die Kraft und das Potential einer Geschichte erschließt und verstärkt, oder ob sie deren Eigenart und Unverwechselbarkeit durch den wissenschaftlichen Zwang zur Klassifizierung sogar verdeckt und unterdrückt. Es scheint also einerseits einen stärker anwendungsorientierten Zweig der Narratologie zu geben, der sich in den Dienst der Analyse bzw. der Interpretation von bestimmten Erzähltexten stellt (also eine *Erzähltextanalyse*), und eine eher grundsätzliche und systematische Forschungsrichtung, der es um die Erkenntnis von Strukturen und Gesetzlichkeiten des Erzählens bzw. der Erzählungen geht, und für die einzelne Texte und deren Analyse nur als Beispiele wichtig sind (also eine *Erzähltheorie* im engeren Sinn des Wortes).

Meine Position in dieser Frage und meine Absicht (in den folgenden Kapiteln) ist eindeutig der ersten Richtung zuzurechnen. Ich gehöre definitiv zur „Werkzeugkasten"-Fraktion. Das heißt: Ich möchte meine Leserinnen und Leser mit den wichtigsten Grundbegriffen der Erzähltheorie also den Werkzeugen und den Techniken ihrer Anwendung, kurz und modern gesagt: den *tools*, vertraut machen, aber mit dem Ziel, sie in der Lektüre, Analyse und Interpretation von literarischen Erzählungen aller Art produktiv anzuwenden. Was heißt dabei produktiv? Es geht mir natürlich nicht nur darum, einzelne Merkmale, Konstruktionsprinzipien, Bauformen von narrativen Texten zu erkennen und benennen, oder gar sie systematisieren zu können (obgleich man auch dies, wie jede andere Fertigkeit oder Technik, einüben muss); ich wünsche vielmehr und bin der Überzeugung, dass der analytische Blick auf solche Merkmale von Erzähltexten meinen Leser/inne/n helfen kann, deren Bedeutung, oder besser im Plural: deren Bedeutungen, die Vielfalt der Lesarten und die Breite möglicher Interpretationen zu erschließen und für sich selbst bedeutsam werden zu lassen.

Deshalb stelle ich im Folgenden die allgemeinen Begriffe, Kategorien und Unterscheidungen der Erzähltheorie, die ich in dieser Hinsicht für nützlich (und halbwegs konsensfähig) halte, nicht in streng systematischer Form vor, wohl aber kompakt und in einer Ordnung, die sich in

*Keine Erzähltheorie

den vergangenen Jahrzehnten als praktisch und gut handhabbar bewährt hat. Das heißt auch, dass sie aus verschiedenen Quellen oder wissenschaftlichen Schulen stammen: Es handelt sich sowohl um sprachphilosophische Positionen wie auch um Begriffe und Unterscheidungen aus der Traditionslinie des Strukturalismus und seiner Vorläufer, daneben aber auch um Kategorien aus einer deutschen Traditionslinie, die als „morphologische Poetik" bezeichnet wurde (und bemerkenswerte Berührungen mit der strukturalistischen Linie aufweist).[4] Weiterhin spielen auch Unterscheidungen eine Rolle, die letztlich grammatisch-stilistischer Natur sind, und schließlich folge ich unter dem Etikett „Rezeptionsästhetik" einem an der Perspektive des Lesers orientierten analytischen Blick auf den Erzähltext.

Ich gehe also, was die Orientierung innerhalb der erzähltheoretischen Schulen angeht, durchaus eklektisch vor, erwarte deswegen allerdings keine Vorwürfe mehr (wie noch beim Erscheinen meiner *Aspekte erzählender Prosa*); die methodische Entwicklung innerhalb der deutschen Literaturwissenschaft ist in den letzten Jahren doch immer stärker in diese vernünftige Richtung eines entspannten Methodenpluralismus gegangen.[5]

Dies hier ist demnach weder eine Systematik noch eine Programmschrift für eine bestimmte Methode, es ist kein Forschungsbericht und natürlich auch kein großes Buch über das Erzählen, sondern ein kleines, aber hoffentlich dennoch nützliches Buch über (einige) *Erzählungen.* Und dies wiederum ist nicht nur ein sehr umfassender, sondern deswegen auch ein diffuser, abgeschliffener oder mindestens mehrdeutiger Begriff, den ich vielleicht ein wenig erläutern sollte.

Der französische Erzähltheoretiker Gérard Genette, von dem ich viel gelernt habe, diskutiert zu Beginn seines heute international weit verbreiteten Standardwerks mit dem (verdeutschten) Titel *Die Erzählung* die „Zweideutigkeit" (eigentlich müsste er sagen: „Dreideutigkeit") eben

---

[4] Diesen Zusammenhang diskutiert, im Rückblick auf mehrere Jahrzehnte, ebenso detailliert wie anschaulich ein maßgeblicher Protagonist der deutschen (morphologischen) Erzählforschung selbst. Vgl. Eberhard Lämmert: Strukturale Typologien in der Literaturwissenschaft zwischen 1945 und 1960. In: Hans-Harald Müller, Marcel Lepper, Andreas Gardt (Hrsg.): Strukturalismus in Deutschland. Literatur und Sprachwissenschaft 1910-1975, Göttingen 2010, S. 229-272.

[5] Vgl. dazu das Methodenkapitel in Jochen Vogt: Einladung zur Literaturwissenschaft, 6., erweiterte und aktualisierte Aufl. München 2009, S. 204ff., zum Eklektizismus besonders S. 223 mit dem Goethezitat.

dieses Begriffs. Naheliegenderweise tut er dies aber anhand des französischen Wortes „le récit", das sich ja auch im Originaltitel seines Werkes findet (*Discours du récit*, 1972), so dass ich seine Unterscheidung nicht einfach übernehmen, sondern für das deutsche Wort „Erzählung" und den deutschen Sprachgebrauch ein klein wenig modifizieren muss.

Mit dem Wort „Erzählung" können wir also *erstens* die Tatsache, den Akt und gelegentlich auch die Zeitdauer bezeichnen, dass und wie lange jemand etwas (ein Erlebnis, eine Geschichte) erzählt, und zwar in aller Regel *mündlich*. So erzählt – ein Beispiel von Genette – der Held Odysseus im 8. bis 12. Gesang der *Odyssee* eine Reihe seiner Abenteuer; und so erzählt, in einem meiner folgenden Textbeispiele, die alte Frau Brücker aus Hamburg von ihren Krieges- und Nachkriegserlebnissen und von der *Entdeckung der Currywurst*. Wird eine solche Erzählung nun wiederholt, aufgeschrieben und womöglich gedruckt, kann man sie in einem *zweiten* Sinn eine „Erzählung" nennen, und zwar ganz unabhängig von Umfang und besonderer Gattungsform – die Wissenschaftler sprechen dann gern, ein wenig technischer, von einem Erzähl*text* oder einem narrativem Text. Das ist vermutlich die am weitesten verbreitete Verwendung des Wortes. *Drittens* nun, und das ist eine spezifisch deutsche Verwendung des Wortes, nennen wir eine Erzählung (im engeren Sinn) einen literarisch anspruchsvollen fiktionalen Prosatext von mittlerer Länge, der irgendwo zwischen den traditionellen Kurzformen (z.B. dem Märchen) und der modernen Kurzgeschichte einerseits, und andererseits der längeren und durch bestimmte Merkmale konturierten Novelle oder gar dem Roman angesiedelt ist.

Ich verwende den Begriff der Erzählung sowohl im Titel dieses Büchleins wie auch in den nachfolgenden Kapiteln also flexibel und variabel, zumeist im Sinne der zweiten (generellen) Bedeutung; gelegentlich strapaziere ich ihn soweit, dass sogar eine Kinderlied wie *Hänschen klein* oder (ausnahmsweise) ein umfangreicher Roman wie Heinrich Bölls *Gruppenbild mit Dame* darunter fällt, hoffe aber, dass mein Sprachgebrauch durch den Kontext jeweils klar und gerechtfertigt wird.

Die Auswahl der Erzählungen, die ich hier exemplarisch traktiere, ist mehr oder weniger von eigenen Unterrichtserfahrungen bestimmt; die meisten dieser Texte sind im Literaturunterricht der Sekundarstufe I (oder auch II) ohnehin eingeführt und bewährt, oder mindestens gut für ihn geeignet. Man kann, denke ich, dies oder jenes meiner Beispiele, oder auch eine kleine Reihe von ihnen, durchaus freihändig in die eigene Unterrichtspraxis übertragen. Abgesehen von einigen Randbemerkungen und Hinweisen habe ich mir und Ihnen explizit literaturdidaktische Erörterungen deshalb auch erspart. Intelligente Textanalysen zeichnen ja meistens schon einen produktiven didaktischen und methodischen Weg vor (wie überhaupt die Literaturdidaktik, die sich oft als Wissenschaft missversteht, in ihrer besten Variante nichts anderes ist als eine geglückte Verbindung von genauem Lesen, gesundem Menschenverstand und dem einen oder anderen kreativen Einfall).

Durch die vielfältigen fachlichen und publizistischen Debatten über das Lesen, oder besser: die Krise des Lesens, und besonders über den schulischen Literaturunterricht wie auch über das Literaturstudium, geistert seit ewigen Zeiten schon das Stereotyp von der Zerstörung der Leselust (und damit der produktiven und identitätsstiftenden Aneignung von Literatur) durch die didaktische Zurichtung der Texte, den unterrichtlichen Drill, das Zwangs-Interpretieren nach bestimmten Regeln und die verderbliche Sekundärliteratur. Dagegen wettert nicht nur, vorurteilsbelastet, ein Günter Grass[6], davon berichtet auch, mit etwas mehr empirischer Evidenz, Hans Magnus Enzensberger[7]; davon erzählt aber auch schon, vor mehr als hundert Jahren und in einer stilistisch glanzvollen Passage, die es verdient, wieder einmal zitiert zu werden, Heinrich Mann im *Professor Unrat.*[8]

---

[6]   Günter Grass: Blindstellen auf der Spur. Über den Sieg des Sekundären. In: Jürgen Manthey (Hrsg.): 20 Jahre poet in residence, Essen 1996 (=Essener Unikate 8), S. 10-13.

[7]   Hans Magnus Enzensberger: Bescheidener Vorschlag zum Schutze der Jugend vor den Erzeugnissen der Poesie. In: H. M. E.: Mittelmaß und Wahn. Gesammelte Zerstreuungen, Frankfurt a.M. 1988, S. 23-41. Vgl. dazu Jochen Vogt: Einladung zur Literaturwissenschaft, Kap. 3, S. 54ff.

[8]   „Mit der ‚Jungfrau von Orleans' beschäftigte die Klasse sich seit Ostern, seit dreiviertel Jahren. Den Sitzengebliebenen war sie sogar schon aus dem Vorjahr geläufig. Man hatte sie vor- und rückwärts gelesen, Szenen auswendig gelernt, geschichtliche Erläuterungen geliefert, Poetik an ihr getrieben und Grammatik, ihre Verse in Prosa übertragen und die Prosa zurück in Verse. Für alle, die beim ersten Lesen Schmelz und Schimmer auf diesen Versen gespürt hatten, waren sie längst erblindet. Man unterschied in der verstimmten Leier, die täglich wieder einsetzte, keine Melodie mehr. Niemand vernahm die eigen weiße Mädchenstimme, in der geisterhafte, strenge Schwerter sich erheben, der Panzer kein Herz mehr deckt und Engelflügel, weit ausgebreitet, licht und grausam dastehn. Wer von diesen jungen Leuten später einmal unter der fast schwülen Unschuld jener Hirtin gezittert hätte, wer um die kindliche Hoheit, die, vom Himmel verlassen, zu einem armen, hilflos verliebten kleinen Mädel wird, je geweint hätte, der wird nun das alles nicht so bald erleben. Zwanzig

Solche Beschwerden und Diagnosen sind gewiss nicht grundlos und vielfach auf persönliche Erfahrungen gegründet. Ich möchte dennoch und dagegen auch an der Möglichkeit und Chance festhalten, über die analytische Einsicht in die Machart eines Textes auch die Vielfalt seiner Bedeutungen zu erschließen und damit, auch und gerade im schulischen oder akademischen Unterricht, jene Innovations- und Provokationskraft des Textes freizusetzen, die letztlich den Lesegenuss erzeugt. Bertolt Brecht spricht im Blick auf sein so genanntes Episches Theater einmal von „Erkenntnis über [=durch] Vergnügen", ich hoffe und wünsche mir, dass man dies auch umwenden und vom „Vergnügen durch Erkenntnis" sprechen kann.

Dass dieses kleine Buch überhaupt geschrieben wurde, und warum es in dieser Form publiziert wird, muss dennoch kurz erklärt werden. Man hatte mich immer wieder einmal aufgefordert, die *Aspekte erzählender Prosa*, die mich, wie andernorts beschrieben, bei wachsendem Umfang und in unterschiedlichen Umschlagfarben durch mein gesamtes Berufsleben begleitet und dabei mehrere Verlage überlebt haben[9], doch um einige Beispielanalysen zu ergänzen, die sich eben nicht primär, wie die *Aspekte,* auf den Roman beziehen sollten, sondern auf kürzere Erzählformen. Dies auch unter dem Gesichtspunkt, dass solche Formen und Genres, von der Kurzgeschichte bis zur Novelle, traditionell und sinnvollerweise einen Kernbestand des Lektürekanons in den Sekundarstufen I und II und insofern auch einen wichtigen Gegenstand im Studium der Literaturwissenschaft ausmachen. Dem bin ich nun zu guter Letzt, und so gut es mir möglich war, auch unter Verwendung eigener Vorarbeiten, nachgekommen.

Für ihre Unterstützung bei dieser Mühe danke ich Lydia Schultchen, M.A., und Nadeshda Lushina, M.A., sehr herzlich. Meinem Verleger und meinem Lektor werde ich die unerbittliche Geduld, mit der sie diesen Text einforderten, nie vergessen. Schließlich bedanke ich mich bei allen Freunden und Kolleginnen sowie den Doktorand/inn/en im Department of Germanic Languages and Literatures der Duke University für ihre Gastfreundschaft im Spring Semester 2010, insbesondere für die Großzügigkeit, mit der sie mich immer wieder im East Asian Reading Room

Art wie etwas gemacht wird

Jahre vielleicht wird es brauchen, bis Johanna ihm wieder etwas anderes sein kann als eine staubige Pedantin." (Kapitel I)

[9]   Meine Ausgabe letzter Hand, d. h. die revidierte 10. Aufl. München 2009, natürlich im Wilhelm Fink Verlag bei UTB. Vgl. dort die Vorbemerkung.

der Bostock Library ignoriert und übersehen haben, mich also – gut verschanzt hinter den koreanischen Zeitschriften – sitzen und mit meinem narratologischen Werkzeugkasten basteln ließen, während ich (oder wir) doch gleichzeitig sehr viel Nützlicheres (oder auch Vergnüglicheres) hätte/n tun können. Ohne diesen geradezu Schillerschen „sanften Geist der Duldung" wäre mein *opusculum* vermutlich heute noch nicht fertig.

Kleinich im Hunsrück, am 18. September 2010   *J.V.*

Erster Teil: Grundbegriffe der Erzähltheorie

1. Die Erzählung und das Erzählen

Beginnen wir mit einem prominenten Zitat: „Die Menge der Erzählungen ist unüberschaubar. Da ist zunächst eine erstaunliche Vielfalt von Gattungen, die wieder auf verschiedene Substanzen verteilt ist, als ob dem Menschen jedes Material geeignet erschiene, ihm seine Erzählungen anzuvertrauen: Träger der Erzählung kann die gegliederte, mündliche oder geschriebene Sprache sein, das stehende oder bewegte Bild, die Geste oder das geordnete Zusammenspiel all dieser Substanzen; man findet sie im Mythos, in der Legende, der Fabel, dem Märchen, der Novelle, dem Epos, der Geschichte, der Tragödie, dem Drama, der Komödie, der Pantomime, dem gemalten Bild [...], der Glasmalerei, dem Film, den Comics, im Lokalteil der Zeitungen und im Gespräch. Außerdem findet man die Erzählung in diesen nahezu unendlichen Formen zu allen Zeiten, an allen Orten und in allen Gesellschaften; die Erzählung beginnt mit der Geschichte der Menschheit; nirgends gibt und gab es jemals ein Volk ohne Erzählung; alle Klassen, alle menschlichen Gruppen besitzen ihre Erzählungen, und häufig werden diese Erzählungen von Menschen unterschiedlicher, ja sogar entgegengesetzter Kultur gemeinsam geschätzt. Die Erzählung schert sich nicht um gute oder schlechte Literatur: sie ist international, transhistorisch, transkulturell, und damit einfach da, so wie das Leben."

So beschreibt der französische Literaturtheoretiker Roland Barthes das Untersuchungsfeld[1], dem wir uns im Folgenden, wenn auch mit einigen klaren Einschränkungen, zuwenden wollen. Aber darf man überhaupt all die erwähnten Gattungen, Medien und Formen unter dem Begriff *Erzählung* (frz. *récit*) zusammenfassen? Ist es möglich, eine „gemeinsame Struktur" der verschiedensten Phänomene aufzufinden, also die „Universalität" der Erzählung aufzuzeigen, und zugleich eine differenzierende Analyse verschiedener narrativer Genres vorzunehmen?

---

[1]   Roland Barthes: Einführung in die strukturale Erzählanalyse (1966), in: R.B.: Das semiologische Abenteuer, Frankfurt a. M. 1988, S. 102.

Und wenn wir uns auf das *literarische* Erzählen im engeren Sinn, von der Fabel bis zum Roman, beschränken: Welche Ebenen, welche Bauformen oder Aspekte erzählender Prosa müssen wir beachten und untersuchen? Welche Vorarbeiten hat die internationale *Erzählforschung* (auch: *Narratologie, Narrativik*) in der Literaturwissenschaft (oder in benachbarten Disziplinen) schon geleistet; welche Theorien und Begriffe stellt sie uns zur Verfügung? Diesen und einigen weiteren Fragen soll dieser grundlegende Teil nachgehen.

Kommen wir zunächst zur Begrifflichkeit: Erzählungen oder *narrative Texte* (von lat. *narrare*, erzählen) können alle von Barthes erwähnten Ausdrucksformen (und noch einige mehr) insofern heißen, als sie jeweils eine *Abfolge von Zeichen* (einen Text) bilden, die eine *Abfolge von Ereignissen* (eine Geschichte) repräsentiert. Diese Doppelstruktur darf man als einen Spezialfall der Struktur des sprachlichen Zeichens an sich verstehen, die als Zusammenspiel von Ausdruck und Bedeutung (frz. *signifiant* und *signifié*) von verschiedenen Linguisten herausgearbeitet worden ist. Diese beiden Ebenen des narrativen Textes, also die Zeichenfolge, der Text oder die Erzählrede (frz. *discours*, engl. *discourse*) und die Ereignisfolge, die Geschichte oder Erzählhandlung (frz. *histoire*, engl. *story*) sind eng aufeinander bezogen und zugleich in die Dimension der *Zeit* als die fundamentale „Form unseres Erlebens" eingebunden (so der Philosoph Edmund Husserl). Wie wir noch sehen werden, vermitteln narrative Texte deshalb besonders stark und vielfältig Effekte der *Zeit-Erfahrung.*

Wie Barthes betont hat, können als Material für die Textebene unterschiedliche „Substanzen", oder sagen wir besser: Medien und Zeichensysteme benutzt werden. Hier und im folgenden wollen wir uns (mit wenigen Ausnahmen) auf rein *sprachliche* Erzählungen (in mündlicher und/oder schriftlicher Form) beschränken und lassen (zunächst einmal) Bildfolgen aller Art ebenso beiseite wie die „dramatische Narration", also die Theateraufführung, die auch Mimik, Gestik und Bewegung der Akteure einschließt. Auf der Ebene der „Geschichte" unterscheidet bereits die älteste literaturtheoretische Schrift, die wir besitzen, die *Poetik* des Aristoteles (um 335 v. Chr.) zwei Arten von Narration: erstens die Erzählung des „wirklich Geschehenen" in der *Geschichtsschreibung*, und zweitens die *Dichtung*, die erzählt, „was geschehen *könnte*, d.h. das nach den Regeln der Wahrscheinlichkeit oder Notwendigkeit Mögliche."[2]

---

[2]   Aristoteles: Poetik. Griechisch/Deutsch. Hrsg. v. Manfred Fuhrmann, Stuttgart 1994, S. 29 [Kap. IX].

＊der Vorgang des Erzählens & das Ergebnis

Gérard Genette, der international einflussreichste Narratologe der Gegenwart, unterscheidet analog zu Aristoteles *faktuale* und *fiktionale* Erzählungen.

Damit haben wir bereits zwei fundamentale Unterscheidungen getroffen (discours/histoire und faktual/fiktional), an denen eine allgemeine Theorie des Erzählens, aber auch eine Strukturanalyse einzelner Erzähltexte ansetzen kann – wie wir noch sehen und ausprobieren werden. Zuvor ist aber noch ein genauerer Blick auf die unendliche Menge und die mediale Vielfalt narrativer Texte nötig, mit denen wir es in unserem Alltag und unserer Kultur, und speziell auch in der literarischen Überlieferung, zu tun haben. Diese Vielfalt ist, wie Barthes andeutet, grundsätzlich eine Auswirkung der tiefen anthropologischen Verankerung des *Erzählens* als *Tätigkeit;* frei nach Karl Marx könnte man auch sagen: als kulturelle Produktivkraft der Menschen.

In seinem ursprünglichen Sinn, als *mündliche* Wiedergabe faktischen Geschehens im Rahmen von Alltagssituationen, dient das Erzählen in primitiven wie in entwickelten Kulturen in erster Linie dazu, subjektives Erleben zu artikulieren, anderen mitzuteilen und damit auch psychologisch zu „bearbeiten". Aber dies gilt – in einem übertragenen oder indirekten Sinn – durchaus auch vom literarischen Erzählen. Dies hat sich historisch zunächst ebenfalls vorwiegend mündlich, dann aber immer stärker im Medium der *Schrift* (und in deren Verwendung im Buchdruck) vollzogen. Zusammenfassend lässt sich ungefähr sagen: Erzählend – aber auch zuhörend und lesend – speichern, wiederholen, ordnen, überprüfen, deuten und verändern wir tatsächlich geschehene (faktische) oder erfundene (fiktive) Handlungen. Wir erkunden den Raum der wirklichen Welt und die Räume unserer Einbildungskraft – und wir tun dies zu unserem Vergnügen und/oder auch zu unserem Schrecken (auch davon hatte Aristoteles schon eine Vorstellung). Im Erzählen und in der Lektüre von Erzählungen suchen wir schließlich intersubjektive Verständigung über die kleineren Fragen unseres Alltags und die ganz großen des Lebens und der Welt schlechthin. Wir versuchen, soziologisch formuliert, die tendenziell unüberschaubare und bedrohliche Komplexität der Welt anhand von exemplarischen Abläufen – was einer erlebt hat, was jedem widerfahren könnte – überschaubar und erträglich zu machen, also zu *Erfahrung* zu verarbeiten. Erzählen, sagt der Linguist Konrad Ehlich, ist eines „der prominentesten Mittel, mit denen der Transfer von Erfahrung bewältigt werden kann"; als symbolisches Probehandeln überwindet es „Isolation" und kann „Menschen dazu [verhelfen], ihre eigenen Fähigkeiten zur Veränderung einzusetzen."[3]

Das gilt, wie gesagt, in mehr oder weniger direkter Weise für mündliches und schriftliches, für alltägliches und literarisches, für faktuales und fiktionales Erzählen (und die dabei möglichen Kombinationen). Zweifellos war die Orientierungsfunktion alltäglichen Erzählens (bzw. einer noch mündlich praktizierten Erzähl*kunst*) in traditionalen Gesellschaften bedeutsamer als in der Moderne mit ihren spezialisierten Institutionen und technologischen Medien. Immerhin besteht sie auch dort noch weiter und vermag sogar neue, teilweise (massen-)medial vermittelte Varianten des Erzählens als Tätigkeit und der Erzählung als Form hervorzubringen. Herkömmliche oder auch neu entstehende Traditionen und Formen mündlichen Erzählens (also *primäre* und *sekundäre Oralität*) finden seit einigen Jahrzehnten das besondere Interesse von Linguisten, Soziologen und Literaturwissenschaftlern. Der Quellenwert lebensgeschichtlichen Erzählens wird unter dem Stichwort *oral history* besonders in der Geschichtswissenschaft diskutiert. Aber auch die narrativen Strukturen und Strategien entwickelter und teilweise traditionsreicher Großformen des *faktualen* schriftlichen Erzählens werden neuerdings interdisziplinär erforscht, so etwa *Autobiographie, Biographie* und besonders die *Geschichtsschreibung*.

Die *fiktionale* Erzählliteratur, das wurde bereits angedeutet, hat sich in einem Jahrtausende langen Prozess, der durch die Kulturtechniken bzw. Medienrevolutionen von Schrift und Druck vorangetrieben wurde, aus einer ausschließlich mündlichen in eine weit überwiegend schriftliche Form verwandelt. Das war und ist ein langwieriges und vielschichtiges Geschehen. Eine idealisierende Theorie des antiken *Epos,* wie sie die Philosophen G.W.F. Hegel (um 1810) und Georg Lukács (hundert Jahre später)entworfen haben, ist durch neuere komparatistische Forschungen zur so genannten *oral poetry* (mündlichen Dichtung) erheblich relativiert worden, die realitätsnah zu rekonstruieren suchen, „wie ein Epos entsteht".[4] Von heute aus gesehen machen narrative Texte, die nicht erst sekundär verschriftet und überliefert wurden (wie noch weite Teile der mittelalterlichen Literatur), sondern die bereits schriftlich bzw.

---

[3]   Konrad Ehlich: Der Alltag des Erzählens, in: K. E. (Hrsg.): Erzählen im Alltag. Frankfurt a.M. 1980, S. 21.

[4]   Vgl. zur Information: Jochen Vogt: Aspekte erzählender Prosa. Eine Einführung in Erzähltechnik und Romantheorie, 10. Aufl. München 2008, S. 197ff.

unter den Rahmenbedingungen des Buchdrucks konzipiert wurden, die überwiegende Menge dessen aus, was wir als „Literatur" bezeichnen. Besonders klar und beispielhaft lasen sich die Auswirkungen dieser Medienrevolution am *Roman* beobachten. Er allein ist, nach einer Beobachtung des russischen Literaturtheoretikers Michail Bachtin, „unter den großen Genres jünger als Schrift und Druck" und hat sich „organisch den neuen Formen der stummen Wahrnehmungsweise, d.h. dem Lesen angepaßt".[5] Als komplexeste Erzählform und wichtigste literarische Genre Gattung der Moderne liegt er auch vielen literaturwissenschaftlichen Versuchen zugrunde, den gestalterischen Spielraum des narrativen Diskurses abzustecken.

---

[5]   Michail Bachtin: Epos und Roman. Zur Methodologie der Romanforschung (1941), in: M. B.: Formen der Zeit im Roman. Untersuchungen zur historischen Poetik, Frankfurt a.M. 1989, S. 251. Vgl. Vogt: Aspekte erzählender Prosa, S. 221ff.

2. Auf der Suche nach einer Strukturformel

Zunächst will ich jedoch an einen frühen und methodologisch bahnbrechenden Versuch erinnern, der geradezu entgegengesetzt verfährt und ein „gemeinsames Prinzip" des Erzählens anhand so genannter einfacher Erzählformen aufzufinden sucht. In Analogie zur botanischen Morphologie, die den „Bau der Pflanze" untersucht, nahm der russische Folklore-Forscher Vladimir Propp schon 1928 eine „Morphologie des Märchens" in Angriff, „die auf dem Gebiet des Volksmärchens eine Formanalyse sowie die Ableitung von Strukturgesetzmäßigkeiten" anstrebte. So wie man die vielfältigen Ausdrucksformen einer Sprache nur aus ihrer Grammatik als „abstraktem Substrat" erklären könne, sagt Propp, so schaffe erst die Kenntnis der „Erzählgrammatik" (wie man später sagen wird) ein Verständnis für die unterschiedliche Ausgestaltung der Textoberfläche und damit die Vielfalt der Texte.

Anregungen aus der literaturwissenschaftlichen Schule des Russischen Formalismus und der philosophischen Schule der Phänomenologie aufnehmend, untersucht Propp also 100 russische „Zaubermärchen" auf ihre wesentlichen Handlungsträger und Handlungselemente und kommt dabei zu den folgenden (wichtigsten) Resultaten.

„1. Die Funktionen der handelnden Personen [...] bilden die wesentlichen Bestandteile des Märchens." Propp erkennt sieben *Handlungsträger* (in späterer Terminologie: „Aktanten"): Held und Gegenspieler, falscher Held, Schenker (von Zaubermitteln), Helfer und Sender (d.h. Aussender des Helden), „Zarentochter" (und ihr Vater). Dabei können verschiedene Handlungsträger (besonders Helfer, Schenker) in einer konkreten Märchenfigur zusammenfallen, so wie ein Handlungsträger auch in mehrere Figuren ‚aufgeteilt' werden kann. Ähnlich lassen sich verschiedene Geschehnisse auf der Diskursebene als Ausgestaltung einer identischen *Funktion* (also eines Handlungselements) erkennen: Der körperliche Kampf des Helden mit dem Drachen oder sein Kartenspiel mit dem Teufel repräsentieren beispielsweise beide die Funktion XVI: „Held und Gegenspieler treten in einen direkten Zweikampf".

„2. Die *Zahl* der Funktionen ist für das Zaubermärchen beschränkt", und zwar auf maximal 31, von denen ein Teil einem bestimmten Aktanten fest zugeordnet ist (z.B. die Ausfahrt dem Helden).

„3. Die *Reihenfolge* der Funktionen ist stets ein und dieselbe", einzelne Funktionen (die Propp mit Buchstaben-Symbolen kennzeichnet) können aber ausfallen oder (wie auch ganze Handlungssequenzen) wiederholt werden. Und schließlich:

„4. Alle Zaubermärchen bilden hinsichtlich ihrer Struktur einen einzigen Typ." [6]

Wie geht Propp also methodisch vor und was können wir daraus lernen? Er rekonstruiert die Texte, erzählt sie gewissermaßen nach, indem er die „erstaunliche Vielfalt an Formen und Bildern" auf der Diskursebene (russ. *sjuzet*) funktional *reduziert*, den Text nach Handlungsschritten *segmentiert* und so die „ständige Wiederkehr bestimmter Elemente" auf der Ebene der Geschichte (russ. *fabula*) beobachten kann, die ihrerseits an bestimmte Aktanten gebunden sind und inhaltlich *typisiert* werden können. Der Aufbau eines solchen Textes kann dann unter Verwendung von Siglen (Buchstabensymbolen) für die einzelnen Funktionen, die wir hier aber nicht näher diskutieren müssen, beispielsweise in der folgenden Strukturformel[7] ausgedrückt werden:

$$
\mathbf{A\,B\,C} \;\uparrow\; \mathrm{Sch\,H\,Z\,W} \left\{ \begin{matrix} \mathrm{K} & & \mathrm{S} \\ & \mathrm{M} & \\ \mathrm{P} & & \mathrm{Lö} \end{matrix} \right\} \mathrm{L}\;\downarrow\;\mathrm{V-R\,X\,U\,E\,Ü\,T\,St\,H*}
$$

Wie weit kann dieses Verfahren nun sinnvoll angewendet werden? Propp hat seine Untersuchung ausdrücklich auf ein narratives Genre mit *geringem Umfang* und *starker Schematisierung* beschränkt und beispielsweise betont, dass die feste Funktionsfolge eben nur für das Volksmärchen gelte, während sie im *Kunst*märchen vielfach abgewandelt werden könne. Das verweist schon auf die Frage, die seit den späten 1960er Jahren, und im Anschluss an Propp, vor allem von französischen Narratologen formuliert wird: ob und „unter welchen Bedingungen man diese Formalisierung auf andere narrative Genres, oder besser, auf jegliche Art von Erzählung übertragen könnte."[8]

Möglich ist dies, mit gewissen Variationen und Einschränkungen, am ehesten bei Texten und Genres, die so wie das Märchen durch Dominanz der Handlung, spezieller durch Aktantenopposition (Held-Gegenspieler) und schematisch wiederkehrende („rekurrente") Handlungsele-

---

[6] Vladmir Propp: Morphologie des Märchens (1929), Frankfurt a.M. 1975, S. 26ff.

[7] Ebda., S. 104.

[8] Claude Brémond: Logique du récit (Logik der Erzählung), Paris 1973, S. 7 (meine Übersetzung).

mente/Funktionen (wie z.b.: Ausfahrt, Kampf, Sieg, Heimkehr, Belohnung) geprägt sind – also z.b. das antike und mittelalterliche Epos oder der moderne Abenteuer-, Agenten- und Detektivroman. In diesem Sinn haben z.b. Viktor Schklovskij und Umberto Eco praktikable (und unterschiedliche) Analyse-Schemata am Beispiel von Conan Doyles „Sherlock Holmes"-Geschichten bzw. Ian Flemings „James Bond"-Romanen entwickelt.[9]

Die Grenzen des Modells sind ebenso einsichtig. Zum einen wird eine segmentierende und typisierende Analyse umso schwieriger, unübersichtlicher und insofern nutzloser, je länger ein Erzähltext und je komplexer, also verwickelter, seine Handlungsebene ist. Zum andern aber ist zu bedenken, dass die jeweils konkreten Ausgestaltungen von Figuren und Funktionen, in denen sich historische, kulturelle und ästhetische Differenzen ausdrücken, in Propps strukturaler Analyse zwangsläufig zum Verschwinden gebracht werden: Der Ausritt des russischen Märchenhelden und James Bonds Flug mit dem roten Düsenauto ergeben zum Beispiel *eine* identische Funktion. Damit ist das strukturalistische, aber nicht das historisch-kulturelle Interesse befriedigt. Drittens schließlich bleibt eine von Propp inspirierte Analyse ungenügend, weil sie die *nicht-narrativen* Diskurselemente innerhalb eines Erzähltextes, z.b. Beschreibungen und Reflexionen, aber auch die Narration von Bewusstseinsvorgängen der Figuren, oder auch die spezifische Perspektivierung und Fokussierung durch einen Erzähler nicht erfassen kann. Vor allem bei komplexen modernen Erzähltexten, die von diesen Elementen und Verfahren durch und durch geprägt sind, stößt die Analyse der *histoire*-Ebene nach Propp von vornherein ins Leere.

Nichtsdestoweniger hat Vladimir Propp eine bis heute einflussreiche methodische Tradition der Erzähltheorie begründet. Seit den sechziger Jahren wurden seine Anregungen im Umkreis des französischen Strukturalismus aufgenommen und, in Verbindung mit linguistischen und semiotischen Kategorien, kurz nach 1970 zu anspruchsvollen Projekten einer universellen „Erzählgrammatik" weiterentwickelt. A. J. Greimas bestimmte die *Opposition* von *abstrakten Konzepten* (z.B. gut/böse; jung/alt; lebendig/tot) als grundlegende Semantik, die durch Dynamisierung und „Vermenschlichung" in eine Erzählsyntax (ein funktionales Aktantenmodell) transformiert wird: Der (junge) gute Held tötet den bösen

---

[9]   Beide abgedruckt in: Jochen Vogt (Hrsg.): Der Kriminalroman. Poetik, Theorie, Geschichte, München 1994.

(alten) Gegenspieler. Claude Brémond sucht ein System von *narrativen Rollen* als „Gerüst" des Erzähltextes zu bestimmen; beide Forscher bleiben jedoch bezeichnender Weise ganz überwiegend an „einfachen" Erzählungen (wie Mythen, Märchen, Novellen), also an schematisierten Narrationen oder „formula stories" orientiert.

Deutlicher sieht Tzvetan Todorov die Notwendigkeit, von der funktionalen Tiefenstruktur der Erzählung zur vielfältig ausformulierten, „codierten" und perspektivierten Oberfläche von Erzähltexten zurückzugelangen; sein Konzept der „narrativen Transformationen" soll insbesondere die modale Differenzierung des Erzählgeschehens analysierbar machen. Es sind jedoch erst weitere Arbeiten von Barthes einerseits und Genette andererseits, die Propps Tradition mit differenzierten, ja subtilen Strukturierungs- und Lektürevorschlägen für die Diskursebene verbinden. Mit Gérard Genettes Standardwerk *Die Erzählung* (dt. 1994; frz. *Discours du récit,* 1972, und *Nouveau discours du récit,* 1983)[10] nähert sich die „strukturale" französische Linie der Erzähltheorie dann sogar vergleichsweise traditionellen, d. h. nicht linguistisch fundierten deutschen und angloamerikanischen Konzepten an, die vorrangig die Textebene der Erzählung im Blick haben.

---

[10] Jetzt: Gérard Genette: Die Erzählung. 3., durchgesehene und korrigierte Auflage, übersetzt von Andreas Knop, mit einem Nachwort von Jochen Vogt, überprüft und berichtigt von Isabel Kranz, München 2010 (Wilhelm Fink).

3. Fiktionale und faktuale Erzählungen

Damit kommen dann auch sprachphilosophisch fundierte Theorien in den Blick, die vom logischen Status eines Textes, genauer: von der *Fiktionalität* des dichterischen Erzähltexts ausgehen. *Fiktion* (lat. *fictio*, Erdichtung, von *fingere*, bilden, erdichten) nennen wir die Aussage bzw. Darstellung eines Sachverhalts oder Geschehens, die keinen Wirklichkeitsbezug, keine „Referenzialisierbarkeit" beansprucht und demnach weder als „wahr" noch als „falsch" bezeichnet werden kann. Die literarische Fiktion im Besonderen stellt, nach einer Formulierung des Philosophen Immanuel Kant, „gedichtete und zugleich dabei für möglich angenommene Gegenstände" vor und grenzt sich damit, in ihrer dramatischen wie in ihrer epischen Ausformung, von der Wirklichkeitsaussage, besonders vom historischen *Bericht* ab. In dieser Darstellung des „Möglichen" (wir könnten auch sagen: des „Vorstellbaren") sieht übrigens schon Aristoteles keinen Mangel, sondern vielmehr die Überlegenheit, weil größere Allgemeinheit der dichterischen Fiktion gegenüber der ans jeweils besondere Faktum gebundenen Geschichtsschreibung begründet. Damit widerspricht er seinem Lehrer Platon und dessen Abwertung der Dichtung als „Lüge" und sichert ihr einen Eigenwert, der den abendländische Literaturbegriff bis heute prägt, und den verständlicher Weise die Autoren immer wieder betont haben: „Das Gedichtete behauptet sein Recht wie das Erlebte." (Johann Wolfgang von Goethe) „Literatur ist immer Erfindung. [...] Wer eine Erzählung ‚wahr' nennt, beleidigt Kunst und Wahrheit zugleich." (Vladimir Nabokov).

Für uns Leser/innen kommt es aber darauf an, fiktionales und faktuales Erzählen schnell und zuverlässig zu erkennen bzw. unterscheiden zu können – um die jeweiligen Texte angemessen zu rezipieren. Diese Unterscheidungsfähigkeit ist so gesehen auch ein zentrales Element literarischen Lernens und automatisiert sich in dessen Verlauf. Neuere Theorien erklären die angemessene Rezeption fiktionaler Texte als eine „Übereinkunft zwischen Autor und Leser", die den Anspruch auf Verifizierbarkeit (wahr oder falsch?), den wir üblicher Weise an informative Texte richten, „suspendiert", also zeitweilig außer Kraft setzt. Also: Wir vertrauen dem Erzähler, aber nur während unserer Lektüre. Diese *suspension of disbelief*, von der bereits der romantische Dichter Samuel Taylor Coleridge sprach, kann sich in einer spezifischen Situation, etwa im Theater oder im Kino, gewissermaßen räumlich und sozial bzw. *institutionell* herstellen. Bei der individuellen Lektüre, die im Prinzip ähnlich funktioniert, kommen *paratextuelle Angaben* im jeweiligen Text hinzu, vor allem die gattungspoetische Definition als „Roman" oder „Erzählung" im einen Fall – und als Sachbuch oder Geschichtswerk im anderen. Der Autobiographieforscher Philippe Lejeune versteht die jeweilige Lesehaltung als stillschweigenden Vertrag oder „Pakt" zwischen Verfasser/Text und Leser; als „Romanpakt" einerseits (der für alle fiktionalen Texte gilt) und andererseits als „autobiographischen Pakt" (stellvertretend für faktuale Texte überhaupt).

Interessanterweise gilt diese strenge Unterscheidung auch für die zahlreichen Fälle, wo Orte, Daten, Personen, Geschehnisse einer fiktionalen Erzählung der historischen Realität entlehnt sind. Zuschauer oder Leser beziehen einen Dramenhelden namens Wallenstein nicht – oder doch nur in einem sehr indirekten Sinn – auf die historisch-empirische Realität und unterscheiden Schillers Geschichts-Drama durchaus von einem historischen Werk über den Heerführer aus dem Dreißigjährigen Krieg. Und wir akzeptieren lesend auch widerspruchslos die Vorstellung, dass sich einige (fiktive) Personen namens Buddenbrook an (historisch authentischen) Orten, etwa in der Stadt Lübeck oder am Strand von Travemünde aufhalten (obwohl wir wissen, dass dort allenfalls Mitglieder der historisch nachweisbaren Familie Mann ähnliche Schicksale und Erlebnisse hatten).

Bestimmend bleibt auch in solchen Fällen die rezeptionslenkende Deklaration als fiktionaler Text: „So wie der Löwe […] kaum mehr als verdautes Lamm ist", bemerkt Gérard Genette mit einem etwas überraschenden Vergleich, „so besteht die Fiktion fast ausschließlich aus einem fiktionalisierten Realen […]."[11]

Eine kontrovers diskutierte Theorie des fiktionalen Erzähltextes hat vor nunmehr fünfzig Jahren die Literaturwissenschaftlerin Käte Hamburger vorgelegt: *Die Logik der Dichtung* (zuerst 1957). Sie unterscheidet grundlegend „Wirklichkeitsaussage" (oder „-bericht") und dichterische, insbesondere erzählerische „Fiktion". Diese sieht sie nicht nur durch Kontextangaben, wie oben erwähnt, sondern auch durch *textinterne Fiktionalitätssignale* gekennzeichnet. Das Raum-Zeit-Gefüge des erzählten Geschehens ist, anders als im Wirklichkeitsbericht, nicht auf die Position des Berichterstatters, sondern auf die Figuren der Erzählung bezogen. Zugleich akzeptieren wir als Leser im fiktionalen narrativen Text (jedenfalls in der so genannten Er-Erzählung) die Mitteilung der Gedanken

---

[11] Gérard Genette: Fiktion und Diktion, München 1992, S. 60.

und Empfindungen anderer, „dritter" Personen durch die Erzählinstanz. Hieraus ergeben sich einige auffällige grammatisch-stilistische Signale für die Fiktionalität eines narrativen Textes: Erstens die Verbindung des üblichen Erzähltempus Präteritum mit in die Gegenwart oder gar in die Zukunft verweisenden („deiktischen") Zeitadverbien: „[...] *morgen war* der gefürchtete Dritte." (Heinrich von Kleist, *Die Marquise von O...*) Hamburgers These vom *epischen Präteritum* besagt, dass diese Vergangenheitsform ihre temporale Bedeutung verloren habe und nur noch Fiktionalität anzeige. In der nachfolgenden Diskussion wurde jene Kombination überzeugender als Überblendung der Perspektiven von erlebender, vorwärts blickender Figur („morgen") und zurückblickendem Erzähler („war") verstanden.

Zweitens ist es *nur in fiktionaler Erzählprosa* möglich, mit Hilfe der *„Verben der inneren Vorgänge"* die Gedanken, Gefühle, Wahrnehmungen von Figuren mitzuteilen, die grammatisch in der 3. Person stehen: „Die Dame *fühlte* etwas Unangenehmes in der Herz-Magengrube [...]." (Robert Musil, *Der Mann ohne Eigenschaften*). In der neueren Erzählprosa mit ihrem zunehmenden Interesse an der „inneren Geschichte" der Figuren entwickeln sich eben dafür spezifische Techniken, von denen besonders die so genannte „erlebte Rede" und der „Bewusstseinsstrom" wichtig werden.

Das Wissen um den Eigenwert der Fiktion und ihre Hochschätzung, die stets die Frage nach der besonderen Erkenntnisqualität oder Wirkungsmacht der künstlerischen Imagination berühren, sind selbst historisch gewachsen und wandelbar. Im griechischen Altertum markiert, wie Heinz Schlaffer[12] gezeigt hat, wiederum die *Poetik* des Aristoteles eine klare Ausdifferenzierung der archaischen Wissens- und Erzählform des Mythos in wissenschaftliche Erkenntnis einerseits und Dichtung andererseits, welche dann als Organ des „Möglichkeitssinns" (so Musil) zunehmend kompensatorische Funktionen übernimmt: so „ergänzt die Fiktion uns verstümmelte Wesen", die wir nur „ein einziges Leben haben und die Fähigkeit, tausend zu wünschen". (Mario Vargas Llosa)

In der frühen Neuzeit wehrt sich die fiktionale Erzählliteratur zwar durch nachdrückliche Authentizitätserklärungen noch gegen die drohende Geringschätzung als „lügnerisch". Dies wird aber immer weniger nötig, und so können und müssen auch derartige Formeln – wie schon

---

12   Heinz Schlaffer: Poesie und Wissen. Die Entstehung des ästhetischen Bewusstseins und der philologischen Erkenntnis, Frankfurt a.M. 1990.

das „Es war einmal..." des Märchens – *gegen* ihren Wortlaut geradezu als Fiktionalitätssignale verstanden werden. Die realistische Novellen- und Romankunst des 19. Jahrhunderts verwendet die Verfahren fiktionalen Erzählens überwiegend *mimetisch* zur Erzeugung einer Realitätsillusion. So postuliert Theodor Fontane, der Roman solle uns „eine Welt der Fiktion auf Augenblicke als eine Welt der Wirklichkeit erscheinen lassen". Im 20. Jahrhundert verstärken sich dagegen die Versuche, den Charakter der Fiktionalität hervorzukehren und dadurch bewusst zu machen. Diese *antimimetische* Tradition des Erzählens, die einzelne Vorbilder schon im 18. und 19. Jahrhundert hat (Laurence Sterne, Jean Paul), prägt in der zweiten Hälfte des 20. Jahrhunderts besonders die angloamerikanische, französische und italienische Erzählliteratur. *Metafiction* wird zu einem Sammelbegriff „für fiktionale Erzähltexte, die selbstreflexiv und systematisch die Aufmerksamkeit auf ihren Status als Artefakte lenken, um damit die Beziehung zwischen Fiktion und Wirklichkeit zu problematisieren."[13] Damit reagiert die Gegenwartsliteratur zweifellos auch auf die zunehmende Schwierigkeit, innerhalb der Lebenswelt zwischen Wirklichkeit und Fiktion zu unterscheiden. Was wir – insbesondere in der Vermittlung durch die modernen Massenmedien – als ‚Wirklichkeit' erleben, ist bereits medial produzierte Pseudowirklichkeit – also nicht mehr kenntliche Fiktion, sondern undurchschaubare, tendenziell allumfassende *Simulation* (nach einem Ausdruck des französischen Philosophen Jean Baudrillard).

---

[13] Patricia Waugh: Metafiction. The Theory and Practice of Self-Conscious Fiction, London/New York 1984, S. 2 (meine Übersetzung).

4. „Die Erzählung hat zweierlei Zeit"

Die Erzählung mag, wie Roland Barthes gesagt hat, in mehrfacher Hinsicht mit dem Leben vergleichbar sein: Ganz gewiss aber hat sie genau wie dieses einen Anfang und ein Ende. Zwischen diesen Zäsuren jedoch besitzt sie eine ganz eigene *zeitliche Qualität*, eine Doppelstruktur, welche die Zeitdauer des (faktualen oder fiktionalen) Geschehens in den Zeitrahmen des Textes, also seinen zeitlich oder räumlich messbaren Umfang einspannt. Das führt in erster Linie zu perspektivischen Verkürzungen: Zeiträume, die unser – existentielles oder alltägliches – Zeitbudget übersteigen, müssen so verkürzt werden, dass wir sie dennoch imaginär „miterleben" können. Möglich wird dies, weil die Sprache solche Abläufe oder Zustände in knappen narrativen Aussagen zu komprimieren oder zu überspringen vermag. Für die Erschaffung der Welt waren samt Ruhetag sieben Tage nötig; die entsprechende Erzählung (zu Beginn des biblischen Buches *Genesis*) dauert, laut oder leise gelesen, keine sieben Minuten. In einem Roman Thomas Manns verbringt der Held sieben lange Jahre in einem Sanatorium auf dem „Zauberberg"; für die Lektüre könnten, bei einigem Lesefleiß, vielleicht sieben Tage ausreichen; und natürlich lässt sich diese Geschichte in sieben Worten oder sieben Sekunden (nach)erzählen: „Hans blieb sieben Jahre auf dem Zauberberg."

Diese temporale Spannung „zwischen dem vorgespiegelten realen Geschehen und seiner erzählerischen Bewältigung"[14], zwischen der Erzählaussage und dem Erzählakt, ist den Praktikern der Kunst seit jeher bewusst gewesen. In Manns *Zauberberg* liest sich das so: „Die Erzählung [...] hat zweierlei Zeit: ihre eigene erstens, die musikalisch reale, die ihren Ablauf, ihre Erscheinung bedingt; zweitens aber die ihres Inhalts, die perspektivisch ist, und zwar in so verschiedenem Maße, daß die imaginäre Zeit der Erzählung fast, ja völlig mit ihrer musikalischen zusammenfallen, sich aber auch sternenweit von ihr entfernen kann."[15] Eben diese Unterscheidung wurde seit den späten vierziger Jahren in der deutschen, später auch in der französischen Erzählforschung aufgegriffen und systematisch ausgebaut. Das *Zeitgerüst* einer Erzählung bildet eine der wichtigsten Ebenen narrativer Textkonstitution und damit einen der wichtigsten Aspekte der Textanalyse. Der Germanist Günther Müller

---

[14] Eberhard Lämmert: Bauformen des Erzählens (1955), 9. Aufl. Stuttgart 2004, S. 22.

[15] Vgl. Thomas Mann: Der Zauberberg. Roman (1924), Frankfurt a.M. 2008, S. 755f.

und sein besonders einflussreicher Schüler Eberhard Lämmert rücken die Relation von *Erzählzeit* und *erzählter Zeit* (das „Erzähltempo") als strukturierende Größe eines Erzähltextes oder -abschnitts in den Blick. Wo beide zusammenfallen, sprechen wir von „zeitdeckendem" Erzählen (z.b. bei der Wiedergabe von Dialogen oder sonstiger direkter Rede). „Zeitdehnend" erfahren wir in der Lektüre die Artikulation oder Beschreibung von Bewusstseinsprozessen, Gedanken und Gefühlen. Am häufigsten und wichtigsten ist jedoch, wie oben angedeutet, das *„zeitraffende"* Erzählen. Lämmert hat es als „das negativ kennzeichnende Prinzip allen Erzählens" definiert. Zu seinen Varianten zählt die „Auslassung" (Ellipse) eines zumeist unwichtigen (oder auch eines besonders wichtigen!) Zeitraums, oftmals mit Hilfe einer Überleitungsformel wie „Zweiundeinhalb Jahre später..." angekündigt und präzisiert. Zeitraffungen im engeren Sinne können „sukzessiv" (und dann... und dann...), „iterativ" (immer wieder...) oder „durativ" (sieben Jahre lang...) angelegt sein. Sie können aber auch mehrere dieser Möglichkeiten kombinieren – wie die berühmte Passage aus Johann Peter Hebels Kalendergeschichte *Unverhofftes Wiedersehen,* die wir in einem späteren Kapitel noch sehr viel genauer betrachten werden:

> Unterdessen wurde die Stadt Lissabon in Portugal durch ein Erdbeben zerstört, und der Siebenjährige Krieg ging vorüber und Kaiser Franz der Erste starb [usw. usw.] und der Kaiser Leopold der Zweite ging auch ins Grab. Napoleon eroberte Preußen, und die Engländer bombardierten Kopenhagen, und die Ackerleute säeten und schnitten. Der Müller mahlte, und die Schmiede hämmerten. [...] Als aber die Bergleute in Falun im Jahre 1809 [...]

Doch nicht nur die Dauer, auch die *chronologische Abfolge* der erzählten Ereignisse kann im narrativen Diskurs verändert werden. (Das ergibt sich letztlich aus der von Husserl beschriebenen Fähigkeit unseres Bewusstseins, aus der jeweiligen Jetzt-Erfahrung in die Vergangenheit zurück- und in die Zukunft vorgreifen zu können.) Mehr oder weniger umfangreiche und auffällige *Umstellungen* innerhalb der Chronologie sind in der Erzählliteratur so häufig und typisch, dass Lämmert einige davon, je nach Umfang und Funktion für die Tektonik der Erzählung, als feste „Bauformen" systematisiert hat: Bei den *Rückwendungen* etwa „Vorzeithandlung", „aufbauende Rückwendung" (als zweiter Erzählabschnitt in vielen Novellen und Romanen), „auflösende Rückwendung" (als letzter Erzählabschnitt z.B. im Detektivroman), subjektiver „Rückblick" einer Figur usw. Bei den *Vorausdeutungen,* die den Zukunftshorizont einer erzählten Handlung öffnen und Spannung aufbauen, sind in logischer Hinsicht „zukunftsgewisse" oder „-ungewisse" zu unterscheiden – je nachdem, ob sie von einer im Rahmen der Fiktion „allwissenden" Erzählinstanz oder „nur" von einer Handlungsfigur (als Wunsch, Befürchtung, Versprechen usw.) geäußert werden. In jedem Fall dienen sie (wie die Rückwendungen) als Mittel der Rezeptionslenkung und der epischen Integration zugleich. Besonders ausgeprägt sind einführende Vorausdeutungen, die am Beginn eines Textes oder Abschnitts stehen (so z.B. eine Kurzfassung des nachfolgenden Epos in den ersten 19 Versen von Homers *Odyssee*), aber auch schon paratextuell im Titel (z.B. *Buddenbrooks. Verfall einer Familie*).

Lämmerts Standardwerk *Bauformen des Erzählens* (zuerst 1955) versuchte solche Zeitstrukturen in ihrer konstruktiven Leistung für den Einzeltext (oder auch als genrespezifische Aufbauform) zu verstehen, strebte im Sinne der damals dominierenden „werkimmanenten Interpretation" eine „Synthese" an. Das geht bisweilen zu Lasten der analytischen Prägnanz, wie – trotz vieler Übereinstimmungen – der Vergleich mit Genettes *Die Erzählung* zeigt, dem heute differenziertesten System einer narratologischen Zeitanalyse.

Genette legt drei temporale Kategorien zugrunde: Unter dem Stichwort *Ordnung* registriert er erstens „Anachronien" (also Abweichungen von der Handlungschronologie) und zwar „Analepse" (= Rückwendung) und „Prolepse" (= Vorwegnahme), die jedoch nach Reichweite und Umfang präziser kategorisiert werden als bei Lämmert. Unter dem Aspekt der *Dauer* unterscheidet er zweitens „Summary" (= Zusammenfassung, stark geraffter Bericht), „Szene" (= zeitdeckende szenische Gestaltung), „Pause" (= nicht-narratives Textelement, z.B. Beschreibung, Reflexion) und „Ellipse" (= Auslassung), die ihrerseits „explizit" oder „implizit", „definiert" oder „undefiniert" sein kann. Die spezifische Struktur eines Werkes wird durch die Verwendung bzw. Kombination dieser Erzählweisen mitgeprägt. Unter dem Stichwort *Frequenz* (Häufigkeit) unterscheidet Genette drittens schließlich eine „singulative", eine „repetitive" und eine „iterative" Erzählweise. Ein einmaliges Ereignis kann demnach ein einziges Mal (singulativ) oder mehrfach, z.B. von verschiedenen Erzählfiguren, also repetitiv erzählt werden; wiederholt ablaufende (gleichartige) Ereignisse können wiederum mehrfach oder zusammenfassend nur einmal – eben *iterativ* erzählt werden: „Lange Zeit bin ich früh schlafen gegangen." (Marcel Proust, *Auf der Suche nach der verlorenen Zeit*). Diese iterative Erzählweise, von der Forschung lange vernachlässigt, prägt nicht nur durchgängig Prousts Werk, das Genette exemplarisch analysiert, sie dient in vielen modernen Romanen (etwa auch im *Zauberberg*) als besonders wichtiges Bauelement.

Diese erzähltechnische Beobachtung verweist ihrerseits darauf, dass *Zeit* und *Zeiterfahrung* spätestens im Roman des späten 19. und des 20. Jahrhunderts thematisch zentral werden, so dass Georg Lukács in seiner *Theorie des Romans* schon 1916 mit einigem Recht konstatieren konnte, „die ganze innere Handlung des Romans" sei „nichts als ein Kampf gegen die Macht der Zeit."[16]

---

[16] Georg Lukács: Die Theorie des Romans. Ein geschichtsphilosophischer Versuch über die Formen der großen Epik (1916), Darmstadt u. Neuwied 1982, S. 102. Vgl. dazu Vogt: Aspekte erzählender Prosa, S. 203ff.

5. Wer erzählt den Roman?

Die Antworten der internationalen Erzählforschung auf diese nur scheinbar naive Frage des Germanisten Wolfgang Kaysers (1957) sind vielfältig und widersprüchlich. Aber warum ist es überhaupt eine ernsthafte Frage? Nach einem „Erzähler" fragen wir weder bei faktualen schriftlichen Texten, etwa einem historischen Sachbuch, der Autor (lat. *auctor*, Urheber) ist schließlich eindeutig und unübersehbar auf dem Titel vermerkt; noch stellt sich die Frage beim mündlichen Erzählen im Alltag: Da haben wir zu allermeist den/die Autor/in und den/die Erzähler/in in einer Personalunion vor uns oder am Telefon: „Stell dir vor, was mir heute passiert ist: …!"

Aber schon wenn die Mama keine selbst ausgedachte Gute-Nacht-Geschichte, sondern eines der bekannten Märchen erzählt, treten die Autor- und Erzählerrolle auseinander. Sie erzählt, mit gewissen Freiheiten und (bewussten oder unbewussten) Veränderungen, was ein anderer erfunden hat. In manchen Novellen oder auch in Johann Peter Hebels Kalendergeschichten tritt wiederum eine anschaulich personifizierte Erzählerfigur, z. B. der Kalendermacher selbst, im Text auf, um die eigentliche Geschichte zu erzählen. Das geschieht – als eine Art vertrauensbildende Maßnahme – hauptsächlich, um die Illusion einer mündlichen Erzählsituation zu schaffen, und nicht zufällig in einer historischen Epoche, in der die vertraute *Oralität,* also auch das mündliche Erzählen, von der *Literalität,* also der Kultur des gedruckten, anonym erscheinenden Wortes und der individuellen Lektüre, immer weiter zurückgedrängt wird.

Der Roman schließlich, die paradigmatische Form dieser neuen Lesekultur, scheint das Auseinandertreten von Autor und Erzähler noch zu radikalisieren. Zwar übernimmt der Autor, also der faktische Urheber einer fiktionalen Erzählung einerseits (durch seinen Namen auf dem Titelblatt) die Verantwortung für das Niedergeschriebene (samt ökonomischem Risiko und juristischer Haftung), weigert sich aber andererseits offenbar, als Person in die von ihm erzeugte Doppelwelt einzutreten. Ersatzweise installiert er dort einen innerfiktionalen Stellvertreter, eben den mehr oder weniger klar erkennbaren „Erzähler". Und an dieser Stelle ist dann auch Wolfgang Kaysers Frage angebracht: *Wer erzählt den Roman?*

Denn offenbar lässt sich die allbekannte Lektüre-Erfahrung, dass zumindest komplexere Erzählwerke von einer mehr oder weniger profilierten, nicht dem Autor zugehörigen *Erzählerstimme* vorgetragen werden, nicht ohne weiteres in ein schlüssiges Kategoriensysem übersetzen. Wie nehmen wir diesen Erzähler wahr? In manchen Texten ist seine Erzählweise – besonders in Anreden an seine Leserschaft oder in Kommentaren zum Geschehen – so ausgeprägt, dass er als „Persönlichkeit" vor unser inneres Auge zu treten scheint, obwohl er doch im Text anonym und körperlos bleibt. In anderen Texten, wo diese Stimme nicht so deutlich wird, lässt immerhin die Darbietung des erzählten Geschehens aus einem bestimmten Erzähl- oder Blickwinkel (engl. *point of view*, frz. *point de vue*) auf die Existenz und auf die Position einer „Erzählinstanz" schließen. Schließlich gibt es eine Gruppe von Erzählungen, in denen der oder die Erzähler(in) als konkrete Figur mit Namen vorgestellt wird und zugleich als Haupt- oder auch nur als Nebenfigur bzw. als Chronist im Romangeschehen mitwirkt. Die textimmanente Erzählinstanz kann also verschiedenartig (und auch unterschiedlich stark) ausgestaltet werden. Bedeutende Romanautoren wie Johann Wolfgang von Goethe und Thomas Mann haben für ihre Erzählwerke jeweils verschiedene Konstruktionen (Perspektiven, Erzählsituationen) gewählt, wie man schon bei einem schnellen Vergleich der Romananfänge bemerken kann.

Aber auch die Kritiker und Literaturwissenschaftler kommen zu unterschiedlichen Vorschlägen, den so genannten Erzähler theoretisch oder erzähltechnisch zu bestimmen, und im nächsten Schritt auch zu fragwürdigen, oftmals unhistorisch verallgemeinernden Urteilen. Für Kayser ist beispielsweise der Erzähler „eine gedichtete Person" und „vielleicht das wesentlichste" Formprinzip des Romans, so dass im Blick auf die neuere Entwicklung zu befürchten sei: „Der Tod des Erzählers ist der Tod des Romans."[17] Im Kontrast dazu lässt Hamburger allenfalls eine vom Autor ins Werk gesetzte „*Erzählfunktion*" gelten[18]; und die angelsächsische Kritik erhebt seit und mit dem großen Romancier Henry James gar den „*erzählerlosen*" *Roman* zur ästhetischen Norm.

In der deutschsprachigen Erzählforschung ist vor allem Franz K. Stanzels Konzept der „typischen Erzählsituationen" bekannt geworden, das er seit 1955 mehrfach differenziert hat. Er beschreibt zunächst eine *auktoriale* Erzählsituation, die durch raffenden Bericht, Kommentare des Erzählers und dessen souveränes Verfügen über Zeit, Raum und Gesche-

---

[17] Wolfgang Kayser: Die Anfänge des modernen Romans im 18. Jahrhundert und seine heutige Krise. In: DVjs 28 (1954), S. 445.

[18] Käte Hamburger: Die Logik der Dichtung (1957), 3. Aufl. München 1987, S. 113.

hen (so genannte Allwissenheit) charakterisiert ist. – Als Beispiel ein
Romanbeginn von Goethe: „Eduard – so nennen wir einen reichen Baron
im besten Mannesalter – Eduard hatte in seiner Baumschule die schöns-
te Stunde eines Aprilnachmittags zugebracht [...]." (*Die Wahlverwandschaften*) In der *personalen* Erzählsituation wird nur erzählt, was unter
dem *point of view* einer Romanfigur (aber nicht immer der Hauptfigur!)
wahrzunehmen ist. Es dominieren Beschreibung, szenische Gestaltung
und dialogische Partien; Bewusstseinsprozesse der Perspektivfigur(en)
werden gern in „erlebter Rede" artikuliert. – „Das Schauspiel dauerte
sehr lange. Die alte Barbara trat einigemal ans Fenster und horchte, ob
die Kutschen nicht rasseln wollten. Sie erwartete Marianen, ihre schöne
Gebieterin [...]." (Goethe, *Wilhelm Meisters Lehrjahre*) – Die *Ich-Erzählsituation* schließlich ist dadurch bestimmt, dass die 1. Person Singular
zur Bezeichnung sowohl der Erzählinstanz wie auch einer Handlungsfigur ("erzählendes" und "erlebendes Ich") verwendet wird: „Wie froh bin
ich, daß ich weg bin!" (Goethe, *Die Leiden des jungen Werthers*) Der Ich-
Erzähler oder die Ich-Erzählerin stellt sich meist mit Namen vor und
wird uns als konkrete Figur so anschaulich wie die anderen Personen der
Handlung. Insofern besitzt die (fiktionale) Ich-Erzählung strukturelle
Affinitäten zu faktual-narrativen Gebrauchsformen, die sie häufig imi-
tiert bzw. fiktionalisiert, etwa als *Brief-* und *Tagebuchroman* oder *auto-
biographischer Roman*.

Stanzels Konzept, dessen jüngste Version er etwas missverständlich
Theorie des Erzählens nennt (1989), hat sich besonders als Hilfsmittel der
Textanalyse bewährt und zählt im deutschsprachigen Raum zum literaturwissenschaftlichen Grundwissen. Zugleich ist es vielfach kritisiert
worden, zumeist wegen mangelnder theoretischer Stringenz und der
Vermischung analytischer Kategorien, zuletzt sehr scharf von Jürgen
Petersen: Tatsächlich stellt es eher „eine Art Beschreibungssystem zur
Erfassung erzählender Dichtung"[19] dar als eine strikte Theorie; Unstimmigkeiten sind nicht zu leugnen – vielleicht aber kann es dennoch oder
deswegen produktiv umgeformt werden. Die amerikanische Narratolo-
gin Dorrit Cohn (1981), aber auch Gérard Genette (1994) haben sich
um solche produktive Kritik bemüht.[20]

Vor allem plädieren sie dafür, die bei Stanzel diffus vermischten Kategorien „(grammatische) Person" (=Erzählstimme) und „Modus"

---

[19]   Jürgen H. Petersen: Erzählsysteme. Eine Poetik epischer Texte, Stuttgart 1993, S. 2.
[20]   Vgl. Vogt: Aspekte erzählender Prosa, S. 82-95.

(=Perspektive) – bzw. die Fragen „Wer spricht?" und „Wer sieht (was)?"
– zu entzerren. Das führt bei der „Er-Erzählung" (3. Person) zu einem
auktorialen (vgl. *Wahlverwandschaften*) und einem personalen Typ (vgl.
Lehrjahre). Genette definiert die unterschiedlichen Perspektiven als
„Null-Fokalisierung" (ohne Einschränkung des Erzählerblickfelds) einerseits, und als „interne Fokalisierung" (Beschränkung auf den *point of
view* einer Figur) andererseits. Bei der „Ich-Erzählung" kann man dann
ganz analog einen am „erlebenden Ich" orientierten Text wie *Werthers
Leiden* personal nennen, während die Retrospektive des „erzählenden
Ich" in Autobiographie oder autobiographischem Roman „auktorial"
heißen darf: „Am 28. August 1749, mittags mit dem Glockenschlage
zwölf, kam ich in Frankfurt am Main auf die Welt. Die Konstellation war
glücklich [...]." (Goethe, *Dichtung und Wahrheit*). Hinzu kommt nach
Genettes Systematik bei der „Er-" wie bei der „Ich-Erzählung" jeweils ein
(ziemlich seltener) Typ mit „externer Fokalisierung", der ähnlich wie eine
(Überwachungs-)Kamera nur die äußerlich wahrnehmbaren Vorgänge
aufzeichnet. „Damit sind wir also von den drei ,typischen Erzählsituationen' aus Stanzel 1955 zu sechs Typen gelangt, die sicher unterschiedlich
stark vertreten sind, aber alle irgendeiner Kombination in einer Tabelle
,narrativer Möglichkeiten' entsprechen, die fürs erste nur zwei Kategorien umfaßt, die der ,Person' und die der Perspektive."[21]

Erzählsitu- ation Person	auktorial	personal	neutral
Er/Sie	Th.Mann *Der Zauberberg*	F. Kafka *Der Proceß*	D. Hammett *Der Malteser Falke*
Ich	Th. Mann *Felix Krull*	J. W. v. Goethe *Werthers Leiden*	A. Camus *Der Fremde*

Will man diese Kategorientafel auch für die Textanalyse nutzen, so ist
dreierlei zu beachten. Erstens: Die durch die Kategorien Person/Modus
bzw. Erzählsituation bestimmte Typik ist nur *eine* Strukturierungsebene
des narrativen Textes; ihr Zusammenspiel mit anderen, z.B. dem Zeitgerüst (siehe oben) und der Personenrede (siehe unten), ist zu beachten.
Zweitens: Wir haben nicht nur mit reinen Typen, sondern sehr häufig

---

[21] Genette: Die Erzählung, S. 252.

mit Zwischenstufen, Mischformen und Kombinationen zu rechnen, die sich aus der jeweils übergeordneten Erzählstrategie und Wirkungsabsicht erklären (als Beispiel: das kleinschrittige Wechselspiel personal/auktorial in der Eröffnungsszene von *Buddenbrooks).*[22] Drittens: Die unterschiedlichen narrativen Möglichkeiten und Erzählerkonstrukte sind durchaus historisch, von grundsätzlichen Wirkungsabsichten bzw. außerliterarischen Faktoren geprägt: Auktoriales Erzählen ist oftmals Ausdruck von Lehrhaftigkeit bzw. starker Leserlenkung und insofern frühbürgerlich bis ins 18. Jahrhundert, aber etwa auch im Sozialistischen Realismus dominant; personales Erzählen gewinnt seit Mitte des 19. Jahrhunderts (im Kontext von Naturwissenschaften, Psychologie, neuen Kommunikationsmedien) als Programm eines „objektiven" Erzählens die Oberhand („der Roman, der sich selbst erzählt") und wird, wie schon gesagt, vor allem von der traditionellen angelsächsischen Kritik bis weit ins 20. Jahrhundert favorisiert. Die Erzählliteratur der klassischen Moderne und der Postmoderne hingegen ist dadurch charakterisiert, dass sie die verschiedenen Möglichkeiten bewusst aufgreift und historisierend, eklektisch oder spielerisch kombiniert.

---

[22]   Vgl. Jochen Vogt: Thomas Mann – „Buddenbrooks", 2. Aufl. München 1995, S. 13ff.; Aspekte erzählender Prosa, S. 50ff.

6. Personenrede und Bewusstseinswiedergabe

Seit über zweitausend Jahren, seit der *Poetik* des Aristoteles, wird die Erzählung als „Nachahmung" (gr. *mimesis*), genauer gesagt: als Nachahmung oder Darstellung „handelnder Menschen" [23] definiert: Das muss dann neben der äußeren „Handlung" auch die Wiedergabe dessen einschließen, was jene *sagen* oder *denken* und *fühlen*. Vor Aristoteles hatte Platon bereits verschiedene dichterische Darbietungsweisen danach unterschieden, ob die Figuren (wie im Drama) sich selbst sprachlich äußern ("unmittelbare Wiedergabe" bzw. „Nachahmung" im engeren Sinn) oder ob nur der Erzähler spricht („mittelbare Wiedergabe" bzw. „einfache Erzählung"). Das homerische Epos ist demnach eine „gemischte" Erzählung: Erzähler *und* Figuren kommen zu Wort. Aber erst im (modernen) Roman wird die Textschicht von Personenrede bzw. -bewusstsein so wichtig, dass man (bei einiger Übertreibung) mit Bachtin sagen kann, der „sprechende Mensch und sein Wort" sei „der spezifizierende, die Eigenart dieser Gattung konstituierende Gegenstand der Romangattung" – oder auch, wie der Philosoph Paul Ricoeur, der Roman sei die „Rede eines Erzählers, der berichtet, was seine Figuren sagen".[24]

Hat diese Figurenrede nun ihrerseits narrativen Charakter, so ergibt sich eine Erzählung in der Erzählung, oder ein zweites *narratives Niveau* – das geschieht vielfach unauffällig, kann aber auch zu großen *Rahmen*konstruktionen führen wie in der *Odyssee*, wo der Erzähler in den Büchern IX bis XII dem Helden das Wort zur (Ich-)Erzählung seiner Vorgeschichte überlässt. Und wenn, im ersten großen deutschen Roman des 20. Jahrhunderts, der kleine Christian Buddenbrook zitierend „nachahmen" darf, was im Unterricht „Herr Stengel zu Siegmund Köstermann gesagt hat", dann erreichen wir sogar ein drittes Erzählniveau.

Für die neuere Erzählliteratur ist nun besonders wichtig, *auf welche Weise* Personenrede (oder Gedanken und Gefühle als eine Art „stumme Rede") ihren sprachlichen Ausdruck finden. Erste Hinweise zu den Redeformen hat bereits Lämmert gegeben; lebhaftes Forschungsinteresse galt sodann neuartigen Techniken der Bewusstseinswiedergabe; die schlüs-

---

[23] Aristoteles, S. 7.

[24] Michail Bachtin: Die Ästhetik des Wortes. Hrsg. v. Rainer Grübel, Frankfurt a.M. 1979, S. 221; Paul Ricoeur: Zeit und Erzählung, Bd. 2: Zeit und literarische Erzählung, München 1989, S. 150.

sigste Systematisierung hat schließlich Dorrit Cohn in ihrem Buch *Transparent Minds* (1978) gegeben. – Ich beschränke mich an dieser Stelle auf „gesprochene" Rede im Rahmen von „Er-Erzählung" und gebe einige Beispiele aus *Buddenbrooks*.

Was eine Figur sagt, kann vom Erzähler berichtet werden wie andere Handlungen auch: „Dann kam Frau Permaneder auf das Leben zu sprechen [...]." Solche *Redeberichte*, die vom Inhalt mehr oder weniger absehen können, haben meist verbindenden und raffenden Charakter.

Für die Wiedergabe des Wortlauts kannte schon die antike Rhetorik die Techniken der *oratio recta* oder *obliqua*, der „direkten" und „indirekten" Rede; beide dienen in realistischer Erzähltradition auch zur Charakterisierung der Figuren: „'Wenn es ein warmer Schlag ist', sprach Tony und nickte bei jedem Wort mit dem Kopfe, 'so schlägt der Blitz ein. Wenn es aber ein kalter Schlag ist, so schlägt der Donner ein!' [...] Herr Buddenbrook aber war böse auf diese Weisheit, er verlangte durchaus zu wissen, wer dem Kinde diese Stupidität beigebracht habe [...]." *Direkte Rede* ist ein dramatisches Element im Erzähltext und dient der szenischen Gestaltung. *Indirekte Rede* kann vom Erzähler in vielfacher Weise moduliert und gerafft werden, die grammatische Verschiebung in den Konjunktiv und die 3. Person für das Redesubjekt (vgl. in direkter Rede: „Ich verlange...") bewirken eine gewisse Distanzierung.

Eine „literarische", das heißt ausschließlich in fiktionaler Erzählprosa verwendete und im 19. Jahrhundert immer beliebter werdende Form ist hingegen die sogenannte *erlebte Rede* (frz. *style indirect libre*, engl. *free indirect style*). Man kann sie, wie der englische Germanist Roy Pascal in einem schönen Buch vorgeschlagen hat, als eine „Doppelstimme" [25] verstehen, die Erzähler- und Figurenstimme übereinander blendet, wobei sie mit der direkten Rede die Wortstellung teilt, mit der indirekten Rede jedoch die Verwendung der 3. Person fürs Redesubjekt und des Präteritums an Stelle des Präsens gemeinsam hat. – „Man erkundigte sich nach den Plänen der jungen Herrschaften, Pläne, die sogar schon die Hochzeitsreise betrafen... Sie gedachten an die Riviera zu gehen, nach Nizza und so weiter. Sie hatten Lust dazu – und warum also nicht, nicht wahr? ..." Erlebte Rede oder *narrated monologue* (nach Cohn) kann so wie in diesem Beispiel an die Sprechweise der Figur angeglichen und flexibel in den Erzählerbericht eingefügt werden, aber auch eine Vielzahl von an-

[25]   Roy Pascal: The Dual Voice. Free indirect speech and its functioning in the nineteenth-century European novel, Manchester 1977.

deren Wirkungseffekten haben.[26] Historisch ist sie eng mit der Durchsetzung „personalen" Erzählens im 19. Jahrhundert verbunden und insbesondere durch Jane Austen, Gustave Flaubert und Henry James entwickelt und popularisiert worden.

Fragen wir nun nach der Anwendung all dieser Techniken auf die „stumme" Rede, also auf Gedanken und Empfindungen der Romanfiguren, so ergibt sich folgendes Bild: Der einfache *Gedankenbericht* – „Hierüber dachten alle eine Weile nach" – gewinnt eine neue Dimension, wenn er zur sog. *psycho-narration,* das heißt zur bildhaften Erzählung von Bewusstseinszuständen benutzt wird, die von der Handlungsfigur selbst nicht versprachlicht werden (können): etwa in der Schopenhauer-Vision Thomas Buddenbrooks (oder in Hans Castorps „Schnee"-Traum im *Zauberberg*). *Psycho-narration* darf „als einziger Weg überhaupt angesehen werden, der in die vorsprachlichen Tiefen des Bewußtseins reicht."[27] Während „stumme" indirekte Rede ein wenig schwerfällig und deshalb ziemlich selten ist, wird die *erlebte Rede* gerade auch deshalb so wichtig, weil sie die Grenze zwischen lauter Rede und stummen Gedanken oder Gefühlen unauffällig verwischen kann.

Schließlich avanciert die „stumme" *direkte Rede,* die nach Cohn auch *quoted monologue* heißen kann, zu einer spezifisch modernen Technik narrativer Bewusstseinsartikulation. Über die traditionelle und stets etwas künstlich wirkende Form des „Selbstgesprächs" hinaus (häufig noch im Roman des 18. Jahrhunderts) wird sie seit etwa 1900 als so genannter *innerer Monolog* (frz. *monologue intérieur*) oder *Bewusstseinsstrom* (engl. *stream of consciousness,* nach einem Begriff des Psychologen William James) zur wohl wichtigsten technischen Innovation im Roman der klassischen Moderne. Während der *autonomous monologue* (nach Cohn) bzw. die *Monologerzählung* in Ich-Form und ohne Erzählrahmen ein seltenes Experiment bleibt (berühmt ist immerhin Arthur Schnitzlers Erzählung *Leutnant Gustl*), wird die punktuell oder streckenweise verwendete *stream of consciousness*-Technik innerhalb der Er-Erzählung (wie in James Joyces *Ulysses* oder Alfred Döblins *Berlin Alexanderplatz*) stilbildend. Die besonders große terminologische Verwirrung, die gerade an diesem Punkt in der internationalen Erzählforschung herrscht, lässt sich zumindest ein Stück weit entwirren, wenn man sich an Terence

---

[26] Vgl. Beispiele von Musil, Kafka und Mann bei Vogt: Aspekte erzählender Prosa, S. 164ff.

[27] Dorrit Cohn: Transparent Minds. Narrative Modes for Presenting Consciousness in Fiction, Princeton, N.J. 1978, S. 61.

Bickertons und Dorrit Cohns Klarstellung hält, dass die syntaktische Form des *stream of consciousness* nichts anderes ist als „stumme" direkte Rede ist, dass der Bewusstseinsstrom jedoch (anders als *psycho-narration*) immer schon *sprachlich* vorformuliert ist – auch wenn, wie bei Joyce und vielen anderen, die üblichen Konventionen von Syntax und Morphologie oft verletzt werden.

Auch hier ist es wiederum die textspezifische Verwendung der gegebenen Möglichkeiten, die unterschiedliche Wirkungseffekte möglich macht. Wie durch Kombination dreier Techniken der Gedanken- und Gefühlswiedergabe erzählerische Monotonie vermieden und eindringliche Suggestivität erreicht wird, sei zum Schluss dieses Abschnitts an einer kleinen Textpassage aus Thomas Buddenbrooks „Vision" gezeigt:

> Und siehe da: plötzlich war es, als wenn die Finsternis vor seinen Augen zerrisse, wie wenn die samtne Wand der Nacht sich klaffend teilte und eine unermeßlich tiefe, eine ewige Fernsicht von Licht enthüllte...*[= psycho-narration]* Ich werde leben! sagte Thoma Buddenbrook beinahe laut *[= quoted monologue]* und fühlte, wie seine Brust dabei vor innerlichem Schluchzen erzitterte *[= psycho-narration]* Dies ist es, daß ich leben werde! Es wird leben... *[= quoted monologue]* [...] Und er lag stille und wartete inbrünstig, fühlte sich versucht, zu beten, daß es noch einmal kommen und ihn erhellen möge. Und es kam. Mit gefalteten Händen, ohne eine Regung zu wagen, lag er und durfte schauen... *[= psycho-narration]* Was war der Tod? *[= narrated monologue]* Die Antwort darauf erschien ihm nicht in armen und wichtigtuerischen Worten: er fühlte sie, er besaß sie zuinnerst. *[= psycho-narration]* Der Tod war ein Glück, so tief, daß er nur in begnadeten Augenblicken, wie dieser, ganz zu ermessen war. *[=narrated monologue]*

7. Leserrolle und Intertextualität

Es bleiben zwei literaturtheoretische Konzepte zu erwähnen, die zwar nicht auf narrative Texte beschränkt sind, dort aber – vor allem im (modernen) Roman – besonders deutlich und produktiv werden. Beide sehen den Erzähltext nicht als geschlossene Struktur, sondern betonen seine Offenheit, seine prozessuale Qualität – wenn auch in zwei verschiedenen Richtungen, einmal in der Verbindung zu anderen, vorhergehenden Texten, und zum anderen in Richtung seiner konkreten Rezeption, also des Lektürevorgangs.

Erstens: Schon um 1930 beschrieb Michail Bachtin den Roman als „künstlerisch organisierte Redevielfalt, zuweilen Sprachvielfalt und individuelle Stimmenvielfalt." Literarhistorisch sieht er dafür im „polyphonen Roman" Dostojewskijs das maßgebende Paradigma.[28] Nach der späten Entdeckung Bachtins im Westen wurde dies Konzept der *Intertextualität* nach 1970 von Julia Kristeva verallgemeinert; für sie ist jeder Text „eine Permutation von Texten, eine Inter-Textualität: in dem Raum eines Textes überlagern sich mehrere Aussagen, die aus anderen Texten stammen und interferieren."[29] Eine eigene, in ihrer Terminologie aber auch eigenwillige und deshalb leicht verwirrende analytische Systematik für diese Verflechtungen hat wiederum Gérard Genette unter dem Begriff „Transtextualität" entworfen, aus der wir hier nur die grundlegende Definition von Intertextualität als „Kopräsenz zweier oder mehrerer Texte, d. h. in den meisten Fällen [...] als Präsenz eines Textes in einem anderen Text" zitieren.[30] Damit werden jedenfalls nicht nur vielfältige Figurenstimmen, Zitate und Anspielungen fassbar, sondern auch die Kombinationen oder Überlagerungen verschiedener Erzählmuster und Diskurse im erzählerischen Werk – bis hin zu den experimentellen Formen der Diskursmontage im Roman der klassischen Moderne und der sog. Postmoderne.

Im Rahmen von Rezeptionsästhetik bzw. Semiotik (allgemeiner Zeichentheorie) werden zweitens die in der Textstruktur verankerte *Leserrol-*

---

[28] Bachtin: Die Ästhetik des Wortes, S. 157; Probleme der Poetik Dostoevskijs, München 1971, S. 10.

[29] Julia Kristeva: Bachtin, das Wort, der Dialog und der Roman (1967). In: Jens Ihwe (Hrsg.): Literaturwissenschaft und Linguistik. Ergebnisse und Perspektiven, Bd. 3, Frankfurt a. M. 1972, S. 245-375, hier S. 245.

[30] Gérard Genette: Palimpseste. Die Literatur auf zweiter Stufe, Frankfurt a.M. 1993, S. 10.

le und ihr Beitrag zur Sinnkonstitution im Lektürevorgang in den Blick
gerückt. „Das Konzept des impliziten Lesers" – von dem deutschen Ang-
listen Wolfgang Iser in einer Reihe von Studien ausgearbeitet – beschreibt
den „Übertragungsvorgang, durch den sich die Textstrukturen über die
Vorstellungsakte in den Erfahrungshaushalt des Lesers übersetzen." Isers
Zugriff ist auch deshalb wichtig, weil er sich im konkreten Fall plausibel
mit schon diskutierten Analysekategorien (Zeitstruktur, *point of view*)
verbinden lässt – insbesondere sein zentrales Theorem von den narrativen
„*Leerstellen*", die als „ausgesparte Anschließbarkeit" gewissermaßen die
„Gelenke des Textes" ausmachen.[31] Während Iser von der phänomenolo-
gisch-hermeneutischen Fragestellung nach den Bedingungen des Textver-
stehens ausgeht, entwirft Umberto Eco 1990 unter dem sprechenden Titel
Lector in fabula (Der Leser in der Fabel) ein textpragmatisches Modell auf
semiotischer Grundlage. Auch ihm geht es, wie der Untertitel des Werkes
signalisiert, grundsätzlich um die „Mitarbeit, durch die der Empfänger
dazu veranlaßt wird, einem Text das zu entnehmen, was dieser nicht sagt
(aber voraussetzt, anspricht, beinhaltet und miteinbezieht), und dabei
Leerräume aufzufüllen und das, was sich im Text befindet, mit dem intertextuellen Gewebe zu verknüpfen, aus dem der Text entstanden ist und
mit dem er sich wieder verbinden wird."[32]

Was hier anklingt, lässt sich abschließend verallgemeinern. Nach wie
vor besitzen wir keine einheitliche Theorie narrativer Texte oder auch
nur eine allgemein akzeptierte Terminologie zu ihrer Beschreibung. Unterschiedliche Forschungstraditionen waren lange Zeit sowohl durch
nationale wie durch methodologische Grenzen separiert und haben sich
oft genug gegenseitig ignoriert. Dennoch scheint es nicht unmöglich, ja
geradezu nötig und produktiv, unterschiedliche Ansätze, die je verschiedene Schichten oder Aspekte erzählender Prosa untersuchen, miteinander zu kombinieren und auf ihre Tauglichkeit – auch im Blick auf Textanalyse – zu überprüfen. Seit Ende der siebziger Jahre wird immer
deutlicher, dass es sehr wohl Verbindungen, Schnittstellen, sachliche Ge-
meinsamkeiten zwischen differierenden und konkurrierenden Konzepten gibt, seien sie nun morphologisch, phänomenologisch, strukturalistisch oder semiotisch begründet.

---

[31] Wolfgang Iser: Der Akt des Lesens. Theorie ästhetischer Wirkung, München 1976, S.
67, 284.

[32] Umberto Eco: Lector in fabula. Die Mitarbeit der Interpretation in erzählenden Texten,
München 1990, S. 5.

Ein zugleich umfassendes und differenziertes Beschreibungssystem für narrative Texte ist am ehesten wohl kombinatorisch bzw. eklektizistisch gewinnen. Das lässt sich auch an verbreiteten „Einführungen" in die Erzähltheorie/Narratologie beobachten. Ein amerikanisches Standardwerk, Seymour Chatmans *Story and Discourse* (1978) will, trotz grundsätzlicher Orientierung am Strukturalismus, „nicht polemisieren, sondern die tragfähigsten Einsichten synthetisieren – seien es angloamerikanische, russische oder französische." (Die deutschsprachigen Ansätze bleiben dort leider fast ganz unberücksichtigt.) In Deutschland wiederum entwarf zuletzt Jürgen Petersen mit seinem Buch *Erzählsysteme* (1993) eine eigenständige und diskussionswerte „Deskriptionspoetik narrativer Texte fiktionaler Art". Sein Weg führt dabei methodisch über eine systematische Kritik der „Mängel und Defizite überkommener Theorien" (Hamburger, Stanzel, Lämmert u.a.) – während ich selbst in meiner schon etwas älteren Einführung „Aspekte erzählender Prosa" (Neufassung 1990) im Gegenteil versucht habe, deren „taugliche Überlegungen" zu integrieren[33] und sie auch mit der französischen (besonders Genette) und angelsächsischen Diskussion (besonders Cohn) zu verbinden. Die neuesten deutschsprachigen Forschungsberichte und Arbeitsbücher, u. a. von Matias Martínez/Michael Scheffel, Monika Fludernik und zuletzt von Wolf Schmid oder von Silke Lahn/Jan Christoph Meister sind nachfolgend aufgeführt.

---

[33] Jürgen H. Petersen: Erzählsysteme. Eine Poetik epischer Texte, Stuttgart 1993, S. 170.

Literaturhinweise

1. Klassiker der Erzählforschung

Aristoteles: Poetik. Griechisch/Deutsch. Hrsg. v. Manfred Fuhrmann, Stuttgart 1994.

Barthes, Roland: Einführung in die strukturale Erzählanalyse (1968), in: R. B.: Das semiologische Abenteuer, Frankfurt a.M. 1988, S. 101-143.

Booth, Wayne C.: Die Rhetorik der Erzählkunst (1961), 2 Bde., Heidelberg 1974.

Chatman, Seymour: Story and Discourse. Narrative Structure in Fiction and Film, Ithaca, NY/London 1978.

Cohn, Dorrit: Transparent Minds. Narrative Modes for Presenting Consciousness in Fiction, Princeton, NJ 1978.

Genette, Gérard: Die Erzählung (1972; 1983, dt. 1994), 3. Aufl. München 2010.

Hamburger, Käte: Die Logik der Dichtung (1957), 3. Aufl. München 1987.

Lämmert, Eberhard: Bauformen des Erzählens (1955), 9. Aufl. Stuttgart 2004.

Lukács, Georg: Die Theorie des Romans. Ein geschichtsphilosophischer Versuch über die Formen der großen Epik (1916), Darmstadt/Neuwied 1982 u.ö.

Stanzel, Franz K.: Typische Formen des Romans (1964), 11. Aufl. Göttingen 1987.

Stanzel, Franz K.: Theorie des Erzählens (1979), 6. Aufl. Göttingen 1995.

2. Neuere Forschungen und Arbeitsbücher

Fludernik, Monika: Einführung in die Erzähltheorie (2006), 2. Aufl. Darmstadt 2008.

Martínez, Matías/Michael Scheffel: Einführung in die Erzähltheorie (1999), 7. Aufl. München 2007.

Klein, Christian/Matías Martínez (Hrsg.): Wirklichkeitserzählungen. Felder, Formen und Funktionen nicht-literarischen Erzählens, Stuttgart/Weimar 2009.

Lahn, Silke/Jan Christoph Meister: Einführung in die Erzähltextanalyse, Stuttgart/Weimar 2008.

Nünning, Ansgar und Vera (Hrsg.): Neue Ansätze in der Erzähltheorie, Trier 2002.

Nünning, Ansgar und Vera (Hrsg.): Erzähltheorie transgenerisch, intermedial, interdisziplinär, Trier 2002.

Petersen, Jürgen: Erzählsysteme. Eine Poetik epischer Texte, Stuttgart 1993.

Petersen, Jürgen: Die Erzählformen. Er, Ich, Du und andere Varianten, Berlin 2010.

Schmid, Wolf: Elemente der Narratologie, Berlin 2005.

Vogt, Jochen: Aspekte erzählender Prosa. Eine Einführung in Erzähltechnik und Romantheorie (1990), 10. Aufl. München 2006.

Wenzel, Peter (Hrsg.): Einführung in die Erzähltextanalyse. Kategorien, Modelle, Probleme, Trier 2005.

Zweiter Teil: Modellanalysen

1. „Hänschen klein / ging allein / in die weite Welt hinein"

Über den Aufbau einer Geschichte

In diesem und den nachfolgenden Kapiteln sollen einige der erzähltheoretischen und -technischen Kategorien, die einleitend vorgestellt wurden, auf ihre praktische Anwendbarkeit bei der Analyse von Erzähltexten erprobt werden. Können wir mit Hilfe solcher Begriffe und Unterscheidungen besser verstehen, wie eine Geschichte aufgebaut ist, wie sie „funktioniert" und welche Lesarten sie ermöglicht? Die Frage nach dem Aufbau von Erzählhandlungen und den dabei verwendeten Techniken soll zunächst im Vordergrund stehen, wobei wir uns aber auch schon einige Gedanken über die möglichen Effekte bestimmter Bauformen und Verfahren – und über ihre Konsequenzen für die Deutung des Textes machen dürfen.

Lied oder Geschichte?

Beginnen wir unseren analytischen Streifzug mit den ebenso einfachen wie unverzichtbaren Elementen, die eine Erzählhandlung überhaupt erst konstituieren: Wir haben sie bei Vladimir Propp als „Aktanten" oder Handlungsträger und als „Funktionen" oder Handlungsschritte kennen gelernt. Bei ihrer Auflistung und Betrachtung werden wir dann sehr schnell auf das Prinzip einer mehr oder weniger chronologischen „Ordnung" (Gérard Genette) stoßen und können mit Eberhard Lämmert das „Zeitgerüst" der Erzählung untersuchen. Dafür schlage ich zunächst ein vergleichsweise primitives, oder jedenfalls sehr einfach strukturiertes Textbeispiel vor. Auf den ersten Blick mag es etwas sonderbar wirken, obwohl (oder weil) es uns allen bekannt sein dürfte. Es ist sicher nicht übertrieben, dies einen der bekanntesten literarischen Texte unserer Kultur zu nennen. Jedes Kind, das in und mit der deutschen Sprache aufwächst, lernt ihn spätestens im Kindergarten kennen.

1 Hänschen klein
  Ging allein
  In die weite Welt hinein
  Stock und Hut
5 Steht ihm gut
  Hans ist wohlgemut.

  Aber Mutter weinet sehr
  Hat ja nun kein Hänschen mehr
  Da besinnt sich das Kind
10 Kehrt nach Haus geschwind

Die zehn Zeilen über Ausfahrt und Heimkehr von *Hänschen klein* sind in dieser Form vermutlich das populärste und am weitesten verbreitete *Kinderlied* in unserer Sprache – aber bilden sie auch eine *Erzählung*, einen narrativen Text? Ich behaupte: ja – wozu nicht viel gehört, denn es ist gewiss nicht zu bestreiten, dass diese paar Zeilen einen Handlungsablauf in der Zeit wiedergeben, also eine *Geschichte erzählen*.

Und nur auf den ersten Blick ist es befremdlich, dass diese Erzählung in einer Form auftritt, die wir üblicherweise mit der Gattung der Lyrik verbinden, nämlich in gereimten Verszeilen. Aber nur für unser modernes Verständnis von literarischen Gattungen ist das ein Widerspruch. Tatsächlich sind die allermeisten großen Erzählwerke, die vor der Erfindung des Buchdrucks und dem darauf folgenden Triumphzug des Romans entstanden, in *Verssprache* abgefasst. Das war in erster Linie eine Gedächtnisstütze, ein mnemotechnischer Krückstock (von gr. *mnēme,* Gedächtnis), der dem Vortragenden (dem „Sänger") und seinen Zuhörern die Orientierung im Text erleichterte. Das gilt für die großen heroisch-abenteuerlichen Erzählwerke des Altertums, beginnend mit *Ilias* und *Odyssee* von Homer, später dann für die mittelalterlichen Epen (auch „Versromane" genannt), darunter die Klassiker der mittelhochdeutschen Literatur wie *Nibelungenlied* und *Parzival.*

Dass diese Werke noch im 18. und 19. Jahrhundert, als man sie gerade wieder entdeckt hatte, gern als „Gedichte" bezeichnet wurden, sollte uns nicht verwirren. Der deutsche Ausdruck „Gedicht" bezeichnet ursprünglich und noch im damaligen Sprachgebrauch jeden „gedichteten", also in Versen abgefassten Text. Es gab demnach sowohl „epische" wie „dramatische", „lyrische" und sogar „didaktische Gedichte" (wir würden sagen: Sachtexte!). Erst allmählich setzt sich dann eine Begriffsverengung durch, so dass wir heute den deutschen Begriff *Gedicht* nur noch für die Lyrik verwenden (ähnlich beim englischen *poem* oder beim französischen *poème*).

Und zweifellos gibt es in dieser Gattung zahlreiche Verstexte, mit oder ohne Reim, die *nicht* narrativ sind, die sich auf Beschreibung oder Reflexion (Gedankenlyrik) oder, noch typischer, auf den Ausdruck eines Gefühls beschränken (Stimmungslyrik). Das wären dann im engeren oder engsten Sinn „lyrische Gedichte". Auf der anderen Seite ist jedoch ein beträchtlicher Teil der Texte, die wir umgangssprachlich Gedichte nennen und der Gattung der Lyrik im weiteren Sinne zurechnen (die wir also in einer populären Gedichtsammlung finden können), tatsächlich *narrativ* strukturiert, worauf auch ältere Begriffe wie *Ballade* oder neuere wie *Erzählgedicht* hinweisen.

Auch viele so genannte *Lieder*, von den Volksliedern des späten Mittelalters bis zum Blues und den neuesten Popsongs (vgl. den englischen Begriff *ballad*) erzählen Geschichten. Insgesamt hat das narrative Gedicht auch in unserer Sprache eine lange und vielfältige Tradition: von der mittelalterlichen deutschen Poesie bis zur Gegenwart; die Weimarer Klassiker schrieben ihre Balladen, Bertolt Brecht seine „Chroniken", und sogar sein Lieblingsfeind Gottfried Benn „kann" Erzählgedichte, zum Beispiel autobiographische. Demnach ist es also durchaus sachgerecht, auch das Kinderlied *Hänschen klein* – zumindest probehalber – als einen narrativen Text zu betrachten und zu analysieren.

Wir beginnen dabei, wie schon gesagt, mit den fundamentalen Kategorien von Vladimir Propp, den *Aktanten* (Handlungsträgern, Figuren usw.) und den *Funktionen* (Handlungsschritten, Erzählphasen usw.). Das stellt sich hier ja sehr einfach dar: Hänschen ist der primäre Aktant, der „Held"; im Rahmen dieser Geschichte findet er seinen „Gegenspieler" überraschender Weise in seiner Mutter. Das könnte paradox oder unverständlich erscheinen – wir dürfen diese Situation aber nicht psychologisch, sondern müssen sie strukturell betrachten: Hier ist nicht entscheidend, dass die Mutter um ihren Sohn weint, ihn also (vermutlich) liebt und nur das Beste für ihn wünscht, sondern dass sie etwas anderes, ja genau *das Gegenteil* von dem wünscht und bewirkt, was der kleine „Held" will und tut:

$$\text{H[eld]} > < \text{G[egenspieler]}$$

Nun also, da es in dieser (strukturell extrem simplen) Narration keine weitere Aktanten zu geben scheint, zu den Funktionen: Hänschen verlässt Mut-

ter und Heim und zieht hinaus in die „weite", offene, unbestimmte „Welt"
und Zukunft. Das ist ein Akt der Trennung vom bisher Gewohnten und
zugleich eine Öffnung für Fremdes, Zukünftiges und Neues, und insofern
eine kulturell und sozialisationsgeschichtlich typische Handlungsweise, die
sich im Prozess des Erwachsenwerdens mehrfach wiederholt (erster Tag im
Kindergarten, Einschulung, usw.). Wir können diese Funktion oder diesen
Handlungsschritt also „Abschied", „Aufbruch" oder „Ausfahrt" (1) nennen
und uns daran erinnern, wie viele literarische Texte, vom Märchen über
Ritter- und Abenteuerromane bis zum Agententhriller und zur Science
Fiction, mit dieser narrativen Situation bzw. Funktion beginnen.

Offensichtlich steckt in ihr ein sehr fester anthropologischer Kern
und eine transhistorische Erfahrung: Aktivität und Autonomie, die Be-
währung in der Welt, also auch das Erwachsenwerden, sind nur um den
Preis der Trennung von der „Mutter", das heißt der Herauslösung aus der
kindlichen Geborgenheit und Symbiose, und nur außerhalb von Heim
und Heimat, in der „weiten Welt" möglich (die ja im Kindergarten schon
beginnen kann).

In vielen literarischen Texten und Gattungen wird dieser *Aufbruch*
zugleich als eine Art *Auftrag* formuliert: Odysseus muss in den Trojani-
schen Krieg (und zwar nicht seine Mutter, aber immerhin seine Ehefrau
Penelope zurücklassen); König Artus sendet seine Ritter zur Erledigung
ihrer Pflichten und bestimmter Aufgaben nicht viel anders aus als „M",
der geheimnisvolle Chef des britischen Geheimdienstes, es viele Bücher
und Filme hindurch mit seinem Agenten 007 tut. Und in zahllosen Wes-
tern-Filmen heißt die Devise bekanntlich: „Go west, young man!" – wo
dann möglicherweise eine Belohnung winkt.

Unser Hänschen dagegen folgt keinem äußeren Auftrag (es gibt hier
keinen „Sender" als Aktanten, wie von Propp vorgesehen), sondern seiner inneren Stimme, der eigenen Wander- und Abenteuerlust. Aber auch
die ist nicht nur eine biografische Konstante, sondern bereits ein vorge-
prägtes und oft verwendetes, teilweise sogar genreprägendes literarisches
Motiv, so in der romantischen Erzählliteratur (Joseph von Eichendorff:
Aus dem Leben eines Taugenichts, 1826) und Lyrik („Wanderlieder") wie
auch in der klassischen und aktuellen Jugendliteratur, insbesondere in
Form des so genannten Adoleszenzromans (spätestens seit Mark Twain:
Tom Sawyer und Huckleberry Finn, 1876/85).

Während nun aber der ausgesandte Ritter/Agent schon bald auf einen
Gegner stößt und den handfesten Kampf bestehen muss, den er schon
erwartet hat, ist der Konflikt für klein Hänschen ziemlich überraschend

und sehr viel subtiler, weil ganz innerlich. „Aber Mutter weinet sehr" –
auch die *Trauer* dieses Aktanten, als zweite Funktion (2) in unserem Text,
ist psychologisch und lebensweltlich sehr verständlich, als äußeres Zeichen ihrer Liebe im Grunde erwartbar. Narratologisch ist jedoch bemerkenswert, dass diese Handlung den schon *abwesenden* kleinen Helden
beeinflusst, ihn in einen (inneren) *Konflikt* führt: „da besinnt sich das
Kind" (3). Dieser Konflikt entspricht also, strukturell gesehen, dem
Kampf des Ritters mit seinem Gegenspieler, und führt in diesem Fall –
anders als zumeist im Abenteuerschema – zu einer „Niederlage" des
Helden: Er revidiert seine bisherigen Absichten/Handlungen und kehrt
zurück, das heißt: er folgt mit seiner *Heimkehr* nun buchstäblich (4) dem
Willen seines Gegenspielers. Diesen einfachen Handlungsablauf könnte
man etwa wie folgt schematisieren:

(1) H: Aufbruch – (2) G: Trauer – (3) H: Konflikt – (4) H: Heimkehr

oder ihn sogar als Bildergeschichte darstellen, wie es manche Liederbü-
cher tun.

Groß ist die Variationsmöglichkeit von Erzählfunktionen in einem
narrativen Text, auch wenn sich oft – wie bei unserem Beispiel schon zu
sehen – bestimmte „typische" Handlungsgerüste oder Formen heraus-
bilden. Gemeinsam haben *alle* narrativen Texte hingegen (nur) zwei
Merkmale: einen Anfang und ein Ende. Das klingt banal, ist aber gleichzeitig so fundamental, dass schon Aristoteles in seiner *Poetik* nachdrück-
lich darauf eingeht: Man müsse die Erzählungen so zusammenfügen,
meint der Philosoph, dass sie „sich auf eine einzige, ganze und in sich
geschlossene Handlung mit Anfang, Ende und Mitte beziehen, damit
diese, in ihrer Einheit und Ganzheit einem Lebewesen vergleichbar, das
ihr eigentümliche Vergnügen bewirken kann".[1]

In unserem Beispiel (und in vielen anderen Fällen) legt der Blick auf
Anfang und Ende der Erzählung allerdings auch die Frage nach dem
„Davor" und dem „Danach" nahe: Der Aufbruch setzt einen Ort oder
eine Person voraus, den oder die man verlässt, die Heimkehr mündet ins
Dableiben. Dies sind zwei *nicht erzählte* Funktionen oder Zustände, die
wir aber dennoch, als unbewusste Mitarbeiter/innen am Text (im Sinne
von Wolfgang Iser oder Umberto Eco), *mitlesen* oder mitdenken (phan-
tasieren) und die in diesem Falle von besonderer Bedeutung sind. Wir

---

[1] Aristoteles: Poetik, S. 77, vgl. S.25.

können den Zustand vor dem Aufbruch versuchsweise mit einer Null 0 und den nach der Heimkehr mit dem Zeichen der Unendlichkeit ∞ belegen (im Sinne der Märchen-Schlussformel „Und wenn sie nicht gestorben sind, dann leben sie noch heute"). In beiden Fällen handelt es sich (rezeptionsästhetisch gesprochen) um *Unbestimmtheitsstellen,* die aber als dauernde Zustände zu denken und auf der Ebene der Aktanten als Gemeinsamkeit, als Symbiose von Held und Gegenspieler, von Sohn und Mutter auszufüllen sind:

$$[0]\ 1\ 2\ 3\ 4\ [\infty]$$

In diesem Zusammenhang ist nun erwähnenswert und aufschlussreich, dass es eine andere Fassung von *Hänschen klein* gibt, die u. a. vom Volksliederarchiv dokumentiert wird[2] und auch im einen oder anderen Abdruck in Liederbüchern erscheint. Dort hat das Lied nun einen zweiten Teil und lautet insgesamt so:

> 1   Hänschen klein, ging allein
>   In die weite Welt hinein.
>   Stock und Hut steht im gut,
>   er ist wohlgemut.
> 5   Aber Mama weinet sehr,
>   Hat ja nun kein Hänschen mehr!
>   Da besinnt sich das Kind,
>   kehrt nach Haus geschwind.
>
>   Lieb Mama, ich bin da
> 10 Ich, dein Hänschen, hoppsassa!
>   Glaube mir, ich bleib hier
>   Geh nicht mehr fort von dir!
>   Da freut sich die Mutter sehr
>   Und das Hänschen noch viel mehr
> 15 Denn es ist, wie ihr wisst
>   Gar so schön bei ihr.

Was fällt hier auf? Zunächst wird die äußere Gliederung der Versrede neu geordnet: Sie erscheint jetzt als zweistrophiges Gedicht/Lied mit jeweils

---

[2]   http://www.volksliederarchiv.de/text459.html

acht Verszeilen, die fast durchgängig mit Paarreimen enden. (Eine Ausnahme bilden die Verse 15/16: hier soll vermutliche gerade die *Abweichung* vom Reimschema und die Verkürzung des Versmaßes den Effekt verstärken.) Aber das berührt die Erzählhandlung nicht strukturell.

Wie ist die (neue) zweite Strophe aufgebaut? Sie *erzählt* die Situation nach der Heimkehr, die bisher der Leserphantasie überlassen war, und baut sie zu einer *Szene* aus, die ebenso lang ist wie die gesamte vorherige Handlung. Sie besteht aus vier Zeilen direkter *Personenrede* (9-12): Hänschen spricht die Mutter an. Weitere zwei Zeilen (13/14) sind als *Erzählerbericht* gefasst, der die beiderseitige Freude referiert, die letzten beiden (15/16) als *Erzähleranrede* an Leser bzw. Zuhörer, wodurch die Schlussfolgerung bzw. der unausgesprochene Appell an die „Zielgruppe" besonders betont wird: *Nicht weglaufen!*

Die kleine Beispielgeschichte wird also durch eine halb explizite, halb implizite Nutzanwendung ergänzt und letztlich pädagogisch instrumentalisiert. Man kann aber sehr wohl der Meinung sein, dass gerade dies zu viel ist und zu plump ausfällt, auch dass der Text durch die „kindgemäße" Ausdrucksweise („Mama" statt Mutter, „hopsassa") auf unnötige, fast peinliche Weise infantilisiert und verkitscht wird, und eben dadurch die ästhetische Wirkung der ersten Strophe eher beeinträchtigt als verstärkt (was doch zweifellos intendiert war). Insofern ist es auch einleuchtend, dass *Hänschen klein* im kollektiven Gedächtnis und Gebrauch (man kann den Text ja nicht nur lesen, hören oder singen, sondern z.B. auch *spielen!*) nur oder doch vorwiegend in der kurzen, lakonischen und deshalb wirkungsstarken Form überliefert ist.

Das mag – wie schon angedeutet – auch damit zu tun haben, dass der Handlungsablauf bei aller Einfachheit einem verbreiteten und gewissermaßen unzerstörbaren Erzählmuster folgt: Wir haben den Gesamtverlauf von Hänschens Geschichte bisher in struktureller Analogie zum *Abenteuerschema* verstanden, das zweifellos *ein* Grundmuster des alltäglichen wie des literarischen Erzählens ist. Aber ganz befriedigend ist diese Zuordnung nicht, weil wir ja erhebliche Modifikationen vornehmen müssen, wenn wir der Aussage, der *message* dieser Narration gerecht werden wollen.

Berücksichtigt man nun die inhaltliche Dimension der Erzählung, die als Interaktion zwischen Figuren weitgehend *psychologisch* zu fassen ist, so bietet sich eine Umformulierung des narrativen Schemas an. Der Literaturwissenschaftler Carl Pietzcker hat an anderen Textbeispielen ein solches Erzählmuster als Dreischritt von *Einheit, Trennung und Wieder-*

vereinigung beschrieben. Ihm liegt ein tiefgreifendes anthropologisches und kulturelles Erfahrungs- und Denkmuster zugrunde, das seinerseits vielfach variiert werden und ein Gerüst für Erzählungen aller Art abgeben kann. Pietzcker betont die fundamentale Bedeutung dieses Schemas für unsere Kultur, die es einerseits – als *Deutungsmuster* – zu verstehen hilft. Andererseits erweist es sich auch als literarisches Produktionsschema, das schon wegen seiner temporalen Struktur, als zeitlicher Ablauf, für Erzählungen aller Art und in allen Medien besonders geeignet ist, das heißt: als wirkungsstarkes *Gestaltungsmuster*. Seine kulturelle Relevanz beschreibt Pietzcker wie folgt:

> Die europäische Kulturgeschichte zeigt, dass die Phantasie von Einheit, Trennung und neuer Einheit nicht nur Deutungs-, sondern auch Gestaltungsmuster prägte, also nicht nur Deutungen der Welt und ihres Verlaufs, sondern auch literarische Texte. Sie strukturiert diese Texte z. B. mit dem Motiv des Auszugs aus der Heimat, der langen Reise und der glücklichen Heimkehr, oder häufiger noch mit dem von Liebe, Trennung und neuer Einheit. Immer wieder wurde mit dieser Abfolge literarische Wirklichkeit gestaltet; Erfahrung, Leben und Gefühl fanden so zu Szene und Bild.[3]

Pietzcker hat dies an einer Reihe von sehr unterschiedlichen Texten durchgespielt (von *Hänschen klein* ist aber nicht die Rede!), und auch wir werden, mit seiner Hilfe, in einem späteren Kapitel noch einmal darauf zurückkommen. Vorerst interessiert uns aber, und zwar stärker als Pietzcker selbst, die erzähl*technische* Struktur des Musters. Für die Erzählung von *Hänschen klein* in ihrer Grundform halten wir vorläufig fest: Sie besteht aus nicht mehr als vier Handlungsschritten oder Funktionen, als deren thematisches Zentrum die Mutterliebe leicht zu erkennen ist, die hier in einem kleinen Szenario zwischen Mutter und Kind/Sohn ausagiert wird.

Die Wirkung und Popularität des Liedchens, auch das kann man festhalten, liegt weitgehend darin begründet, dass es eine elementare kulturelle Situation gestaltet, die uns allen in mancherlei Varianten vertraut ist. Die Erzählung hat also, wie man früher zu sagen pflegte, einen „Sitz im Leben". Zugleich ist sie so schematisiert bzw. *typisch* angelegt – also nicht individualisiert oder historisiert oder lokalisiert – dass sie

---

[3] Carl Pietzcker: Einheit, Trennung und Wiedervereinigung. Psychoanalytische Untersuchungen eines religiösen, philosophischen und literarischen Musters, Würzburg 1996, S. 12.

auf viele, auch sehr unterschiedliche Situationen übertragen bzw. in verschiedene Kontexte gestellt werden kann. Der Funktion und vielfachen Verwendbarkeit wegen könnte man sie wohl am ehesten als *Exempelgeschichte* bezeichnen.

Wir haben das Erzählschema von *Hänschen klein* bisher weitgehend über die Kategorien Aktant und Funktion erschlossen, wobei zwangsläufig auch das Zeitgerüst des Erzählens zu beachten war. Die übrigen narratologischen Kategorien aus unserem ersten Kapitel erweisen sich in diesem Fall – also an *diesem* Text – hingegen als nicht besonders produktiv. Zum Beispiel führt uns die Frage „Wer erzählt?", mit der man erfahrungsgemäß viele narrative Texte aufschließen kann, in diesem Fall offenbar nicht sehr weit: Wir hören einen unpersönlichen Erzähler, der außerhalb der Handlung steht (Genette: *heterodiegetisch*). In Stanzels Terminologie wäre er wohl *auktorial* zu nennen – nicht so sehr, weil er ins Innere der Figuren blicken kann („Hans ist wohlgemut" – das könnte man auch aus seinem äußeren Verhalten ableiten), sondern weil er sie bewertet: „... steht ihm gut". Aber diese auktoriale Komponente ist insgesamt nur schwach ausgebildet, es herrscht, schon wegen der Kürze des Texts, ein relativ sachlicher, knapper Berichtston, und der Erzähler erteilt den Figuren nirgends das Wort.

Von der einfachen zur komplexen Erzählung

Diese Beobachtungen müssen wiederum ein wenig modifiziert bzw. ergänzt werden, wenn wir eine weitere, eine *dritte Fassung* oder Textvariante des gleichen Liedes betrachten, die wir der schönen Anthologie *Kindheit im Gedicht* von Dieter Richter entnehmen.

Hänschen klein

Kinderlied

1   *Hänschen klein*
     Ging allein
     In die weite Welt hinein,
     Stock und Hut
5   *Steht ihm gut,*
     Ist ganz wohlgemut.
     Aber Mama weinet sehr,

> *Hat ja nun kein Hänschen mehr.*
> „Wünsch' dir Glück!"
> 10 Sagt ihr Blick;
> „Kehr nur bald zurück!"
>
> Sieben Jahr,
> Trüb' und klar,
> Hänschen in der Fremde war.
> 15 *Da besinnt*
> *Sich das Kind,*
> *Eilet heim geschwind.*
> Doch nun ist's kein Hänschen mehr,
> Nein, ein großer Hans ist er,
> 20 Schwarz gebrannt
> Stirn und Hand –
> Wird er wohl erkannt?
>
> Eins, zwei, drei
> Gehn vorbei,
> 25 Wissen nicht, wer das wohl sei,
> Schwester spricht:
> „Welch Gesicht!",
> Kennt den Bruder nicht.
> Kommt daher die Mutter sein,
> 30 Schaut ihm kaum ins Aug' hinein,
> Spricht sie schon:
> „Hans, mein Sohn!
> Grüß dich Gott, mein Sohn!"

Der Herausgeber des Sammelwerkes gibt dazu folgende Erläuterung: „Auf die verbreitete Melodie eines Jägerliedes im 19. Jahrhundert gedichtet. In seiner Kurzfassung eines der bekanntesten deutschen Kinderlieder."[4] Wir dürfen also davon ausgehen, dass es sich um den Text eines individuellen Verfassers[5] handelt, und dass die Kurzform, die wir

---

[4]   Dieter Richter: Kindheit im Gedicht. Verse aus acht Jahrhunderten. Frankfurt a. M. 1992, S. 344.

[5]   Vermutlich Konrad Wiedemann (1821-1882): vgl. Frederik Vahle: Kinderlied. Erkundungen zu einer frühen Form der Poesie im Menschenleben, Darmstadt 1992, S. 93.

nun schon ausführlich diskutiert und im vorstehenden Text *kursiviert* haben, historisch-genetisch eben keine Vorform oder Urform darstellt, sondern eine nachträglich „verkürzte Fassung" des Originaltextes. Sie ist gewissermaßen aus der Schriftkultur in die mündliche Kultur und in den mündlichen Gebrauch übergegangen und so, wie man auf den ersten Blick sieht, für die alltägliche Verwendung als Kinderlied, das heißt in linguistisch-pragmatischer oder auch lebenspraktischer Hinsicht viel besser geeignet als die ausschweifende lange Fassung.

Für unsere narratologische Neugier ist jedoch die umgekehrte Blickrichtung produktiver: Wir sehen, dass die Kurzfassung genug Element enthält, um als Erzählung zu funktionieren, und vermutlich kein einziges darüber hinaus. Sie stellt gewissermaßen das narrative Minimum, eine *Kürzestgeschichte* dar. Aufschlussreich ist es nun aber, nach den *zusätzlichen* Elementen zu fragen, die in der langen Version enthalten sind und in der kurzen aus den erwähnten Gründen wegfallen. Sie verweisen, gerade wo sie über das Minimum hinausgehen, auf verschiedene Möglichkeiten des „Ausbaus" dieser Geschichte – und im Erzählhandwerk überhaupt. Deshalb betrachten wir sie nachfolgend im Einzelnen:

V. 1 – 8: Die Verse sind identisch mit denen der kurzen Fassung und umfassen die Funktionen 1 (Aufbruch) und 2 (Trauer).

V. 9 – 11: Die Mutter wird als Aktant stärker profiliert: Ihr Abschiedwunsch ist ambivalent, wenn nicht sogar widersprüchlich: sie wünscht dem ausziehenden Sohn „Glück" (also Erfolg in der Fremde), sie wünscht ihm (und sich) aber auch die baldige Heimkehr. (In der Psychologie bezeichnet man diese Struktur als *double-bind!*) Der narrativen Form nach handelt es sich um direkte Personenrede, und zwar in stummer Form: Nicht Mutters Mund „spricht", sondern nur ihr „Blick" – weil sie den ausziehenden Ritter/ das Hänschen nicht verunsichern will? In jedem Fall belebt die *Personenrede* den Erzähltext und kann das Leserinteresse verstärken.

V. 12 – 14: In starker *Raffung* (sieben Jahre im Anklang an Bibel und Märchen als symbolisch „lange Dauer") werden Hänschens „gemischte" Erfahrungen in der Fremde vom Erzähler resümiert, seine „Besinnung" (also der Entschluss zur Heimkehr) wird aber nicht spezifisch motiviert – vielleicht reicht es ihm jetzt einfach mit dem Wanderleben. (Aus der Montage von Vers 1-8 und 15-17 ergibt sich übrigens die etwas seltsame Motivationsverknüpfung, die wir oben diskutiert haben.)

V. 15 – 17: Identisch mit Vers 8 - 10 in der Kurzfassung (dort als Schluss der Erzählhandlung, hier erst als ihr *Wendepunkt*).

V. 18 – 22: Nochmals eine *Raffung*: Das Kind ist „groß" geworden – Hans statt Hänschen – und war in anderen, offensichtlich sonnigeren Weltgegenden. In dieser Wertung ist die *auktoriale Erzählerstimme* deutlich zu erkennen, die sich (wie schon in der zweiten Fassung) in einer Anrede (man könnte vielleicht auch sagen: mit einer *metafiktionalen* Frage) an die Leser-/Zuhörerschaft wendet: Wie geht die Geschichte weiter?

V. 23 – 33: Das erweist sich in der abschließenden Strophe, die sich wiederum in drei *Szenen* teilt, genauer gesagt: in drei Begegnungen, von denen zwei im Nichterkennen stecken bleiben und erst die dritte zum Erkennen und damit zu Wiedervereinigung von Mutter und Sohn führen. Die darin angelegte – erneut ans Märchen erinnernde – Steigerung oder auch Spannung ist unverkennbar: Zunächst sind es beliebige Personen – eins, zwei, drei –, die ihn nicht erkennen; dann die eigene Schwester, die doch Grund genug dazu hätte, und doch nur „befremdet" ist; und schließlich die Mutter, die ihn – *warum??* – ohne Zögern oder Unsicherheit in die Arme schließt. Der Blick, mit dem sie ihn einst verabschiedet hat, ist es nun, der zur Wiedervereinigung führt. Festzuhalten ist, dass dieser Schluss – im Gegensatz zum vorhergehenden Erzählerbericht – stark szenisch angelegt ist, das heißt die *Figuren* weitgehend kommentarlos handeln und *sprechen* lässt (zweimal direkte, nun laute Rede), was sicherlich anschaulicher und insofern mitreißender ist als es der bloße *Erzählerbericht* wäre.

Verallgemeinernd halten wir fest, dass die *Erzählhaltung* im Interesse der Leserwirkung zwischen auktorialen und personalen bzw. neutralen Einstellungen *wechselt*; darüber hinaus, dass die auktorialen Elemente sehr sparsam eingesetzt sind, und vor allem die entscheidende Dynamik des Geschehens, nämlich die Kraft der Mutterliebe, weitgehend der „mitarbeitenden" Phantasie derer überlassen wird, die das Lied lesen, hören oder singen!

Wir sehen also, dass die lange Fassung eben nicht nur länger, sondern tatsächlich auch komplexer angelegt ist. Sie erzählt nicht einfach nur ‚breiter' oder ‚detaillierter', sondern umfasst wesentliche *Erweiterungen* (E 1-6) auf der *histoire*-Ebene, also neue Handlungsabschnitte oder Funktionen. Das Aufbauschema (in dem die Elemente der Kurzfassung wiederum *kursiviert* sind) könnte also etwa so aussehen:

$$[0] \; 1 \; 2 \; \text{E1} \; \text{E2} \; 3 \; 4 \; \text{E3} \; // \; (\text{E4, E5, E6}) \; [\infty]$$

Unter dem Aspekt der zeitlichen *Ordnung* (Chronologie) sind keine wesentlichen Veränderungen festzustellen: Es wird weiterhin überwiegend einsinnig-chronologisch von Anfang bis Ende erzählt; einzige Ausnahme und Veränderung ist ein *zeitraffender Rückblick* (nach Genette: eine Analepse) in V. 12-14, durch den die Gesamtdauer des Erzählgeschehens eine sehr viel weitere Dimension erhält: aus der Situation wird nun ein ganzer Lebensabschnitt.

Damit wird der Aspekt der *Dauer* (die symbolischen „sieben Jahr") ebenso verstärkt wie durch die sehr betonte terminologische Veränderung (Hänschen/großer Hans). Sie verschiebt die Handlungsmotivation des Helden und bringt sehr ausführlich die Frage des Wiedererkennens ins Spiel, die ja ein Drittel des gesamten Textes ausmacht, in sich nochmals gesteigert wird – während sie in der Kurzfassung aus pragmatischen Gründen, das heißt aus Rücksicht auf die kindlichen Rezipienten/Nutzer, überhaupt keine Rolle spielt. Dort geht es nur um die Rückkehr, nicht ums Wiedererkennen. Der kurze Text opfert und eliminiert also Komplexität des Geschehens und Pluralität der Bedeutungen im Interesse einer unmittelbaren und eindeutigen Wirkung beim kindlichen Publikum.

Im Kurztext wird das Abenteuer abgebogen, Hänschen bleibt ein Kind; in der Langfassung kehrt er als erwachsene, gereifte Person zurück – er hat seine Aufgabe draußen vermutlich bewältigt, ohne doch sein Zuhause und die Mutter zu vergessen.

Damit nähert sich diese Fassung, obwohl sie die draußen erlebten Prüfungen und Abenteuer nicht im einzelnen erzählt, sondern sehr stark und abstrahierend rafft, doch wieder dem traditionellen Abenteuerschema an, mit dem wir unsere Überlegungen begonnen haben – und verweist, trotz ihres knappen Formats, auch auf literarische Großformen wie Novelle, Epos, Roman oder sogar auf die Tragödie, die jenes Schema in der einen oder anderen Weise benutzen oder integrieren können.

Intertextuelle Beziehungen

Einen letzten Blick sollten wir auf das Phänomen der *Intertextualität* richten: Damit wird, wie schon gesagt, von Theoretikern wie Eco, Genette und Kristeva die „Anwesenheit eines Textes in einem anderen Text" in vielerlei Spielarten bezeichnet. Wenn wir das weniger gewunden ausdrücken, heißt es: Ein beliebiger Text wie *Hänschen klein* kann uns mit seinen inhaltlichen oder formalen Merkmalen an andere, vorherliegende Texte erinnern, er kann solche Prätexte insgesamt als Modell benutzen und sie mit mehr oder weniger großen Veränderungen nachahmen, er kann sie aber auch „nur" punktuell zitieren oder auf sie anspielen. In jedem Fall aktiviert er (zumindest beim kundigen Rezipienten) im Rezeptionsakt auch die Erinnerung an den benutzten Prätext: Es kommt also zu einer „Kopräsenz zweier Texte". – Und natürlich kann anders herum der vorliegende Text auch von nachfolgenden Werken vielfältig als Prätext benutzt werden.

In unserem Fall scheint es für die *Form* des Textes keinen klar bestimmbaren Prätext zu geben; wohl aber wird eine schon vorher existierende *Melodie* für einen neuen Text benutzt. Dieses Verfahren, das man genauer als *Kontrafaktur*, also als Herstellung eines „Gegenstücks" bezeichnet, ist übrigens bei Liedern aller Art in vielen Sprachen sehr verbreitet; zum Beispiel benutzen mehrere Nationen die gleiche Melodie für ihre Hymnen mit sehr unterschiedlichen Texten. Die Erzählung von *Hänschen klein* hingegen, die uns vorrangig interessiert, *erinnert* allenfalls an ähnliche, kulturell wirkungsstarke Erzählungen; ganz besonders könnte man an das biblische „Gleichnis vom verlorenen Sohn" (Lukas 15, 12-33) denken, das aber natürlich in ganz anderen Kontexten steht. Immerhin handelt es sich auch dabei um eine Exempelgeschichte (in der verfestigten Form des „Gleichnisses") über das Thema der Eltern- und Kindesliebe. Dennoch wird man nicht von einem „Prätext" sprechen, sondern eher davon, dass hier zwei sehr unterschiedliche Texte das gleiche Handlungsschema benutzen, dabei aber zu unterschiedlichen Lösungen und Bewertungen kommen (vgl. den Arbeitstext im Anhang).

Anders sieht es aus, wenn man auf die eine oder andere Verwendung von *Hänschen klein* als Prätext stößt. Das beginnt im Alltag und beim alltäglichen Sprachgebrauch, wenn etwa die engagierten Erzieherinnen der Kita „Spielkiste" in 19429 Treuenbrietzen eine schriftliche Elterninformation mit der Zeile „Hänschen klein ging allein in die weite Welt..." überschreiben und dieses (durch Anführungszeichen „markierte") *Zitat* sodann auf das ihnen wohlvertraute „Problem beziehen, dass die Mütter ‚weinend' zurückbleiben und ihre Kinder nicht loslassen wollen". Es scheint sich also, ähnlich wie im Lied, weniger um ein Problem der Kinder als der Mütter zu handeln.[6] Wie auch immer, der Prätext wird hier in einer ganz anderen, pragmatischen Textsorte mit der Funktion „In-

---

[6]   Eine feministisch akzentuierte tiefenpsychologische Deutung gib Dorothea Steinlechner-Oberläuter: „Hänschen-Klein" und das Weinen der Mutter. Psychoanalytische Überlagerungen zu einer Miniatur geschlechtsspezifischer Sozialisation, in: SAP Zei-

formation und Beratung" intertextuell verwendet, was wiederum nur auf Grund seiner allgemeinen Bekanntheit funktionieren kann.

Nicht als Zitat, wohl aber als deutliche *Anspielung* wird *Hänschen klein* in einem ganz anderen Text, in Thomas Manns Tausendseitenwerk *Der Zauberberg* von 1924 verwendet, das manche Kritiker als einen Gipfelpunkt des modernen deutschen Romans ansehen.[7] Er wolle uns die „Geschichte Hans Castorps", eines „einfachen jungen Mannes" erzählen, kündigt der auktoriale Erzähler schon im ersten Satz an, um dann metafiktional zu reflektieren: „Die sieben Tage einer Woche werden dazu nicht reichen und auch sieben Monate nicht. [...] Es werden, in Gottes Namen, ja nicht geradezu sieben Jahre sein!"[8] Aber natürlich sind es dann genau *sieben Jahre*, die erzählt werden: die Zeit, in der Hans, ein junger Ingenieur aus Hamburg, seine geordnete Welt und geplante Karriere verlässt und sich den Abenteuern der Fremde (in diesem Fall: eines Schweizer Lungensanatoriums) aussetzt. Nach sieben Jahren wird er eher unfreiwillig „heimkehren" und zwar mitten in den mörderischen Ersten Weltkrieg. (Dass bei Namengebung und Handlungsführung zugleich eine Anspielung auf das Märchen von „Hans im Glück" vorliegen könnte, beeinträchtigt das intertextuelle Spiel keineswegs, sondern macht es noch dichter und damit reizvoller!) Auch hier ist es die allgemeine Bekanntheit des Prätextes, die es möglich macht, ihn hier durch eine (zugegeben!) schwache und punktuelle Anspielung in der jeweiligen Lektüre zu aktivieren.

Ein spezifisches Verfahren der Intertextualität ist die *Parodie*. Hier wird ein Text-Vorbild, also ein Muster oder Prätext, zumeist der Form nach übernommen (kontrafaktisch), sein Inhalt und seine Aussage werden aber ins Humoristische, Komische oder auch Satirische gewendet.[9] Und wiederum sind populäre Texte wie *Hänschen klein* für eine solche

---

tung N. 2 (Februar 2001); Zugriff über: www.psychoanalyse-salzburg.com/.../Steinlechner.pdf

[7] Vgl. Hugh Ridley/Jochen Vogt: Thomas Mann, München 2009, S. 45ff.

[8] Thomas Mann: Der Zauberberg. Roman, Frankfurt a.M. 1986 u. ö., S. 5 (Vorsatz).

[9] Keine humoristische Wirkung, und im strengen Sinn auch keine Parodie, sondern eine akustische Zitatmontage liegt vor, wenn der Regisseur Sam Peckinpah in seinem Kriegsfilm STEINER – DAS EISERNE KREUZ (CROSS OF IRON, 1977) „Hänschen klein" als Kindergesang mit dem Horst-Wessel-Lied, einer Art Parteihymne der Nationalsozialisten, mischt und zunächst dem Vorspann unterlegt (in dem dokumentarische Bilder aus dem Dritten Reich und Spielfilmsequenzen gemischt werden), um es später, am Filmende, noch einmal mit einem ironisch-grotesken Effekt zu verwenden. Auch diese intermediale Montage setzt natürlich die Bekanntheit von Melodie *und* Text voraus (ein Hinweis von Bettina Noack: *Danke!*). – Ähnlich, das heißt interpretierend, wird

Verarbeitung besonders prädestiniert; man könnte sogar sagen: Ihre allgemeine Bekanntheit ist geradezu eine Vorbedingung fürs Parodiertwerden. Dieser Hinweis bietet zum Schluss noch die Gelegenheit, eine solche parodistische Fassung zu zitieren, die – wie der Verfasser dieses Kapitels sich genau erinnert – schon vor mehr als sechzig Jahren ein absoluter Hit in *seinem* Kindergarten war, und die Sie nun selbst analysieren dürfen:

> Hänschen klein
> geht allein
> in Berliner Turnverein.
> Hängt am Reck,
> fällt in Dreck
> und det linke Bein is weg.
> Kommt der Doktor Hampelmann,
> klebt et dann mit Spucke an.

Arbeitsvorschlag

1. Erproben und diskutieren Sie die an „Aktanten" und „Funktionen" orientierte Analyse bzw. Schematisierung an dem nachfolgenden Text:

Das Gleichnis vom verlorenen Sohn
[11] Weiter sagte Jesus: Ein Mann hatte zwei Söhne. [12] Der jüngere von ihnen sagte zu seinem Vater: Vater, gib mir das Erbteil, das mir zusteht. Da teilte der Vater das Vermögen auf. [13] Nach wenigen Tagen packte der jüngere Sohn alles zusammen und zog in ein fernes Land. Dort führte er ein zügelloses Leben und verschleuderte sein Vermögen. [14] Als er alles durchgebracht hatte, kam eine große Hungersnot über das Land, und es ging ihm sehr schlecht. [15] Da ging er zu einem Bürger des Landes und drängte sich ihm auf; der schickte ihn aufs Feld zum Schweinehüten. [16] Er hätte gern seinen Hunger mit den Futterschoten gestillt, die die Schweine fraßen; aber niemand gab ihm davon. [17] Da ging er in sich und sagte: Wie viele Tagelöhner meines Vaters haben mehr als genug zu essen, und ich komme hier vor Hunger um. [18] Ich will aufbrechen und zu meinem Vater gehen und zu ihm sagen: Vater,

die Melodie (und der bekannte Text) übrigens auch (und nur) in der *deutschen* Version von Stanley Kubricks 2001: Odysee im Weltraum verwendet (ein Hinweis von mir).

ich habe mich gegen den Himmel und gegen dich versündigt. [19] Ich bin nicht mehr wert, dein Sohn zu sein; mach mich zu einem deiner Tagelöhner. [20] Dann brach er auf und ging zu seinem Vater. Der Vater sah ihn schon von weitem kommen, und er hatte Mitleid mit ihm. Er lief dem Sohn entgegen, fiel ihm um den Hals und küßte ihn. [21] Da sagte der Sohn: Vater, ich habe mich gegen den Himmel und gegen dich versündigt; ich bin nicht mehr wert, dein Sohn zu sein. [22] Der Vater aber sagte zu seinen Knechten: Holt schnell das beste Gewand, und zieht es ihm an, steckt ihm einen Ring an die Hand, und zieht ihm Schuhe an. [23] Bringt das Mastkalb her, und schlachtet es; wir wollen essen und fröhlich sein. [24] Denn mein Sohn war tot und lebt wieder; er war verloren und ist wiedergefunden worden. Und sie begannen, ein fröhliches Fest zu feiern.

[25] Sein älterer Sohn war unterdessen auf dem Feld. Als er heimging und in die Nähe des Hauses kam, hörte er Musik und Tanz. [26] Da rief er einen der Knechte und fragte, was das bedeuten solle. [27] Der Knecht antwortete: Dein Bruder ist gekommen, und dein Vater hat das Mastkalb schlachten lassen, weil er ihn heil und gesund wiederbekommen hat. [28] Da wurde er zornig und wollte nicht hineingehen. Sein Vater aber kam heraus und redete ihm gut zu. [29] Doch er erwiderte dem Vater: So viele Jahre schon diene ich dir, und nie habe ich gegen deinen Willen gehandelt; mir aber hast du nie auch nur einen Ziegenbock geschenkt, damit ich mit meinen Freunden ein Fest feiern konnte. [30] Kaum aber ist der hier gekommen, dein Sohn, der dein Vermögen mit Dirnen durchgebracht hat, da hast du für ihn das Mastkalb geschlachtet. [31] Der Vater antwortete ihm: Mein Kind, du bist immer bei mir, und alles, was mein ist, ist auch dein. [32] Aber jetzt müssen wir uns doch freuen und ein Fest feiern; denn dein Bruder war tot und lebt wieder; er war verloren und ist wiedergefunden worden.

Aus: Die Bibel. Altes und Neues Testament. Einheitsübersetzung, Freiburg, Basel, Wien 1980, S. 1149f. (Lukas 15, 11-32)

2. Führen sie eine entsprechende Analyse an dem bekannten Märchen *Hans im Glück* durch. Sie finden es als Nr. 83 in der Märchen-Sammlung von Jacob und Wilhelm Grimm (z.B. Brüder Grimm: Kinder- und Hausmärchen. Ausgabe letzter Hand. Hrsg. v. Heinz Rölleke, Bd.1, Stuttgart: Reclam 1980 u. ö.). Wie müssen wir unsere Kategorien (z.B. Kampf mit dem Gegenspieler) dabei verändern und an den Kontext anpassen?

2. *Ein Exkurs:* Die Hosen des Herrn von Goethe

Wie Bild und Text zusammenwirken

Dass Frau Rath Goethe, die Mutter des späteren „Dichterfürsten" in Weimar und deutschen Klassikers schlechthin, ihren Liebling Johann Wolfgang, der sie und das Frankfurter Elternhaus als junger Mann im Jahr 1775 verlassen und erst 1798 wieder besucht hatte, lebenslang ihren „Hätschelhanß" (!) genannt hat, wollen wir hier nur am Rande nachtragen. Eine ernsthafte Überleitung zu unserem zweiten Beispieltext ist das vielleicht nicht. Aber immerhin erleichtert sie uns, wie gleich zu sehen sein wird, den Sprung von „Hänschen" zu „Lieschen" – und öffnet einen amüsanten Seitenblick auf eine sehr spezielle Form des Erzählens.

Unser nächstes Beispiel gehört nämlich zu jener populären Kunstgattung, die inzwischen auch im Deutschen *Cartoon* oder *Comic Strip,* oder kurz *Comics* heißt – und traditionellerweise als *Bildergeschichte* bezeichnet wird. Diese narrative Form, die in ihrer einfachsten Variante mehrere Abbildungen oder bildhafte Zeichen in verschiedenen Techniken (Zeichnung, Stickerei, Glasmontage, Fotografie u.a.) aneinander reiht, um eine Geschichte zu erzählen, hat ihrerseits schon eine lange (zum Teil sogar vorschriftliche) Tradition: prähistorische Höhlenbilder, mittelalterliche Wandteppiche oder Kirchenfenster. Spätere Varianten benutzen dann die *Kombination* von Bildern und (narrativem oder dialogischem) Text: so etwa die berühmten Text-und-Bild-Geschichten von Wilhelm Busch (*Max und Moritz*) und verschiedenen Zeitgenossen des 19. Jahrhunderts; wir dürfen aber auch an *Mickey Mouse* und andere US-Comic Strips denken, die nach dem Zweiten Weltkrieg auch Deutschland eroberten; oder an die in Südamerika besonders beliebten *foto-novelas* in der Zeitung oder in Heftchenform (gewissermaßen die armen Verwandte der *tele-novelas* und *soap operas* aus dem Fernsehen). Dies alles ist bekannt. Aber wie funktionieren solche *mixed-media-stories*? Das wollen wir an einem einfachen, aber durchaus anspruchs- und effektvollen Beispiel überprüfen.

In diesem Fall hat uns der Autor, also der Zeichner und Texter, oder besser: der Dichter Robert Gernhardt die analytische Mühe des Segmentierens der *histoire*-Ebene durch seine Konstruktion bereits abgenommen: Die Bilder von 1 bis 4 zeigen uns einen Handlungsablauf, der durch (mehr oder weniger) parallel laufende Textelemente begleitet, ergänzt, kommentiert und reflektiert wird. Ganz einfach lässt sich das erzählte Geschehen (Genet-

Lieschen aus Weimar

te: die Diegese) so zusammenfassen: *Die vom Rotwein beschwipste Büglerin beschädigt mit ihrem Bügeleisen fahrlässig die Hosen des Herrn von Goethe und verhindert so seinen abendlichen Ausgang und Besuch bei Frau von Stein.*

Die *histoire* liegt damit, chronologisch gesehen, im „Vorfeld" unseres vertrauten Abenteuer-Schemas; es kommt hier vermutlich gar nicht zu einem „Abenteuer". Eben darin, in der offensichtlichen Enttäuschung des verhinderten Abenteurers, liegt der Witz, der komische Effekt dieses Streifens, der sich aber erst am Schluss, in einer *Pointe*, einer überraschenden und witzigen Zuspitzung offenbart. Betrachten wir diese Erzählung also genauer und überprüfen sie kurz anhand der der wichtigsten narratologischen Kategorien.

Erstens stellt sich die Frage nach der *Fiktionalität.* Dass es sich um fiktionale Narration handelt, wird durch den ursprünglichen Publikationsort[10] sowie den Namen des Autors und seinen beträchtlichen Ruhm als literarischer und zeichnerischer Humorist nahegelegt.[11] Aber auch die Form des Cartoons bzw. Comic Strips als solche ist uns als *fiktionale* vertraut, wobei die Verwendung von historisch authentischen Figuren (Cäsar bei den Galliern!) ebenso wie im Drama, der Ballade, der Novelle oder dem Roman durchaus zu den Gattungsgepflogenheiten gehört. In der Sonderform der (politischen) *Karikatur,* die als Einzelbild oder Bildfolge angelegt sein kann, ist die Erkennbarkeit der Aktanten geradezu gattungsnotwendig!

Insofern lesen wir Gernhardts Bildergeschichte nicht als historisch verbürgte, faktuale Episode aus dem Leben unseres Nationaldichters, sondern eben als eine erfundene, die gleichwohl, wie Aristoteles sagt, „geschehen (sein) könnte". So bleibt auch die naheliegende Frage, ob es denn im großen Dichterhaushalt am Frauenplan zu Weimar tatsächlich ein Dienstmädchen oder eine Büglerin namens Lieschen gegeben habe (der man in der reichhaltigen biographischen Goetheforschung durchaus nachgehen könnte), für uns völlig unerheblich.[12]

---

[10]   Robert Gernhardt: Wörtersee, Frankfurt a.M. 1981; hier zitiert nach der Taschenbuchausgabe Zürich 1989, S. 148-151.

[11]   Vgl. Art. Gernhardt, Robert: in: Kindlers Literatur Lexikon. Hrsg. v. Heinz Ludwig Arnold, 3. völlig neu bearb. Aufl. Stuttgart/Weimar 2009, Bd. 6. – Weiterhin Jochen Vogt: Das muss der Reimreinbringer sein. Mit Robert Gernhardt ins dritte Jahrtausend, in: J.V.: Knapp vorbei. Zur Literatur des letzten Jahrhunderts, München 2005, S. 157-186.

[12]   Dort wurden neben zahlreichen fest angestellten Dienstboten „tageweise [auch] Waschfrau, Büglerinnen, Gärtner, Tagelöhner, auch Züchtlinge [fürs Holzspalten] beschäftigt." (Metzler Goethe Lexikon. Hrsg. v. Benedikt Jeßing, Bernd Lutz und Inge Wild, Stuttgart/Weimar 1999, Art. Hausstand)

Als wenig interessant erweisen sich *zweitens* auch die *zeitlichen* Aspekte der Erzählung: die *Dauer* wird durch die Abfolge von vier bildlichen Szenen (Momentaufnahmen!) innerhalb eines kurzen Handlungsablaufs festgelegt, die *Ordnung* folgt der Chronologie des Geschehens: Hose bügeln und Weinchen trinken (1), Loch reinbrennen (2), Hose anziehen und Schaden bemerken (3), Konsequenzen erkennen und aussprechen (4)!

Unter dem Aspekt der *Erzählhaltung* könnte man eine Spannung zwischen der „neutralen" Außenansicht und szenischen Gestaltung, die durch das Medium der Zeichnung vorgegeben ist, und dem die Bildfolge sprachlich begleitenden „Erzähler" feststellen. Er spricht eher *auktorial* (insofern er z.B. die Figuren mit Namen nennt), er kennt ihre Gedanken und erteilt ihnen das Wort bis hin zur (stummen oder lauten) direkten *Personenrede*. Damit wird der eigentliche „Pfiff" und das zugrundeliegende Konstruktionsprinzip dieser Bild-Text-Geschichte fassbar. Zwei medial unterschiedene narrative Zeichenfolgen laufen nicht einfach parallel, sondern *ergänzen* sich an bestimmten Punkten auf eine besondere Weise, und erst diese Ergänzung bringt eine „runde", vollständige und in diesem Fall witzige Geschichte hervor: Zwar wird der Alkoholkonsum der Büglerin gleich eingangs (1) in Bild *und* Text gezeigt. Aber nur das *Bild* (4) zeigt uns, dass Lieschen Goethes Hose eben nicht nur bügelt, sondern zerstört. Goethe selbst wird zunächst nur im *Text* (2) benannt, ehe wir ihn auch bildlich identifizieren können (3, 4), und zwar in Form einer Karikatur bzw. eines *Bildzitats* (das sich auf ein berühmtes Porträt des älteren Dichters beziehen dürfte). Damit stoßen wir zum ersten Mal auch auf die Bedeutung des *Vorwissens* der Rezipienten für ihr Verständnis von Bild und Text.

Zwei bestimmte Stellen sind für den komischen Effekt von besonderer Wichtigkeit. Erstens die auktoriale metaphorische Bezeichnung „der Schwan von Weimar" für einen hängebackigen älteren Herrn in Feinripp-Unterhemd und Boxershorts. Dies ist meines Wissens keine überlieferte Bezeichnung für Goethe, wohl aber gilt der *Schwan* von der Antike (z.B. bei Ovid) über die Goethezeit (z.B. bei Friedrich Hölderlin) bis zur Moderne (z.B. bei Heinrich Heine oder Charles Baudelaire) als „Symbol des Dichters und des poetischen Schaffens, der Seele, der Reinheit, des Göttlichen sowie der Erotik"[13]. So wurde der römische Dichter

---

[13] Metzler Lexikon der literarischen Symbole. Hrsg. v. Günter Butzer u. Joachim Jacob, Stuttgart/Weimar 2008, Art. Schwan.

Vergil als „Schwan von Mantua" gerühmt, am bekanntesten ist aber wohl die Bezeichnung „sweet swan of Avon" für den englischen Dramatiker William Shakespeare (aus Stratford-upon-Avon). Zu denken wäre auch an den „Schwanengesang", die ebenfalls aus dem Altertum übernommene Vorstellung, dass der Todeslaut des Schwans wie auch das letzte Werk eines Dichters oder Musikers von besonderer Schönheit sei.

In unserem Beispiel ist natürlich bereits der Kontrast zwischen der überhöhten Metapher vom Schwan und der Abbildung des Dichters in einer sehr privaten und einigermaßen banalen Situation ausgesprochen *komisch*. Diese rhetorische Spannung bereitet dann die *auflösende Pointe* vor: Das letzte Bild (4) zeigt erstmals die konkrete Beschädigung des „Beinkleides" (wie man zu Goethes Zeiten sagte) an einer Stelle, die unausgesprochen die Assoziation zu den Genitalien der Figur und zur Sphäre der Sexualität überhaupt herstellt. Und damit kommt nun auch die oben schon zitierte erotische Bedeutung des Schwanen-Symbols[14] zur Geltung!

Aber nur und erst der Text schafft – mit seinen letzten Worten – die persönliche Verbindung von Goethe und Frau von Stein. Hier wird nun wiederum ein Vorwissen der Rezipienten vorausgesetzt: Dass nämlich Johann Wolfgang von Goethe in seinen frühen Weimarer Jahren (von etwa 1776 bis zu seiner fluchtartigen Abreise nach Italien 1786) eine Liebesbeziehung zu Charlotte von Stein unterhielt, der Ehefrau des großherzoglichen Stallmeisters (und Mutter von sieben Kindern). Die Frage, ob diese Beziehung auch eine sexuelle Dimension einschloss, hat Zeitgenossen wie Goetheforscher lebhaft interessiert, wurde aber wohl nie zweifelsfrei geklärt.

Diese mit dem Namen Frau von Stein verbundene Anspielung wird nun bezeichnenderweise in der (vermutlich stummen) direkten Personenrede, also einem *inneren Monolog* der Goethe-Figur realisiert; darauf deutete jedenfalls der Doppelpunkt unter Verzicht auf die sonst üblichen Anführungszeichen hin. Auch wird der Wortlaut wortwörtlich „ins Bild gerückt" – erst hier, in der Schlusspointe, werden die beiden Diskursebenen Bild und Text also eng und effektvoll verknüpft.

Nun gibt es natürlich immer Besserwisser/innen, die noch eine derart gelungen Erzählung bemäkeln wollen; und manchmal bedienen sie sich

---

[14]   So wird die Liebesgöttin Aphrodite als Schwan bezeichnet; und so zeugt Göttervater „Zeus in Gestalt eines Schwans mit Leda die Tochter Helena und die Zwillinge Kastor und Pollux" (Metzler Lexikon der literarischen Symbole, Art Schwan).

dazu sogar des so genannten gesunden Menschenverstands. Davon sollten wir uns den Spaß nicht verderben lassen. Aber der wissenschaftlichen
Redlichkeit halber seien einige solcher Einwände doch erwähnt. Hält
Lieschen in Abbildung 2, wenn diese denn tatsächlich den Zerstörungs-
akt zeigen soll, das Bügeleisen nicht verkehrt herum? Weiterhin: Nur der
jüngere Goethe hatte eine Liebesbeziehung zu Charlotte, die sexuelle
Assoziationen zumindest nahelegte; nach seiner Rückkehr aus Italien
traf er sie – wenn überhaupt – nur bei offiziellen Anlässen. Und schließlich, was den kundigen Leser am meisten irritieren könnte: Hatte der
Wirkliche Geheime Rath und königlich Sächsische Staatsminister Johann Wolfgang von Goethe wirklich nur *eine* Hose?

Arbeitsvorschlag

Ordnen Sie die Bilder von Gernhardts Comic in der Reihenfolge 3, 4, 1
und 2 an, und erfinden Sie dazu einen Text (Monolog!?) aus Goethes
Mund! Diskutieren Sie diese Änderungen unter den Aspekten von zeitlicher Ordnung, Erzählsituation bzw. *point of view* und Personenrede.

3. Mord im Hyde Park!

Bauelemente und Strukturvarianten der Kriminalerzählung

Dieses Kapitel soll beispielhaft zeigen, wie sich ein bestimmtes Genre der erzählenden Literatur konstituiert, aus welchen Elementen es sich zusammensetzt und nach welchen Gattungsregeln es funktioniert. Dabei darf man ein Zusammenspiel von inhaltlichen, von formalen (im engeren Sinne: narrativen) und von pragmatisch-kommunikativen Faktoren annehmen. Eine gattungsgebundene Erzählung handelt von spezifischen Themen, hat eine relativ feste narrative Form und dient einer bestimmten Wirkungsabsicht. Das soll hier an einem Genre demonstriert werden, dessen „Wert" von Literaturwissenschaftlern und Pädagogen zwar gelegentlich immer noch bestritten wird, das beim Lesepublikum aber zweifellos das Erfolgsgenre des ausgehenden 20. und des beginnenden 21. Jahrhunderts war und ist. Aber auch die Narratologen haben sich aus bestimmten Gründen früh und intensiv mit ihm beschäftigt.

Ein transmediales Genre

Es geht also um den „Krimi", wie wir umgangssprachlich sagen. Diese Abkürzung, die es so nur im Deutschen[15] gibt, ist aber nicht nur im Alltag verbreitet, sondern auch für ernsthafte Erörterungen brauchbar. Und zwar, weil sie anders als die längere Form „der Kriminalroman" die spannende Erzählung eines Verbrechens bzw. seiner Aufklärung nicht auf ein bestimmtes Medium, wie die Literatur, oder ein einziges Format, wie etwa den Roman, beschränkt. Dies wiederum entspricht ziemlich genau der aktuellen Situation, in der „Krimis" für verschiedene Massenmedien und Zielgruppen (z. B. auch für Kinder) produziert und ebenso vielfältig konsumiert werden: In den Printmedien, also in Zeitung, Zeitschrift und vor allem in Buchform begegnen uns Krimis als klassische Kurzgeschichten, aber auch als Krimi-Rätsel, als Comics, als mittellange Kriminalerzählungen (traditionell: Novellen) und natürlich, quantitativ wie qualitativ am wichtigsten, als Kriminalromane. Daneben behauptet

---

[15] Im Französischen „le polar" (von „roman policier"), im Italienischen „giallo" (d.h. „gelb", nach der Einbandfarbe der ersten Serien); im Englischen und Amerikanischen gibt es eine ganze Reihe von umgangssprachlich und buchhändlerisch üblichen Namen, die aber meistens schon bestimmte Typen oder Varianten der Kriminalliteratur bezeichnen: detective story, mystery story, whodunit, crime (novel), suspense (story/novel), thriller, true crime usw.

sich das Kriminalhörspiel im Rundfunk, auf Kassette oder CD (gerade auch bei Kindern recht beliebt); sowie schließlich der Kriminalfilm im Kino oder im Fernsehen, dort zumeist in Serien oder als Mehrteiler (engl. *miniseries*) gesendet und inzwischen per Video, DVD oder als *download* zusätzlich vermarktet. Seit den 1980er Jahren, schreibt ein Experte, dominiert der TV-Krimi (meist in Serienform) das Programmschema quantitativ und ist, nach Auskunft der Einschaltquoten, das beliebteste *fiktionale Format* im deutschen Fernsehen.[16] Und auch das Internet und die Computerspiele bieten Raum für bzw. entwickeln ihre eigenen, medienspezifischen Krimivarianten.[17] Es handelt sich also, alles in allem, beim Krimi (inzwischen) um ein *transmediales Genre*, das sich, von der Literatur ausgehend, im Verbund der heutigen Unterhaltungsmedien so erfolgreich wie kein zweites durchgesetzt hat, was auf seine anhaltende Attraktivität beim Publikum bzw. bei verschiedenen Publikumsgruppen und die entsprechende Konsumentennachfrage rückschließen lässt.

Historisch gesehen hat die (literarische) Kriminalerzählung ihre Wurzeln im aufklärerischen Denken, in den Anfängen des modernen Justizwesens und in der literarischen Romantik schon vor und um 1800. In Deutschland gewinnt die „Criminalnovelle" eine gewisse Beliebtheit, die aus juristischen, psychologischen oder moralischem Interesse vor allem die Motive und den „*Werdegang*" *des Verbrechers* in den Blick nimmt.[18] Ein sehr frühes und mit Recht berühmtes Beispiel aus dieser Zeit ist Friedrich Schillers Erzählung *Der Verbrecher aus verlorener Ehre* (1786/92), die im nachfolgenden Kapitel behandelt werden wird.

Als Erfinder der modernen *Detektivgeschichte*, der es im Gegensatz dazu vor allem um die *Aufdeckung des Verbrechens* durch einen Ermittler oder „Detektiv" geht, gilt hingegen der amerikanische Romantiker Edgar Allan Poe, der mit seiner Short Story *Der Doppelmord in der Rue Morgue* (1841) zumindest einen funktionsfähigen Prototyp der Gattung gebastelt hat. Zur industriellen Serienreife und Massenproduktion bringt dieses Modell aber erst – fünfzig Jahre später – der schottische Mediziner und Freizeitschriftsteller Arthur Conan Doyle. Mit seinen Geschichten um den Meisterdetektiv Sherlock Holmes tritt der literarische Krimi um

---

[16] Vgl. Reinhold Viehoff: Der Krimi im Fernsehen. Überlegungen zur Genre- und Programmgeschichte. In: Jochen Vogt (Hrsg.): MedienMorde. Krimis intermedial, München 2005, S. 89-110.

[17] Vgl. die entsprechenden Beiträge in meinem Sammelband „MedienMorde", München 2005.

[18] Ausgewählte Interpretationen bei Winfried Freund (Hrsg.): Die deutsche Kriminalnovelle von Schiller bis Hauptmann, Paderborn 1980.

1890 in England als vollständig ausgebildete und von anderen massenhaft verbreiteten Lesestoffen (z.b. dem Abenteuer- oder Schauerroman) klar abgegrenzte Form an die Öffentlichkeit oder, wie der französische Soziologe Pierre Bourdieu sagen würde, ins „literarische Feld". Die Kriminalfälle, die Holmes souverän löst und sein Freund Dr. Watson als Erzähler aufzeichnet, wurden als kurze, abgeschlossene Erzählungen (im heutigen Taschenbuchformat 20 bis 30 Seiten) in einem Medium veröffentlicht, das schnelle und massenhafte Verbreitung versprach und leisten konnte: in der vierzehntäglich erscheinenden und im Straßenverkauf verbreiteten Zeitschrift *Strand Magazine*. Erst nachträglich wurden die überaus erfolgreichen Stories in Zyklen zusammengestellt und auch in Buchform, etwa unter dem Titel *Die Abenteuer des Sherlock Holmes* (The Adventures of Sherlock Holmes, 1892) oder *Sherlock Holmes' Buch der Fälle* (The Casebook of Sherlock Holmes, 1927) veröffentlicht.

Damit war ein neues Genre im literarischen Feld durchgesetzt, auch weil sehr bald viele Nachahmer auf den Plan traten, darunter auch der eine oder andere ernsthafte Konkurrent. Unter ihnen ragt, auch aus heutiger Sicht, der katholische Allroundautor und Alltagsphilosoph Gilbert Keith Chesterton hervor. Er war mit seinem Priester-Detektiv Father Brown ähnlich erfolgreich wie Doyle, räumte aber – ganz im Geiste englischer *fairness* – durchaus ein, dass sein Rivale mit Sherlock Holmes „die einzige große populäre Legendenfigur der modernen Welt" geschaffen habe.

All dies ist aber nicht nur mediengeschichtlich und literatursoziologisch interessant, sondern auch *erzähltheoretisch*. Es erinnert nämlich daran, dass der „Krimi" seiner Form nach zunächst einmal *kein* Roman ist, sondern eben eine „Erzählung", in der heute üblichen Terminologie wohl am genauesten als Kurzgeschichte oder (kurze) Novelle bezeichnet. Das ergibt sich mit einer gewissen Zwangsläufigkeit aus der inhaltlichen Spielregel der Gattung, dass in jedem dieser Texte ein Verbrechen aufgedeckt, *ein Fall gelöst*, ein Geheimnis geklärt werden soll – sodass es also immer auch einen punktuellen Erzählkern, die zunächst ungeklärte Tat gibt. Das lässt sich bereits an Doyles Titeln ablesen, die meist nach der Formel *The Adventure of ...*, oder *The Case of ...*, oder auch *The ......* *Mistery* gebaut sind. Man darf annehmen, dass der ausgebildete und praktizierende Mediziner Doyle (so wie hundert Jahre früher sein Kollege Schiller, der aber auch Rechtswissenschaft studiert hatte) sich bei der Suche nach der geeigneten Form nicht so sehr an literarischen Mustern, sondern an einer wissenschaftlichen Gebrauchsform orientiert hat: an der medizinischen, psychologischen oder juristischen *Fallgeschichte*.

Die damit geforderte Sachlichkeit entspricht durchaus auch noch dem Zeitgeist des ausgehenden 19. Jahrhunderts, der den stürmischen Aufschwung der Naturwissenschaften reflektierte und verstärkte. Die Figur des Meisterdetektivs Holmes ist dementsprechend nicht als Polizist oder (in romantischer Tradition) als Künstler ausgestaltet, sondern als privater Detektiv, als Logiker und *Naturwissenschaftler,* mit einem besonderen Faible für die Chemie. Seine kriminalistischen Erfolge führt er denn auch, für uns nicht immer ganz überzeugend, auf „exakte" Erkenntnisse und Schlüsse zurück. Charakteristisch ist seine freundschaftliche, aber scharfe Kritik an der Erzählweise (engl. *narrative*) seines Freundes und Chronisten Dr. Watson, dem er einmal „die tödliche Neigung" vorwirft, „alles unter dem Gesichtspunkt einer *Erzählung* (from the point of view of a story) und nicht als *naturwissenschaftliches Experiment* (a scientific exercise) zu betrachten" und dadurch den möglichen Erkenntnisgewinn zu ruinieren.[19]

Bis heute hat sich diese *kurze Erzählform* des Krimis behauptet, sei es in gedruckter Form als *Detektivgeschichte,* sei es als TV-Serienepisode, die ähnlichen Regeln folgt. Wichtiger für die Gattungsgeschichte wurde jedoch der naheliegende, aber nicht unproblematische Versuch, die kurze Story ins *längere Format* des *Romans* zu überführen, für den – auf einem florierenden und weiter expandierenden literarischen Markt – in erster Linie literarökonomische Gründe sprachen.

Denn wie gesagt: Das kriminalistische Erzählgeschehen, die „Detektion" also, ist in jedem Fall auf ein punktuelles, ein „unerhörtes Ereignis" bezogen, das Verbrechen oder den Fall, den es aufzuklären gilt. Es ist insofern *kasuistisch* (fallbezogen) und drängt von sich aus eben nicht zur Romanform, deren vielfache Varianten fast durchweg längerfristige Entwicklungen beschreiben. Das lässt sich auch an den Schwierigkeiten ablesen, die Doyle selbst in dieser Hinsicht hatte: Seine beiden ersten (kurzen) Romane, die er vor den Stories schon 1888 und 1890 publizierte, waren ausgesprochene *flops,* und noch sein bekanntester und bester Roman, *Der Hund von Baskerville* (1902), ist genau besehen eher eine breitgetretene Story.

Erst die Autoren und Autorinnen des frühen 20. Jahrhunderts und der Zwischenkriegszeit, wie etwa Agatha Christie oder Georges Simenon,

[19] Sir Arthur Conan Doyle: The Adventure of the Abbey Grange. In: The Penguin Complete Sherlock Holmes, Harmondsworth 1983, S. 636 (meine Übersetzung). Vgl. Die Rückkehr des Sherlock Holmes. Neu übersetzt von Werner Schmitz, Zürich 1985, S. 322.

entwickeln dann die mindestens ebenso erfolgreiche Form eines (mit ca. 220 Seiten immer noch relativ kurzen) *Romans*, die unsere Vorstellung vom literarischen „Krimi" lange geprägt hat. Erzähltechnisch geschieht dies in erster Linie durch die Ausweitung des Kreises der jeweils Verdächtigen (bei Doyle gab es meist nur einen einzigen), durch deren soziale und psychologische Charakterisierung und eine detailliertere Milieubeschreibung. Hier und da versucht man auch eine Liebeshandlung einzuflechten, was aber, bis hin zu Raymond Chandler, dem Großmeister des amerikanischen *hard-boiled* Romans in den 1940er Jahren, stets eine heikle (weil das Interesse ablenkende) Angelegenheit bleibt. Kurz und gut, man kann die Formgeschichte des Krimis bis zu den internationalen Bestsellern der Gegenwart, etwa eines Henning Mankell und seiner skandinavischen oder angloamerikanischen Konkurrent/inn/en, mit ihren 400 bis 600 Seiten Umfang und entsprechendem Ladenpreis, als den langwierigen Versuch des kurzen Krimis verstehen, *ein vollwertiger Roman zu werden*. Wie das inhaltlich und erzähltechnisch im Einzelnen geschieht, und welche neuen Bauformen dabei entstehen, soll im Schlussteil dieses Kapitels gezeigt und diskutiert werden.

Das Schema ...

Zunächst aber wollen wir das *narrative Muster* des oben skizzierten Grundtypus, also der *detective story* bzw. des Detektivromans, näher betrachten und analysieren. Dabei gehe ich diesmal indirekt vor und wähle als Beispieltext *keine* (fiktionale) Detektivgeschichte, sondern einen faktualen und journalistischen Text, eine *Zeitungsnachricht*, die aber alle wesentlichen Elemente enthält, aus denen man eine Detektivgeschichte oder einen Detektivroman entwickeln *könnte*. (Wer will, darf dies auch als didaktischen Vorschlag für den Literaturunterricht verstehen.) Es handelt sich, um jedes Missverständnis zu vermeiden, um eine authentische Meldung, die vor längerer Zeit, am 11. 11. 1970, in der Tageszeitung FRANKFURTER RUNDSCHAU abgedruckt war.

Mord an Prominentenfriseur

Ein geheimnisvoller Mordfall, dem der britische Hof- und Prominentenfriseur André Mizelas (48) zum Opfer fiel, beschäftigt gegenwärtig Scotland Yard. Der in Griechenland geborene Figaro, der sich in Großbritannien unter dem Namen André Bernard eine gut gehende

Kette von Friseursalons aufbaute, wurde am Montag im Londoner Hydepark in seinem roten Sportwagen erschossen aufgefunden. Zwei Schüsse in den Kopf hatten seinem von einem märchenhaften Aufstieg gekennzeichneten Leben ein Ende gesetzt. Es war heller Tag, als der Mord geschah. Der Motor von Mizelas' schnellem Wagen lief noch, als eine junge Radfahrerin das Verbrechen entdeckte. Die Ermittlungen der Polizei erstrecken sich bis in die höchsten gesellschaftlichen Kreise Großbritanniens, deren Mitglieder Mizelas' Kunden waren. Zu ihnen gehörten auch Mitglieder der königlichen Familie und gekrönte Häupter aus anderen Ländern.

Was sagt nun die Narratologie dazu? Welche Elemente dieser faktualen Erzählung können bzw. müssen wir für unsere klassische *Detektivgeschichte* bzw. einen *-roman* verwenden? Und wie müssen wir sie unter Umständen verändern, ergänzen oder neu zusammensetzen? Ich will vorerst fünf solcher Strukturelemente bzw. Gesichtspunkte näher betrachten.

Erstens: Der Erzählbeginn. „Etwas ist nicht geheuer, damit fängt das an", sagt der Philosoph Ernst Bloch in seinem berühmten Essay *Philosophische Ansicht des Detektivromans,* und später: Der Detektivroman „fällt mit der Leiche ins Haus".[20] Im vorliegende Fall liegt sie also in einem roten Sportwagen, Ferrari oder nicht, und weniger blumig als Bloch können wir festhalten: Eine Gewalttat (vermutlich ein Mord) ist geschehen, und der Täter ist unbekannt. Dies ist das wesentliche inhaltliche Kriterium für einen klassischen Krimi. Zugespitzter formuliert: Der Kriminalroman handelt vom Mord, aber er *erzählt ihn nicht.* Jedenfalls nicht sofort, denn der Ablauf der Tat, die *Verbrechensgeschichte* (VG) liegt (meist kurz) vor dem *Erzählbeginn* (EB), in unserem Beispiel vor dem zufälligen Auffinden des Opfers durch die (vermutlich unschuldige) Radfahrerin. Unerzählt, ungelöst, geheimnisvoll kommt der Mord in den Detektivroman, der im Englischen deshalb auch ganz einfach *mystery* heißen kann. Dass auch in diesem Fall Ausnahmen die Regel bestätigen, bzw. von der Regel profitieren können, werden wir später noch erörtern.

Zweitens: Die Hauptfigur: Der Detektiv ist wichtigster Aktant oder „Held" im Sinne von Propps narrativem Modell; er definiert gewisser-

20 Ernst Bloch: Philosophische Ansicht des Detektivromans (1960/65). In: Jochen Vogt (Hrsg.): Der Kriminalroman. Poetik – Theorie – Geschichte, München 1998, S. 39-51, hier: S. 39, 45.

maßen das Genre und gibt ihm seinen Namen. Wir sprechen allgemeiner von der *Ermittlerfigur,* um die unterschiedlichen Varianten dieses Typus: Polizeibeamte, Agenten, Privat- oder Amateurdetektive zu erfassen, die ihrerseits eigene Subgenres oder Traditionslinien begründen. Typischerweise wird die zentrale Ermittlerfigur bei ihrer Arbeit von einem oder mehreren „Helfern" unterstützt. In der zitierten Zeitungsmeldung werden die Ermittler ausschließlich durch den Namen ihrer Institution, also des weltberühmten „Scotland Yard" repräsentiert. Unser geplanter Krimi wäre insofern in das Subgenre des Polizeiromans (engl. *police procedural*) einzuordnen, es sei denn, wir würden noch einen privaten, die Polizei unterstützenden oder mit ihr konkurrierenden Ermittler einsetzen (vielleicht weil uns bekannt ist, dass in der Erfindung möglichst interessanter oder skurriler Ermittlerfiguren seit Sherlock Holmes ein besonderer Reiz des Genres liegt).

Drittens: Die Ermittlungen. Die konkreten Aktivitäten der Ermittler machen den folgenden Hauptteil der Erzählung, die wesentliche *Erzählhandlung* aus. Die Erzählperspektive folgt deshalb zumeist den Aktionen und dem Blick der Ermittlerfigur/en: Wir begleiten sie bei ihrer Untersuchung der Leiche und des Tatorts, also bei der Suche nach materiellen Spuren oder Indizien des Geschehens, sowie bei der Befragung von Zeugen und Verdächtigen, um die Zusammenhänge des Geschehens (wie z.B. Raum- und Zeitverhältnisse, „Alibis", die Gelegenheit zur Tat, Motive dafür und schließlich die Art und Weise des Mordes) zu klären; weiterhin bei Hintergrundrecherchen und weiteren Untersuchungen (z.B. in einem Labor oder einer medizinischen Einrichtung) oder auch, eher selten, bei einer Verfolgung, und schließlich bei der Überführung bzw. Verhaftung des Täters.

Diese *Ermittlungs- oder Aufklärungsgeschichte* ist die narrative Basis aller regelrechten Detektivromane. Das bestimmt ihre Erzähltechnik, aber auch die subjektive Leseerfahrung: Erhebliche Teile der Erzähltextes tendieren zur *Beschreibung* (des Opfers, des Tatorts usw.), noch größeren Raum nimmt der *Dialog* ein, vor allem die Befragung von Zeugen und Verdächtigen oder auch die Gespräche zwischen den Ermittlern. Die Darstellung der handelnden Personen (laut Aristoteles das Kriterium der Erzählrede schlechthin) ist also zum Großteil Wiedergabe von *Sprechhandlungen,* meist in szenischer Gestaltung und direkter/dialogischer Rede oder in den bekannten Techniken der Redewiedergabe (z.B. Redebericht, indirekte Rede usw.). Da diese Gespräche sich zumeist auf vergangene Ereignisse und Zustände beziehen, ergibt sich ein gewisser

Mangel an äußerer und gegenwärtiger bzw. in die Zukunft drängender Handlung. Der zeitdeckende Charakter der Redewiedergabe sowie die ausführliche Erörterung vieler Details verstärken den Eindruck eines vergleichsweise *geringen Erzähltempos* und die Gefahr der Monotonie; auch die innere Gliederung der (zumeist relativ kurzen) Handlungszeit (der „erzählten Zeit") bleibt dadurch oft undeutlich und muss durch Kapitelgliederung und Datierung zusätzlich markiert werden. Es zeigt sich jedenfalls, dass der Detektivroman für die Wiedergabe weniger Ermittlungstage oftmals einen Seitenumfang braucht, mit dem im traditionellen Roman bei höherem Erzähltempo ganze Lebens- und Familiengeschichten bewältigt werden.

Viertens: Weitere Aktanten. In seiner Ermittlungsarbeit setzt sich der Detektiv wie gesagt nicht nur mit Zeitabläufen, Räumen und Objekten, sondern wesentlich mit Personen, also mit Handlungsfiguren auseinander. Dies sind Personen aus dem Umfeld der Tat, als Zeugen mehr oder weniger hilfreich, sowie Personen aus dem engeren und weiteren, gegenwärtigen oder vergangenen Umfeld des Opfers. Zunächst einmal sind sie alle verdächtig, auch wenn viele dann schnell ausgeschlossen werden können (der Gärtner ist eben fast nie der Mörder!). Im Sinne von Propp könnte man sagen, dass der Status dieser Aktanten zunächst obskur, unklar ist und sich erst im Laufe der Handlung klärt, ob der je einzelne als Helfer (so die Zeugen) oder als Gegenspieler des Detektivs (der Täter, eventuell seine Helfer) zu verstehen ist. Die gesamte Erzählhandlung (und der Reiz der Lektüre) bestünde demnach sogar, mit Propp gedacht, in der Klärung dieser Frage bzw. in der Identifizierung des eigentlichen „Gegenspielers".

Unsere Zeitungsmeldung benennt lediglich eine *Zeugin* – die Radfahrerin, und grundsätzlich *könnte* auch sie die Täterin sein. Sehr viel spannender und sensationeller wäre es aber, wenn er oder sie aus einer der beiden genannten bzw. implizierten Umfeld-Gruppen käme: aus dem hochprominenten Kundenkreis oder aus der griechischen Vergangenheit des Ermordeten. Die Nachricht enthält (natürlich) keinen Hinweis in dieser Richtung, für unsere fiktionale Umarbeitung aber stehen hier zwei Gruppen von *Verdächtigen* in sehr unterschiedlichen sozialen Milieus bereit, auf die sich die Ermittlungen richten und in denen sich mögliche Täter und ihre Motive finden ließen. Das könnte sich im Text dann etwa in zwei verschiedenen Handlungs- bzw. Ermittlungssträngen ausdrücken.

Die Konfrontation des Ermittlers mit einer Gruppe von Verdächtigen bietet nun auch eine *erste* Möglichkeit, das grundlegende und seit Doyle bekannte Handlungs- und Erzählmuster zu *erweitern,* wie es vor allem der klassische Detektivroman der 1920er und 1930er Jahre tut. Da es Aufgabe des Detektivs ist, in jener Gruppe seinen Gegenspieler zu finden bzw. alle unschuldig Verdächtigen zu eliminieren, bis der tatsächliche Täter als einziger übrig bleibt, kommt es nur darauf an, den Weg zu dieser Erkenntnis nicht linear, sondern labyrinthisch anzulegen. Die erwähnte Agatha Christie hat sich den Ehrentitel einer *Queen of Crime* vor allem dadurch verdient, dass sie diese Konstellation auf besonders scharfsinnige Weise variiert und „ausgereizt" hat. Sie weist sehr oft jedem Verdächtigen ein Mordmotiv zu, auch wenn nur eine/r es in die Untat umgesetzt hat. Dadurch sind verschiedene Hypothesen für die Lösung möglich, die sich jedoch alle (bis auf eine!) als nicht zutreffend erweisen. Das zu erzählen verlängert offensichtlich den Umfang und erhöht die Spannung. Die extreme Zuspitzung dieser Strategie „Jeder könnte der Mörder sein" findet sich im berühmten *Mord im Orientexpress,* wo die anwesenden Verdächtigen ja tatsächlich gemeinsam und arbeitsteilig „der Mörder" *sind.*

Eine *zweite* Möglichkeit der *Erweiterung,* die in der neuesten Kriminalliteratur eine große Rolle spielt, setzt an der historisch-sozialen Situierung des gesamten Falls und speziell auch der Gruppe der Verdächtigen als solcher an. Wenn das Verbrechen und seine Aufklärung in einem bestimmten sozialen, kulturellen, regionalen Umfeld angesiedelt ist, in einer bestimmten Subkultur oder auch innerhalb einer Institution (also auf den Straßen von San Francisco oder Duisburg, in einem Indianerreservat, einem teuren Internat oder einer Kernforschungsanlage usw. usf.), können spezifische Probleme dieses Bereiches oder dieser Einrichtung als sekundäre Themen, in mehr oder weniger enger Verflechtung mit dem „Fall", informativ oder auch gesellschaftskritisch mitbehandelt werden. Erzähltechnisch bedeutet dies eine Erweiterung oder sogar Veränderung des Detektivschemas: Damit übernimmt der „Krimi" traditionelle Funktionen des älteren realistischen Romans, teilweise auch der Reise- oder Sachliteratur. (In einer Zeit der Globalisierung, die auf der Kehrseite auch das Bedürfnis nach regionaler Anbindung verstärkt, scheint für eben diese neue Kriminalliteratur eine außerordentlich starke Nachfrage zu bestehen.) Aber zurück zum klassischen Erzählmuster.

Fünftens: Die Auflösung. In der klassischen Detektiverzählung, gleich ob Story oder Roman, wird also die *Ermittlung* erzählt, *nicht* das Verbrechen. Oder eben nur indirekt: denn durch die erfolgreiche Ermittlung wird das Geheimnis des Verbrechens (insbesondere die Identität des Täters, seine Motive und der *modus operandi,* also die Art und Weise der

Tötung) Schritt für Schritt und Punkt für Punkt aufgeklärt, ans Licht des Tages gebracht. Mit anderen Worten: Die bislang noch unerzählte *Verbrechensgeschichte* wird nun, am Ende der Aufklärungsgeschichte, nachgeholt oder besser: aus den einzelnen Erkenntnissen *rekonstruiert*. In vielen Krimis wird sie dann am Ende des Roman vom Ermittler (oder auch von einem übergeordneten Erzähler) tatsächlich auch in Form einer kurzen Zusammenfassung, einer Erzählung in der Erzählung (nach Genette: einer Narration auf zweiter Ebene) präsentiert. Man denke etwa an Holmes, der dem begriffsstutzigen Watson auf die Sprünge hilft, oder gar an die rituelle Vollversammlung aller Verdächtigen am Ende von Christies Romanen, die ihr Detektiv Hercule Poirot zu Überführung des Schuldigen wie auch zur Demonstration seiner intellektuellen Brillanz benutzt.

Nach all diesen Erläuterungen können wir das Schema einer typischen Detektivgeschichte[21] also etwa wie folgt notieren:

~~Verbrechensgeschichte~~/Fall → **Aufklärungsgeschichte** → **Lösung** = **Verbrechensgeschichte**

... und seine Variationen

Dies Schema kann man nun, wie schon gesagt, immanent *erweitern*, insbesondere durch Erweiterung des Verdächtigenkreises, aber auch durch weitere Verbrechen (zur Verhinderung der Aufklärung oder als Serientat), die ihrerseits neue Ermittlungen erfordern und zu einem oder zu mehreren Tätern führen. Das Schema kann aber auch strukturell *verändert* werden, indem z. B. die Verbrechensgeschichte zu Beginn des Romans durchaus *erzählt* wird, die Leser also den Täter kennen, während der Ermittler ihn noch finden muss. Nach diesem Muster funktionieren manche Romane von Patricia Highsmith, oder auch die Episoden der älteren, immer noch sehenswerten TV-Serie *Inspector Columbo* mit Peter Falk. Charakteristisch ist hier die Verlagerung der Spannungseffekte von der Täterfrage (Wer war's?) auf die Verfahren des Ermittlers (Wie kriegt er's raus?). Dass die Verbrechensgeschichte am Schluss noch einmal wiederholt wird, ist möglich, aber nicht unbedingt notwendig. Das Schema würde sich dann ungefähr wie folgt verändern:

---

[21] Dabei verwende und variiere ich Anregungen von Edgar Marsch (Die Kriminalerzählung. Theorie – Geschichte – Analyse, München 1972) und Elisabeth Schulze-Witzenrath: Die Geschichten des Detektivromans, in: Vogt (Hrsg.): Der Kriminalroman, S. 216-238.

Verbrechensgeschichte → **Fall** → **Aufklärungsgeschichte** → **(Verbrechensgeschichte)**

Zweifellos könnte man das Informationsmaterial, das unsere Zeitungsmeldung liefert (die ja ihren eigenen Genreregeln folgen muss), auch in dieser Form verarbeiten. Die Aufklärung würde in diesem Fall beispielsweise in der griechischen Vergangenheit des Opfers beginnen und chronologisch forterzählt werden, wobei dann eine Zusammenfassung bzw. Wiederholung der Verbrechensgeschichte (z.b. als Geständnis aus dem Mund des Täters/der Täterin) noch möglich, aber nicht zwingend nötig ist.

Damit sind wir schon auf eine nicht unwichtige Abweichung vom Schema des klassischen Detektivromans, also auf die Strukturvariante des *Kriminalromans* im engeren Sinne, eben als „Roman eines Verbrechens" (lat. *crimen*) gestoßen. Die üblichen Gattungsbezeichnungen, teils umgangs-, teils fachsprachlich, machen es allerdings nicht immer leicht, solche Varianten voneinander abzugrenzen und werden in der Praxis auch in diffuser und verwirrender Weise benutzt. Rekapitulieren wir also nochmals die hier verwendete Terminologie.

Ich bin vom „*Krimi*" als transmedial verwendbarem Oberbegriff ausgegangen, habe sodann aus der *Kriminalliteratur* insgesamt (die auch seltenere Formen wie das *Kriminaldrama* oder ganz ausgefallene wie Krimis in Gedichtform umfasst) die bei weitem dominierende Erzählform ausgewählt und von der älteren *Criminalnovelle* die „moderne" Variante der *Detektivgeschichte* bzw. des *Detektivromans* abgehoben und ausführlicher diskutiert. Als erzählerische Rekonstruktion eines Geheimnisses erscheint auch die englische Kurzformel *mystery (story)*, die annähernd dem deutschen „Krimi" entspricht, ganz plausibel.

Bestimmte *inhaltliche* Akzentsetzungen führen sodann auch zur Herausbildung von neuen Varianten bzw. *Subgenres* und damit zu neuen Bezeichnung. Vom *police procedural*, zu deutsch *Polizeiroman* war bereits kurz die Rede. Diese Variante des Detektivromans reflektiert die sozial- und gattungsgeschichtliche Tatsache, dass die (britische) Kunstfigur des (meist exzentrischen) Amateurdetektivs, aber auch die (vorwiegend amerikanische) Figur des Privatdetektivs (eine Art „Ich-AG") zunehmend von den Institutionen und Repräsentanten der staatlichen Verbrechensbekämpfung, also in erster Linie von Polizisten und ihren Helfern verdrängt werden. Im klassischen englischen Rätselroman waren sie entweder bloße Witzfiguren oder treue, aber beschränkte Helfer des genialen Amateurdetektivs. Beginnend mit Simenons Kommissar Jules Maigret rücken nun Kriminalpolizisten in die zentrale Ermittlerposition, auch wenn sie nur noch selten soviel väterliche Autorität ausstrahlen wie ihr Pariser Ahnherr. So verschiebt sich in den stilbildenden Romanserien von Ed MacBain (seit 1956) in USA und von Maj Sjöwall und Peer Waahlöö (seit 1968) in Europa das Gewicht auf das *Team* der ermittelnden Polizisten, die ihre Fälle (oftmals mehrere zugleich) miteinander, nebeneinander oder auch schon mal gegeneinander lösen. Heute sind arbeitsteilige Polizei-Einheiten, mehr oder weniger realitätsnah gestaltet, mit Kollegen beiderlei Geschlechts und immer häufiger mit weiblichem Chef, im britischen, skandinavischen oder deutschsprachigen Krimi (und vor allem auch, teilweise aus dramaturgischen Gründen, in den einschlägigen Fernsehserien) fast schon der Normalfall.

Unter dem Ober- und Sammelbegriff *Kriminalroman* werden allerdings auch, besonders in den letzten Jahrzehnten, immer mehr Texte präsentiert, die dem narrativen Strukturmodell des Detektivromans *nicht* entsprechen, sondern einem anderen (uns aber schon vertrauten) Muster folgen. Für sie hat sich auch im deutschen Sprachgebrauch inzwischen der Begriff des *Thrillers* (von engl. *thrill*, Schauder, Spannung) durchgesetzt. Auch in diesen Romanen oder Filmen – denken wir nur an Ian Flemings Serienhelden James Bond – werden einerseits Verbrechen geplant und ausgeführt, andererseits bekämpft. Dabei geht es jedoch weniger um die nachträgliche Aufklärung eines geschehenen als vielmehr um die Verhinderung eines geplanten Verbrechens – und es geht meistens auch um kriminelle Taten mit nicht-mehr-privatem Charakter: Raubzüge, Attentate, Spionage- und Sabotageakte, Terroranschläge usw. Dadurch verschiebt sich die Spannung noch grundsätzlicher als im obigen Beispiel: Aus der Rätselspannung (wer war's?) wird eine *action*-Spannung: Wird unser Held es schaffen (im Extremfall: die Welt zu retten)? Die retrospektive Optik des Detektivromans, die zu einer vergleichsweise handlungsarmen, oftmals überwiegend aus Gesprächen bestehenden Erzählweise führt, wird hier, manchmal bis an die Grenze der Glaubwürdigkeit, durch vorwärtstreibende *action* ersetzt.

Da es in diesen Erzählungen immer auch um einen Kampf zwischen Gesetzeshütern und Gesetzesbrechern, zwischen *good guys* und *bad guys*, zwischen Helden und ihren Widersachern geht, der sich in der vorwärts laufenden Zeit abspielt, erweist der Thriller sich strukturell (wir haben schon darauf verwiesen) als eine *Variante der abenteuerlichen Erzählung*, die deshalb auch mit dem bewährten Schema nach Vladimir Propp zu fassen ist.[22]

Lange vor dem aktuellen *action*-Thriller, der uns vor allem auch aus dem Kino vertraut ist, hatte sich um 1900, also kurz nach der klassischen *detective story*, in Großbritannien eine Sonderform herausgebildet, die als *spy novel*, als *Spionage- oder Agentenroman* zunächst von den politischen Rivalitäten zwischen dem Britischen Empire und dem Deutschen Kaiserreich zehrte, sich dann aber auch wechselnden Zeitumständen (Nationalsozialismus; Kalter Krieg zwischen Ost und West; Korea- und Vietnamkrieg) flexibel anpasste, wie die (sehr unterschiedlichen) Weltbestseller von Ian Fleming oder John le Carré[23] beweisen.

In fast allen umfassenden Darstellungen der Kriminalliteratur wird dieses Subgenre mitbehandelt, wir sollten aber im Blick behalten, dass es eine erhebliche thematische und eine sehr grundsätzliche *strukturelle Eigenständigkeit* besitzt, narratologisch gesehen eine ziemlich klare Ausformung des Abenteuerschemas (im Sinne Propps) ist und das Detektivschema oft nur ergänzend oder punktuell benutzt.

Eine äußerlich weniger spektakuläre Variante dieses Typus, der *Psychothriller,* verlegt die Auseinandersetzungen mehr ins Beziehungsgeflecht der Privatpersonen, in ihre Absichten und Gefühle; er ist besonders in der englischen und französischen Literatur beliebt. Die Handlungsführung ist variabel und unkonventionell; auch kann sie auf verwickelte Weise mit einer klassischen Detektiverzählung kombiniert sein. Oft geschieht dies durch überraschende Veränderungen der Erzählperspektive bzw. eine ungewöhnliche Besetzung der Erzählerrolle.

Da kann es beispielsweise um die Planung eines Mordes aus der Perspektive des Täters gehen; oder um seine Angst vor der Entdeckung; auch erzählerische Kippfiguren sind sehr beliebt, in denen „Opfer" und Täter in letzter Minute die Rollen tauschen, oder wo „über Kreuz" gemordet werden soll. Das bekannteste Beispiel dafür ist sicher der von Alfred Hitchcock verfilmte Roman *Zwei Fremde im Zug* von Patricia Highsmith (1950). Die Exil-Amerikanerin Highsmith, die den Psychothriller mit ihren mehr als 20 Romanen auf weltliterarisches Niveau gehoben hat,

---

[22]   Man kann allerdings auch eigene Analyse-Schemata basteln. Das hat z.B. vor längerer Zeit ein damals noch wenig bekannter italienischer Kollege getan: Umberto Eco: Die Erzählstrukturen bei Ian Fleming, in: Vogt (Hrsg.) Der Kriminalroman, S. 181-207. (Auf Italienisch zuerst 1964.)

[23]   Vgl. Jochen Vogt: John le Carré, in: Kritisches Lexikon zur fremdsprachlichen Gegenwartsliteratur (2002).

schlägt für ihre und ähnliche Bücher übrigens den Begriff *suspense (novel),* wörtlich übersetzt also „Spannungsroman" vor und hat 1966 ein immer noch instruktives Büchlein darüber geschrieben.[24]

Neueste Entwicklungen

Wir sehen, alles in allem, wie die moderne Kriminalliteratur am Ende des 19. Jahrhunderts vor allem in der kürzeren Detektivgeschichte eine feste Form (ein Schema oder eine *formula*) gefunden und sich damit von anderen Genres des spannenden und abenteuerlichen Erzählens abgegrenzt hat; wie der Detektivroman von mittlerer Länge sich im ersten Drittel des 20. Jahrhunderts als dominierende Form durchsetzt; und wie er fast zugleich schon beginnt, sich in verschiedene Subgenres auszudifferenzieren, die dann aber wiederum miteinander kombiniert werden und komplexe Mischformen bilden können. Dieser Prozess dauert bis heute an und hat gerade in den letzten beiden Jahrzehnten an Dynamik gewonnen. Dabei werden dann auch Themen, Erzählformen und Wirkungseffekte wieder integriert, die lange Zeit als selbständige Genres ausdifferenziert oder auch ausgegrenzt waren, wie z. B. das Schreckliche (Horror) und Phantastische (Fantasy).

Darauf kann ich hier nicht näher eingehen, möchte aber doch auf einige charakteristische Tendenzen der neuesten Entwicklung der Kriminalliteratur hinweisen. Seit den 1980er Jahren ist auf breiter und internationaler Front eine stetig zunehmende Öffnung bzw. *Erweiterung der standardisierten Erzählform/en* oder auch die *Herausbildung von Typuskombinationen* zu beobachten, wodurch der neuere Kriminalroman sowohl umfangreicher wie typologisch (noch) vielfältiger, und damit auch narrativ komplexer, sowie zumindest in Teilen „literarischer" wird. Diese Tendenz hängt zweifellos damit zusammen, dass die Genre- und Geschmacksgrenzen zwischen so genannter Hoch- und Unterhaltungsliteratur insgesamt in neuester Zeit durchlässiger oder auch bewusst durchbrochen werden, ob man dies nun „postmodern" nennen will oder nicht. Internationale Bestseller, die das Krimischema verwenden und mit ihm spielen, ohne ganz darin aufzugehen, insbesondere Umberto Ecos Welterfolg von 1980, *Der Name der Rose* (Il nome della rosa), aber auch Patrick Süskinds *Das Parfüm* (1985) und die *New York-Trilogie* von Paul Auster (1985f.) wirkten dabei trendsetzend.

---

[24]   Patricia Highsmith: Suspense. Wie man einen Thriller schreibt. Zürich 1985.

Aber auch viele Kriminalautoren, die ihre Zugehörigkeit zum Genre nicht in Frage stellen, verwenden inzwischen Bauformen, Erzähltechniken und literarische Verfahren, die dem Krimi bisher fremd waren, im modernen Roman mit Kunstanspruch aber schon seit 1900, und verstärkt nach 1920, international erprobt wurden (beispielsweise wechselnder *point-of-view*, Auflösung des Zeit-Kontinuums, Montage, *stream-of-consciousness*, Intertextualität). Man kann also im Blick auf die Erzählstruktur und Schreibweise von einer *nachholenden Modernisierung* und *Literarisierung* des Kriminalromans zu sprechen. Der Krimi, befreit aus der normativem Korsett, verleibt sich nun (wie ein großer grauer Sack!) alle möglichen Dinge ein und wird dabei, aus einer inneren Erzähldynamik heraus, aber sicher auch aus marktstrategischen Motiven, wesentlich umfangreicher als zuvor.

Bemerkenswert ist dabei *erstens* die relativ große zeitliche Verzögerung dieser Verschiebung – möglicherweise erst als Reaktion auf den durch das moderne und postmoderne Erzählen oder auch durch Film und Fernsehen veränderten Erwartungshorizont heutiger Romanleser/innen! Und *zweitens* die Tatsache, dass diese formalen Innovationen doch nur in relativ engen Grenzen stattfinden (können), weil sie sonst den Handlungskern der Kriminalerzählung zerstören bzw. die nach wie vor stabile und genrespezifische Lektüreerwartung an „einen Krimi" enttäuschen und zerstören würden. Wer zu ihm greift, will nach wie vor einen *Krimi* lesen und keine experimentelle Prosa! Man könnte vielleicht sagen: Das Spielfeld des Genres ist zwar größer geworden, aber die wichtigsten Spielregeln gelten nach wie vor.

Unter diesem Vorbehalt möchte ich zum Schluss noch auf einige narrative Erweiterungsstrategien hinweisen, die in der internationalen Kriminalliteratur heute weit verbreitet sind.

Erstens: Die schon erwähnte „*realistische" Erweiterung*, insbesondere die soziale, milieuspezifische und psychologische Vertiefung und Ausdifferenzierung des Rätsel- oder *whodunit*-Schemas, etwa bei P. D. James oder Elizabeth George, die gelegentlich auch mit Rückgriffen in die Vergangenheit (Familiengeschichte usw.) verbunden ist. Neben dem oben genannten Milieurealismus, der in vielen Fällen eine geradezu soziologische oder ethnographische Präzision gewinnt und die Thematisierung der verschiedensten gesellschaftlichen Problemfelder erlaubt, wird dabei vor allem das Berufs- und Privatleben der Ermittler immer wichtiger und vielfach zu einer eigenen Handlungsebene ausgebaut, deren krisenhafte Motive den Krimi gleichzeitig zu einer Art Alltagsroman oder auch einer „Literatur der Arbeitswelt" machen. In gewisser Weise wird damit das traditionelle Themen- und Konfliktpotential des realistischen Problemromans aus dem 19. Jahrhundert integriert.

Zweitens: Die narrative *Verknüpfung mehrerer Fälle* und Aufklärungsgeschichten, entweder parallel oder seriell (da spielt die sehr amerikanisch geprägte Figur des Serienmörders eine Rolle), oder auch über eine erhebliche Zeitspanne hinweg (Gegenwart/Vergangenheit). Damit wird die relativ eng geschlossene und eindeutige Zeitstruktur des (klassischen) Detektivromans geöffnet, ja gesprengt, und eine ihm ursprünglich fremde Perspektive, nämlich die *historische* geöffnet. Als ein herausragendes Beispiel möchte ich Robert Wilsons Erfolgsroman *Der Blinde von Sevilla* (The Blind Man of Seville, 2003) nennen, der diese Kombination besonders originell in Szene setzt. Aber auch in der deutschsprachigen Kriminalliteratur, die in jüngster Zeit erheblich an Interesse und Qualität gewonnen hat, finden sich zunehmend, etwa bei Ulrich Ritzel, vergleichbare Konstruktionen.

Drittens: Die erzähltechnische *Typuskombination von Detektivroman und Thriller* ist inzwischen zum neuen Standardtyp der angloamerikanischen und skandinavischen Produktion geworden und trägt unter gelegentlicher Verwendung modernistischer Erzählverfahren (z. B. *stream-of-consciousness*) wesentlich zur Umfangs- und Spannungssteigerung bei. So sind etwa die inzwischen in ganz Europa sehr populären Romane von Henning Mankell, Stieg Larsson und anderen durchweg diesem Typus zuzurechnen.

Schlussbemerkung

In einer ebenso knappen wie geistreichen Bemerkung hat der Dichter Bertolt Brecht, selbst lebenslang ein begeisterter Krimileser, vor gut siebzig Jahren auf die zentrale Bedeutung der Dialektik von „Schema" und „Variation" für die Kriminalliteratur hingewiesen. „Der Kriminalroman" – schreibt er – „handelt vom logischen Denken und verlangt vom Leser logisches Denken. Er steht dem Kreuzworträtsel nahe, was das betrifft.// Dementsprechend hat er ein Schema und zeigt seine Kraft in der Variation."

Das könnte man fast schon die kürzeste aller Gattungstheorien nennen. Brecht meinte dabei allerdings speziell den „englischen" Typus des Rätselromans, dem auch seine persönliche Vorliebe galt (vom „amerikanischen" Thriller hielt er wenig). Kein Autor von Detektivromanen, so erläutert er „wird die leisesten Skrupel fühlen, wenn er seinen Mord im Bibliothekszimmer eines lordlichen Landsitzes vorgehen lässt, obwohl das höchst unoriginell ist. Die Charaktere werden selten gewechselt, und Motive gibt es nur ganz wenige." [25]

Nun gilt Brechts Argument, was Schema und Variation angeht, in einer sehr grundsätzlichen Weise nicht nur vom Kriminalroman, sondern von der Literatur schlechthin.

Ihre verschiedenen Formen entwickelt sie spätestens seit Aristoteles anhand von *Regeln,* die *Gattungen* konstituieren, also schematisierend. Das einzelne Werk dagegen gewinnt – zumindest nach unserer modernen Auffassung – seine Eigenart und Unverwechselbarkeit nur dadurch, dass es sein Gattungsschema variierend erfüllt oder auch – in der modernen Epoche immer stärker – durch Abweichungen vom Schema und bewusste Verletzung und Missachtung der Regeln sprengt. Daran gemessen ist der Kriminalroman vergleichsweise konventionell, um nicht zu sagen konservativ. So aktuell seine Stoffe und Themen sein können, so herkömmlich ist seine Poetik. Vermutlich hängt dies damit zusammen, dass der Krimi als Massen- und Verbrauchsliteratur sich stärker an Lesererwartungen orientieren muss als etwa die avantgardistische Lyrik. Und von einem Krimi, gleich welcher Variante oder Spielart, erwarten wir nun einmal, dass er uns mit einer spannenden Geschichte und überraschenden Lösung „fesselt". Insofern, da hat Brecht schon recht, kann hier nur in vergleichsweise engen Grenzen „variiert" werden (aber hundert Jahre vor ihm hat Poe schon etwas Ähnliches angemerkt). Und insofern ist die Dialektik von „Schema-und-Variation" wie überhaupt das Erzählhandwerk mit seinen Möglichkeiten und Problemen in und an diesem Genre besonders gut zu studieren: Neben Lesegenuss und Nervenkitzel, die nach wie vor den hauptsächlichen Reiz des Krimis ausmachen, bietet er uns auch eine Vielzahl spannender Fälle für narratologische Ermittlungen.

Arbeitsvorschlag

Ich vermute, dass Sie nach den obigen Erläuterungen keine große Lust mehr haben, meine alte Zeitungsmeldung vom Mord im Hyde Park zu

---

[25] Bertolt Brecht: Über die Popularität des Kriminalromans (1938/40). In: Vogt (Hrsg.): Der Kriminalroman, S. 33.

einem regelrechten neuen Krimi zu verarbeiten. Trotzdem will ich noch einmal darauf hinweisen, dass eben dies ein sehr effektives Verfahren für einen kreativen und produktionsorientierten Literaturunterricht (besonders in der Sekundarstufe I) darstellt. Man kann auf diesem Wege die zumeist schon bekannten, aber vielleicht nicht bewussten Genreregeln deutlich machen; und es können unterschiedliche Medien verwendet und Formate produziert werden (Story, szenische Darstellung, Hörspiel, Videofilm u.a.m.). Geeignetes Material dafür liefern die Pressemeldungen über Mord und Totschlag (leider) jeden Tag.

4. Noch ein Exkurs: *Emil und die drei ???*

Eine Randbemerkung zu Erich Kästners Kinderroman (1929)

Die drei Fragezeichen sind das bekannte Kürzel einer multimedial verbreiteten und international erfolgreichen deutschen Krimi-Hörspiel-Serie für Kinder; laut FAZ ist sie gar die „erfolgreichste Hörspiel-Serie" der Welt. Dabei stehen die ??? für die „Detektive" Justus, Peter und Bob. Aber es gibt natürlich keine Geschichte mit dem Titel „Emil und die drei ???": Ich spiele vielmehr auf den ersten deutschen (und vermutlich ebenso bekannten) Kinder-Krimi an, den der Journalist und Schriftsteller Erich Kästner 1929 veröffentlicht hat. Über viele Lesergenerationen und mehrere Verfilmungen hinweg hat er seinen Ruhm und Reiz behalten. Er kann hier nicht ausführlich besprochen werden; wir sollten aber, im Anschluss an das vorige Kapitel, einen kurzen Blick auf seine Erzählkonstruktion werfen. Und mit den ??? will ich auch die Frage aufwerfen, ob er seinen Titel eigentlich zu Recht trägt.

Handelt es sich bei Erich Kästners *Emil und die Detektive*[26] aus dem Jahr 1929 also tatsächlich um einen *Detektivroman?* Beginnen wir unsere Untersuchung (wie Sherlock Holmes sagen würde) mit diesem Titel selbst: Der Begriff „Detektiv" (von lat. *detegere,* aufdecken) ist natürlich aus dem Englischen übernommen (im Deutschen waren noch im 19. Jahrhundert so gemütliche Berufsbezeichnungen wie „Diebsfänger" üblich). Er verbreitet sich ebenso wie das Kompositum „Detektivroman" in den 1920er Jahren, als diese angloamerikanisch geprägte Literaturform auch bei uns eine erste Blüte erlebt, was wiederum die fortschrittlichen Intellektuellen damals sehr beschäftigt hat.[27]

Kästner benutzt für seinen Untertitel allerdings nicht den speziellen, sondern den allgemeinen Gattungsbegriff und spricht zugleich seine erwünschte Zielgruppe an: *Ein Roman für Kinder.* Da kann man die Absicht heraushören, Kinder als Leser und Leserinnen ernst (jedenfalls ernster als bisher zu nehmen), denn der Roman war und ist nicht nur

---

[26] Ich zitiere nach der schönen älteren Ausgabe aus dem Cecilie Dressler Verlag in Berlin (hier: 77. Auflage 1970). – Inzwischen ist die 135. Auflage im Handel!

[27] Dabei bleibt die Terminologie vorerst (und noch lange Zeit) unbestimmt: Der Kritiker Siegfried Kracauer schreibt 1922 seine Abhandlung *Der Detektiv-Roman*, Bertolt Brecht bevorzugt später die umfassendere Form „Kriminalroman", Walter Benjamin das noch diffusere „Kriminalbücher", und der einflussreiche Kritiker Willy Haas wechselt zwischen „Kriminal- und Detektivgeschichten".

ein Genre für Erwachsene, sondern auch eines, das sich für die Darstellung der modernen Welt besonders zu eignen scheint.[28]

Diese Absicht wird noch deutlicher in Kästners Versuch, einen direkten und intensiven Leserbezug herzustellen. Der erste Abschnitt des Buches, mit 7 Seiten nur wenig kürzer als die späteren Kapitel, hat den Charakter eines *Vorworts*, er ist nicht nummeriert, wird im Inhaltsverzeichnis nicht aufgeführt und trägt die irritierende, in sich widersprüchliche Überschrift *Die Geschichte fängt noch gar nicht an*. Denn entgegen dieser meta-narrativen Aussage folgt nun doch ein narrativer, diegetisch abgeschlossener Text (wenn auch noch nicht die eigentliche „Geschichte"). In dieser Vor- oder Neben- oder Metageschichte fungiert der Autor als Ich-Erzähler; er taucht aber auch als Figur auf, wird als „Herr Kästner" (S. 11) angesprochen und berichtet von der Entstehung seines Erzählprojekts. Dabei verhält sich dieser Erzähler ausgesprochen *auktorial*, er *spielt* gewissermaßen die „Autorenrolle", betreibt eine „auktoriale Selbstinszenierung".[29]

Diese kleine Vor-Geschichte, die unter anderem auch einen wichtigen Dialog enthält, ist nun aber kommunikativ ausgerichtet, das heißt in eine direkte Leseransprache eingebettet, mit der dieser Autor/Erzähler seine Leser/innen buchstäblich vom ersten Wort an ins Vertrauen zieht und zu seinen Erzähl-Kumpanen machen will: „Euch kann ich's ja ruhig sagen." (S. 5)

Inhaltlich geht es darum, dass er seinen Plan eines „richtigen", das heißt exotisch-phantastischen „Südseeromans" (S. 5) aufgibt zugunsten einer Erzählung von aktuellen Ereignissen aus seiner realen Umgebung, also einer *Alltagsgeschichte*: Da „fiel mir die Sache mit Emil ein" (S. 12). Sie fällt ihm aber, wie er betont, erst nach und nach, in Einzelteilen ein, und auch das erläutert er geradezu gattungstheoretisch bzw. poetologisch:

---

[28] Im gleichen Jahr wie *Emil und die Detektive* erscheint, um nur ein Beispiel zu geben, das Werk, das in den Literaturgeschichten als der moderne Berlin-Roman schlechthin gilt: *Berlin-Alexanderplatz. Die Geschichte von Franz Bieberkopf* von Alfred Döblin.

[29] So Hans-Heino Ewers: Der Autor als Star. Erich Kästners auktoriale und aktionale Selbstinszenierung im Kinderroman, in: Bernd Dolle-Weinkauff / Hans-Heino Ewers (Hrsg.): Erich Kästners weltweite Wirkung als Kinderschriftsteller. Studien zur internationalen Rezeption des kinderliterarischen Werks, Frankfurt a.M. 2002, S. 11-29, hier S. 18; unter Bezug auf Gérard Genette: Paratexte. Das Buch vom Beiwerk des Buches, Frankfurt a. M. 1989, S. 173.

Eine Geschichte, ein Roman, ein Märchen, – diese Dinge gleichen den Lebewesen, und vielleicht sind sie sogar welche. Sie haben ihren Kopf, ihre Beine, ihren Blutkreislauf und ihren Anzug wie richtige Menschen. Und wenn ihnen die Nase im Gesicht fehlt oder wenn sie zwei verschiedene Schuhe anhaben, merkt man es bei genauem Zusehen.

Ich möchte euch nun, ehe ich die Geschichte im Zusammenhang berichte, das kleine Bombardement vorführen, das mir die einzelnen Glieder des Ganzen, die Einfälle und Bestandteile, zuwarf.

Vielleicht seid ihr geschickt genug und könnt euch aus den verschiedenen Elementen die Geschichte zusammenstellen, ehe ich sie erzähle? (S. 14f.)

Wozu aber nun diese meta-narrative Reflexion mit erzähltheoretischem Vokabular („Elemente der Geschichte") und diese fast schon literaturdidaktische Aufforderung zur Eigenproduktion? Einerseits geht es zweifellos darum, eben diese (realistische und moderne) Art von Kinderliteratur[30] zu rechtfertigen, also um einen *literatur- oder gattungstheoretischen Diskurs*, andererseits aber auch um die Erzeugung von Leserinteresse und Neugier, also um einen *rezeptionsästhetischen Appell und Leseanreiz.*

Ihn verstärkt dann der zweite Abschnitt des Buches, der (wie der Erzähler betont) vom „Film" inspiriert ist (S. 13) und damit dem Zeitgeist der 1920er Jahre und ihrer Vorliebe für „illustrierte Geschichten" und „bewegte Bilder" entspricht. Unter dem ein wenig mehrdeutigen Titel *Zehn Bilder kommen zur Sprache* wird nun tatsächlich eine Reihe von Abbildungen (genauer: Zeichnungen des Buch-Illustrators Walter Trier) mit jeweils erläuterndem Begleittext präsentiert, die sich (jedenfalls in älteren Ausgaben) durch ihre kräftige *gelbe* Grundierung von seinen Illustrationen im laufenden Text abheben und eine auffällige „Bilderstrecke" bilden. Man könnte an Filmplakate denken, wie sie damals und noch lange Zeit eine große Rolle in der Kinowerbung spielten, oder an eine Reihe von Standfotos. Sie stellen uns jedenfalls die wichtigsten *Figuren* und *Handlungsorte* der Erzählung (ungefähr in der Ordnung ihres Auftretens) vor, sparen die entscheidenden *Handlungsschritte* aber (natürlich!?) aus. Erzähltechnisch handelt es sich demnach um eine in sich abgeschlossene Bild-Text-Geschichte, deren auffällige Handlungs-

---

[30]   Unwidersprochen gilt Kästner, mit einer Formulierung von Helga Karrenbrock, als „der bedeutendste Modernisierer [...] der Kinderliteratur" in der Weimarer Republik bzw. in der ersten Hälfte des 20. Jahrhunderts. Vgl. Reiner Wild (Hg.): Geschichte der deutschen Kinder- und Jugendliteratur, 3. Aufl. Stuttgart/Weimar 2008, S. 254.

Lücken die mitproduzierende Phantasie der Betrachter/innen zugleich in Bewegung setzen und in eine bestimmte Richtung lenken soll.

Bevor „die Geschichte nun endlich anfängt" (vgl. S. 29) erlauben wir uns allerdings noch einen Seitenblick auf einen wichtigen *Paratext*: den *Klappentext*, der mindestens bis zur 77. Auflage 1970 den Schutzumschlag zierte und im unverwechselbaren Kästner-Ton gehalten ist. Tatsächlich ist sein erster Abschnitt, die Vorstellung Emils und seiner Mutter, auch wörtlich dem ersten Bild-Kommentar entnommen, bevor die weitere Handlung (von wem auch immer) kurz zusammengefasst wird:

> Emil kommt besuchsweise nach Berlin. Aber er hat keine Zeit, sich diese Weltstadt anzusehen. Denn schon wird er in eine tolle Kriminalgeschichte verwickelt, bei der es um die Ersparnisse seiner Mutter geht. Und da gibt es für Emil kein langes Überlegen. Er steht seinen Mann bei der aufregenden Jagd quer durch Berlin, immer hinter dem Spitzbuben her, der ihm im Gewimmel der Menschen, Autos und Straßenbahnen zu verschwinden droht.
>
> Aber Emil ist nicht allein, eine Schar von gleichaltrigen Jungen leistet ihm tatkräftige Hilfe bei dem schwierigen Unternehmen, den Strolch dingfest zu machen. (Wobei die Polizei vorerst nichts merken darf!) Da ist der ‚Professor‘, der pfiffige kleine Dienstag, Krummbiegel, die Gebrüder Mittenzwey, ‚Friedrich der Erste‘ und wie sie alle heißen – alle machen mit! Es wird ein großartiges Abenteuer. Aber sie packen die Sache an wie richtige Jungen.

Auffällig ist, dass an dieser Stelle nicht nur die (vermutlich werbewirksame) Genrebezeichnung *Kriminalgeschichte* verwendet, sondern auch der strukturprägende Handlungskern klar benannt wird: die „aufregende Jagd quer durch Berlin". Hingegen bleiben die Einzelheiten des Verbrechens wie auch der triumphale Schluss der Handlung weiterhin ausgespart. Dies erklärt sich zwanglos aus der Rezeptionssituation: Den Klappentext, und das ist ja wesentlich ein *Werbe*text, liest man normalerweise, um sich zu informieren; *bevor* man das Buch auswählt, kauft oder liest; er darf also nicht ganz so rätselhaft sein wie etwa die erwähnte Bildfolge, bei der man schon mitten im Buch steckt und sich gerne noch neugieriger machen lässt.

Alles in allem wird deutlich, dass der Autor/Erzähler Kästner seine eigentliche Story ziemlich aufwendig präsentiert und in mehrere Paratexte einpackt, um das Leserinteresse und die Rezeption zu erregen und zu lenken. Diese Strategie setzt sich im Hauptteil, wo die „Geschichte nun endlich anfängt", also innerhalb der narrativen Diegese, weiter fort. Das Inhaltsverzeichnis gliedert Handlung und Text in 18 kürzere Kapitel mit teils informativen („Eine Autodroschke wird verfolgt"), teils rätselhaften, die Neugier erregenden Titeln („Stecknadeln haben auch ihr Gutes"). Die ersten beiden Kapitel stellen die Hauptfigur Emil vor, charakterisieren das enge Verhältnis zu seiner Mutter und skizzieren die kleinstädtische Lebenswelt; wir erfahren vom Reiseplan und von Emils Aufgabe, das Geld zur Oma zu bringen. Nun kann im 3. Kapitel (endlich) die Reise selbst beginnen, im 4. Kapitel kommt es dann zu einem ersten dramatischen Höhepunkt. Emils Traum von der supermodernen Großstadt ist erzähltechnisch (in Genettes Terminologie) eine „Lateralellipse" oder *Paralipse:* Die Traum-Erzählung verdeckt eine Lücke in der primären Erzählung, mit anderen Worten: eine Auslassung (Ellipse).[31] In dieser Zeit- oder Informations-„Lücke" wird das Geld gestohlen, ohne dass der Träumer es bemerkt (oder wir Leser es sehen können). Im 5. Kapitel beginnt dann mit der Straßenbahnfahrt die Verfolgung des Verdächtigen durch die Stadt, die sich im 10. Kapitel per Autodroschke (Taxi) fortsetzt und im 13. zu Fuß ihren Abschluss findet. Dazwischen trifft Emil auf Gustav und seine Freunde, die „Detektive" organisieren sich und planen ihre Aktionen (die wir hier nicht im Einzelnen verfolgen müssen).

Betrachten wir die Erzählung nun aber ernsthaft unter den Kriterien des *Detektivromans,* so ergibt sich Folgendes: Nicht ganz zu Beginn, aber früh genug ereignet sich das genrenotwendige *Verbrechen,* kein Mord, sondern „nur" ein Diebstahl; nicht gerade vor unseren Augen, sondern paraliptisch ausgespart (das ist genretypisch!), aber ohne jeden Zweifel an der Täterschaft. Also jedenfalls kein *Whodunit:* Es gibt in der ganzen Geschichte nur einen einzigen *Verdächtigen.* Die „Detektiv"-Geschichte bleibt „minimalistisch" oder „unterkomplex", in etwa auf dem Niveau mancher Geschichten aus der Frühzeit der Gattung.

Als *Ermittler* treten Emil und seine neuen Freunde in Aktion, wie es der Buchtitel formuliert, je nach Geschmack eine „Bande" oder ein „Kollektiv", deren/dessen Selbstorganisation, Verhaltensweisen und Aktionen eine wesentliche Handlungs- und Bedeutungsebene des Romans ausmachen, auf die wir hier aber nicht näher eingehen.[32] Die Polizei bleibt, ebenfalls eine Genrekonvention, zunächst aus dem Geschehen ausge-

---

[31] Vgl. Genette: Die Erzählung, S. 29: „Hier springt die Erzählung nicht wie bei einer Ellipse über einen Moment hinweg, sondern lässt ein Faktum beiseite. [...] Wie die zeitliche Ellipse eignet sich auch die Paralipse sehr gut zur retrospektiven Ausfüllung" – und besitzt also eine strukturelle Affinität zur Detektiverzählung.

[32] Vgl. zur Interpretation Helga Karrenbrock: Märchenkinder – Zeitgenossen. Untersuchungen zur Kinderliteratur der Weimarer Republik, Stuttgart 1995, S. 194ff. Weitere Literatur auch bei Ewers: Der Autor als Star, S. 30.

schlossen (auch wenn dies durch Emils schlechtes Gewissen wegen seiner Neustädter Streiche nur schwach motiviert wird). Tatsächlich hätte ein frühes Eingreifen der Polizei die Aktionen der „Detektive" und damit die Erzählung selbst praktisch unmöglich gemacht. Hauptelement der Ermittlung und der Handlung insgesamt ist deswegen die *Verfolgung* des Verdächtigen/des Täters durch die Metropole Berlin (bzw. einen bestimmten Bezirk).[33] Sie endet im 14. Kapitel mit der Konfrontation in der Bank. Hier wird die Schuld des Verdächtigen schließlich durch einen lupenreinen *Indizienbeweis* nachgewiesen: „Seine" Geldscheine sind von Emils Stecknadel perforiert! (Dies wäre durchaus als Sherlock-Holmes-Motiv denkbar.) Nun erst greift, auf Initiative des Bankbeamten, die *Polizei* als staatliche Ordnungsmacht ein; die Detektive haben ihre Aufgabe erfüllt. Der Fall ist damit abgeschlossen, ein klassischer Detektivroman könnte, ja müsste hier enden.

Bei Kästner folgt aber noch ein ganzes „Nachspiel"[34], immerhin *vier Kapitel*, die den diversen Belobigungen Emils und der Siegesfeier seiner Mitstreiter, samt „heißer Schokolade" und „Apfelkuchen" (S. 166), gewidmet sind und offensichtlich auf Themen bzw. Autor-Intentionen hinweisen, die über das Detektiv-Schema hinausweisen bzw. in diesem selbst nicht zu erfüllen sind. Dabei sind ein institutionell-öffentlicher und ein privat-familiärer Themen- bzw. Handlungsstrang miteinander verflochten.

Mit der Belobigung durch Polizei und Justiz, und vor allem durch die Publikation seiner Erfolgsgeschichte in der Zeitung wird Emil zu einer *öffentlichen Figur*, zum „Helden" (gemacht). Dabei spielt – wiederum sehr zeittypisch[35] – die Institution Presse bzw. der (intradiegetische) Zeitungsmann „Herr Kästner" als Romanfigur eine entscheidende Rolle. (Der Autor inszeniert sich hier ein zweites Mal, nun aber „aktional".[36])

---

[33] Ein Handlungselement, das sich für den Film geradezu anbietet! Interessant wäre insofern ein Vergleich der Verfilmung von *Emil und die Detektive* durch Gerhard Lamprecht aus dem Jahr 1929 mit einem Klassiker der Filmgeschichte, Fritz Langs „M" – *Eine Stadt sucht einen Mörder* von 1931; auch dies nicht nur ein (ganz großer) Kriminal-, sondern auch ein Berlin-Film.

[34] Ewers: Der Autor als Star, S. 21.

[35] Das wird indirekt auch an der Welle von Journalisten-Romanen aus dieser Zeit deutlich, von denen Kästners *Fabian. Die Geschichte eines Moralisten* (1930) am bekanntesten geblieben ist. Vgl. dazu Erhard Schütz: Romane der Weimarer Republik, München 1978, S. 147-159.

[36] Ewers: Der Autor als Star, S. 17f., wieder unter Bezug auf Genette: Paratexte, S. 173.

Er war ja schon bei Emils erster Straßenbahnfahrt als Schutzengel tätig und ist, wie sein Name belegt, auch mit dem Erzähler-Autor aus dem (extradiegetischen bzw. nebendiegetischen) Vorwort identisch. Hier wird also, über die Schwelle von Paratext und Text hinweg, ein Erzählrahmen geschlossen; zugleich wird „Kästner" als „Star" der Geschichte neben, wenn nicht gar über Emil etabliert. Er ist der Autor des Buches, der Erzähler seiner Entstehungsgeschichte und Verfasser des Zeitungsberichts: also der *Herr aller Erzählungen*.[37]

Auf der privaten Ebene wird mit dem Abschluss des „Falles" die liebevolle Mutter-Sohn-Beziehung, bekanntlich ein biografisch begründetes Kernstück vieler Kästner-Erzählungen, weiter ausgebaut[38]: Mit dem Belohnungsgeld kann Emil als „Investor" seiner Mutter die Arbeit erleichtern. In letzter Konsequenz dient also sogar das Verbrechen der guten Sache und dem Fortschritt! Und ganz nebenbei wird wieder einmal, nach dem bereits bekannten Erzählschema von „Einheit, Trennung und Wiedervereinigung"[39], ein Erzählrahmen geschlossen

Alles in allem: Kästners Roman für Kinder hat einen Handlungskern, der typische Merkmale des Krimi-Genres, genauer gesagt das *Schema* des Detektivromans vollständig, wenn auch sehr sparsam erfüllt: Das Verbrechen ist ein Diebstahl, die Ermittlung besteht wesentlich aus einer Verfolgung, die Überführung des einzigen Verdächtigen als Täter geschieht durch ein einziges Indiz. Man könnte dies die „Minimalausstattung" einer Detektivgeschichte nennen. Kästner benutzt diese Form, die wie gesagt in den 1920er Jahren in Deutschland erheblich an Popularität gewonnen hat, in einer „kindgemäß" abgemilderten *Variation*. Und er benutzt sie andererseits, das ist heute sehr viel interessanter, als *Erzähl-*

---

[37] Dass Emils Abenteuer und der Erfolg der Detektive (jedenfalls innerfiktional und intradiegetisch) erst durch den Pressebericht öffentlich gemacht und in gewisser Weise beglaubigt wird, zeigt auch, dass dem Roman, dem ja immer das Odium der Unzuverlässigkeit anhaftet, in der Reportage ein zeittypisch ernsthafte Konkurrentin erwachsen ist. Über dieses Konkurrenzverhältnis und die Möglichkeiten oder Gefahren einer Fusion wird später von den Literaten und Theoretikern ausführlich gestritten werden.

[38] Zur Biographie: Isa Schikorsky: Erich Kästner, München 1998. Tiefer gehend: Inge Wild: Die Phantasie vom vollkommenen Sohn. Erich Kästners Familiengeschichte/ Familiengeschichten in psychoanalytischer Sicht. In: Kinder- und Jugendliteraturforschung 1998/99, Stuttgart/Weimar 1999, S.50-69, sowie Dieter Richter: Als er ein kleiner Junge war: Erich Kästners Kindheit. In: Manfred Wegner (Hg.): Die Zeit fährt Auto. Erich Kästner zum 1000. Geburtstag, Berlin 1999, S. 22-32.

[39] Vgl. Pietzcker: Einheit, Trennung und Wiedervereinigung, wie oben S. 53f., Anm. 3.

Vehikel (zu deutsch: Transportmittel) für andere Themen bzw. Themen-komplexe, die ihm am Herzen liegen: einerseits die Mutter-Sohn-Beziehung, andererseits die moderne Großstadt/die Metropole Berlin mit ihren Verkehrsmitteln und Kommunikationsmedien.[40]

Bleibt die Frage, wie diese Erzählstrategie zu bewerten ist. Hans-Heino Ewers weist in seinem anregenden Aufsatz über Kästners Selbstinszenierung auf die „Familiengeschichte, besser gesagt (die) Mutter-Sohn-Geschichte" hin, „als die sich dieser *angebliche Kriminalroman* für Kinder eigentlich erweist".[41] Das klingt ein wenig kritisch, so als habe hier einer mit falschen Karten gespielt bzw. erzählt. Auch ich würde nicht abstreiten, dass die Mutter-Sohn-Geschichte die emotionale Basis der Erzählung bildet, die „Kriminalgeschichte" (vgl. den Klappentext) hingegen eher strategisch verwendet wird. Diese erzähltechnische Konstruktion als solche bewerte ich aber durchaus positiv. Denn vermutlich ist es ja doch erst die (wenn auch bescheidene) Krimi-Handlung mit ihrer Spannung und den Identifikationsangeboten für junge Leser, die den Musterknaben Emil und seine ungetrübt-liebevolle Mutterbindung erträglich machen!

Erich Kästner nutzt also die Möglichkeit, mit dem *Detektivschema* und in seiner *Variation* – vor allem durch seine historische und topographische Situierung sowie die Kombination mit anderen Erzählmustern/ Romantypen – weitere Themenkomplexe zu behandeln, auch solche, die ihrerseits nicht narrativ vorstrukturiert sind. Eine *Stadt* wie Berlin, das wusste Erich Kästner ebenso wie Alfred Döblin oder Fritz Lang, ist eben am besten anhand einer *Handlung* zu *erzählen*, die in der Stadt spielt[42], und keine andere erregt soviel unmittelbare Anteilnahme und Spannung wie eine „Kriminalgeschichte".

Auf seine Weise, und im Blick auf seine spezielle Zielgruppe, hat Kästner damit bereits eine Möglichkeit genutzt, die uns heute als ein charakteristisches Merkmal, ja als das Erfolgsgeheimnis der neueren Kriminalliteratur erscheint.[43] So gesehen, war er seiner Zeit voraus. Und vielleicht trägt auch das dazu bei, dass *Emil und die Detektive* bei aller

---

[40] Vgl. Karrenbrock: Märchenkinder – Zeitgenossen, S. 203ff.

[41] Ewers: Der Autor als Star, S. 21.

[42] Eine gute Gelegenheit, auf einen nach wie vor lesenswerten Klassiker der Literatur-wissenschaft hinzuweisen: Volker Klotz: Die erzählte Stadt. Ein Sujet als Herausfor-derung des Romans von Lesage bis Döblin, München 1968.

[43] Vgl. dazu vorerst: Jochen Vogt: Krimi – international. Einführung in das Themenheft, in: Der Deutschunterricht, H. 2/2007, S. 2ff.

realistischen Zeitgebundenheit ein „unkapputtbares" Buch, also ein Klassiker geworden ist.

Arbeitsvorschlag

Der große Erfolg von Kästners Roman führte bereits zwei Jahre später zur Verfilmung durch die Ufa. Regie führte Gerhard Lamprecht, der das Drehbuch zusammen mit Billie Wilder (später weltberühmt als Billy Wilder) verfasst hatte. Diese Filmversion gilt als „werkgetreu"; es ist dennoch aufschlussreich, ihre erzählerische Konstruktion mit dem Roman zu vergleichen. Was wird zum Beispiel aus den erwähnten Paratexten? Und aus der Selbstinszenierung des Autors?

Unter den zahlreichen internationalen Remakes (u.a. in Japan, Brasilien, USA) ist die populäre Fassung von 1954 (Regie: R. A. Stemmle, Buch: Billy Wilder) besonders erwähnenswert; nicht zuletzt wegen ihres Blicks auf Nachkriegs-Westberlin. Eine neue Fassung von Franziska Buch (Buch und Regie, 2001) wertet ganz im Sinne des *gender mainstreaming* die Rolle von „Pony Hütchen" entscheidend auf.

5. Wie Gewalt entstehen und wohin sie führen kann

Friedrich Schillers Erzählung „Der Verbrecher aus verlorener Ehre" (1786/1792)

Diese erste „kanonische" Erzählung, an der wir unseren narratologischen Werkzeugkasten ausprobieren wollen, schließt an die Thematik der vorigen Kapitel an und wurde als frühes Beispiel einer „Criminalnovelle" auch schon erwähnt. Sie soll hier, nach einigen Informationen über Autor und Niederschrift, zunächst „textimmanent" analysiert werden, mit besonderem Augenmerk auf Textgliederung, Erzählperspektive und narrativen Bauformen oder Techniken, die der Verfasser vor mehr als zweihundert Jahren verwendet hat. Daran schließt sich die Frage an, „warum und zu welchem Ende" er sie so und nicht anders erzählt hat – also die Frage nach der Autorintention. Sie lässt sich mit einem Blick auf die Situation von Autor, Text und Leser/inn/en genauer beantworten, also durch historische Kontextualisierung, was uns wiederum zu einem vertieften Verständnis des Textes insgesamt führen sollte.

Von Marbach nach Dresden

Friedrich Schiller war gerade einmal dreiundzwanzig Jahre alt, als er im Jahr 1782 mit seinem ersten Theaterstück *Die Räuber* am Mannheimer Schauspielhaus einen großen Erfolg gefeiert hatte, wegen seiner rebellischer Tendenz jedoch gezwungen war, seine württembergische Heimat fluchtartig zu verlassen. Schiller war 1759 in Marbach am Neckar geboren; sein Vater hatte als Wundarzt und Offizier im Militär des jungen und despotischen Herzogs Karl Eugen gedient. Den auffallend begabten Sohn Fritz nötigte der regierende Fürst höchstselbst zum Eintritt in die von ihm gegründete Karlsschule, die man sich als Mischung von Militärakademie und wissenschaftlicher Hochschule vorstellen darf und die der Ausbildung einer Führungselite für das mittelgroße Fürstentum diente. Schiller absolvierte widerstrebend ein Studium der Rechtswissenschaft und anschließend, mit größerer Motivation, eines der Medizin.[44] Man wird sehen, wie in seiner Erzählung die Fragestellungen beider Fächer zusammenkommen. Von seinem sehr geschätzten Lehrer Jacob Friedrich Abel, der dort Philosophie unterrichtete, erfuhr Schiller später auch die historischen Fakten, die er seiner Erzählung zugrunde legte. Mitte der 1780er Jahre,

---

[44] Ausführlicher zur Biographie Kurt Wölfel: Friedrich Schiller, München 2004.

nachdem der Erfolg der *Räuber* in gewisser Weise verpufft war und Schiller weiterhin in einer persönlich wie materiell sehr unsicheren Situation lebte, versucht er sich als freier Schriftsteller zu etablieren, eine zu dieser Zeit noch außerordentlich riskante Geschäftsidee. Immerhin war er inzwischen in das wesentlich weiter entwickelte Königreich Sachsen gewechselt und hatte in Leipzig, das durch Universität und Verlagswesen samt Buchmesse ein intellektuelles Zentrum Deutschlands war, nicht nur Freunde, sondern auch Anschluss an den Literaturbetrieb gewonnen. Einer Erzählung, in der er Abels alte Geschichte, aber auch neuere Quellen und Informationen verarbeitete, gab er den Titel *Verbrecher aus Infamie* und publizierte sie im Jahr 1786 anonym, also ohne Verfasserangabe, in der ursprünglich von ihm selbst gegründeten Zeitschrift *Thalia* beim Verleger Göschen in Leipzig, der ihm dafür ein ordentliches Honorar zahlte. Sechs Jahre später, als er vor allem mit dramatischen Projekten befasst ist, also 1792, druckt er sie mit geringfügigen Änderungen unter dem Titel *Verbrecher aus verlorener Ehre. Eine wahre Geschichte* in einem Sammelband *Kleinere prosaische Schriften* noch einmal, nun unter seinem eigenen Namen. Wir diskutieren nachfolgend diese zweite Fassung und legen den Text einer seit Jahrzehnten verbreiteten Studienausgabe zu Grunde.[45]

Erzähltechnische Analyse

Dabei fragen wir zunächst nach der strukturellen Aufbauform bzw. syntagmatischen Gliederung des Textes, wie sie auf der *discours*-Ebene und/ oder der *histoire*-Ebene erkennbar ist. Schon eine erste Lektüre lässt dabei vier große Abschnitte erkennen.

Ein *erster Teil,* der sieben Absätze umfasst (S. 5-8), sticht durch seinen *nicht-narrativen,* sondern *erörternden* Charakter hervor. Der Erzähler/ Autor spricht darin, fast durchweg auf der Zeitstufe des *Präsens,* unter gelegentlicher Verwendung der ersten Person Singular, als ein „*Ich*" zu seinen Lesern, und er spricht über allgemeine, abstrakte Dinge und Zusammenhänge, beginnend mit seinem ebenso apodiktischen wie provokativen Satz: „In der ganzen Geschichte des Menschen ist kein Kapitel unterrichtender für Herz und Geist als die Annalen seiner Verirrungen." (S. 5) Auf sehr allgemeiner Ebene werden im folgenden *ersten* und *zwei-*

---

[45]   Friedrich Schiller: Der Verbrecher aus verlorener Ehre und andere Erzählungen. Nachwort von Bernhard Zeller, Stuttgart 1964, durchgesehene Ausgabe 1999, S. 5-33.

ten Absatz die Menschheitsgeschichte, die Kriminalität und die Erkenntnis oder Bildung miteinander in Beziehung gesetzt. Das Studium der menschlichen Verirrungen (gemeint sind vor allem: Verbrechen) wird als Quelle der Erkenntnis von psychischen Zuständen und Vorgängen proklamiert, so wie wir auch durch die Untersuchung von Krankheiten mehr über den menschlichen Körper erfahren können. Zugleich wird die Grenze zwischen Recht und Unrecht, Gut und Böse in gewisser Weise relativiert: Die allgemeinen Affekte und Triebkräfte („Begierde"), können sich je nach den Umständen in unterschiedlicher Form manifestieren. Der Verfasser selbst, dürfen wir vermuten, scheint der „feinere Menschenforscher" zu sein (offenbar eine Kombination aus Historiker und Psychologe), von dem er da spricht und dessen Interessen er auch bei seinen Lesern und Leserinnen vermutet.

Der *3.* und der *4. Absatz* fragen, wie solche Zusammenhänge vom Historiker oder Menschenforscher *dargestellt* werden können, um nicht nur eine zeitliche, sondern auch eine affektive „Lücke zwischen dem historischen Subjekt [der Figur] und dem Leser" und das daraus resultierende „Kopfschütteln der Befremdung" zu überwinden. Dazu gibt es „diese beiden Methoden [...] – Entweder der Leser muss warm werden wie der Held, oder der Held wie der Leser erkalten." (S. 6) Die erste Methode, „durch hinreißenden Vortrag" gekennzeichnet, wird als mehr oder weniger unlauter, ja manipulativ bewertet, sie „beleidigt die republikanische Freiheit des lesenden Publikums" (seine autonome Urteilskraft) durch rhetorisch-affektive Beeinflussung; das steht dem „Dichter" zu, aber nicht dem „Geschichtsschreiber".

Deshalb plädiert der Autor/Erzähler hier für die zweite Methode, die er im nächsten, dem *5. Absatz* genauer erörtert. „Der Held" – hier dürfen wir nun an den ‚positiven' Helden z.B. eines historischen Drama ebenso denken wie an den Verbrecher als ‚negativen' – dieser „Held muss kalt werden wir der Leser", oder „wir müssen mit ihm bekannt werden, eh er handelt" – also die Gründe und Motivationen seines Verbrechens erkennen. Sie liegen, eine ebenso einfache wie moderne Formel, in „der unveränderlichen Struktur der menschlichen Seele und in den veränderlichen Bedingungen, welche sie von außen bestimmen" (S. 7). Die naturgegebenen Anlagen eines Individuums können je nach den persönlichen und sozialen Umständen zu ganz verschiedenen Resultaten führen, „heilsame[...] Kräuter[...]" oder „giftigen Schierling" (S. 7) hervorbringen.

Aus dieser „Behandlungsart" der Geschichte, so schließt der *6. Absatz*, wächst einerseits psychologische Erkenntnis, die ihrerseits auch die gesellschaftliche Bewertung im „sanften Geist der Duldung" (Verständnis, Toleranz) beeinflussen kann und dadurch zum sozialen Frieden bzw. zur Resozialisierung, zur „Aussöhnung des Gesetzes mit seinem Beleidiger" beiträgt. (S. 8)

Der 7. *Absatz* hat offensichtlich überleitende Funktion: Er fokussiert die allgemeinen, quasi-philosophischen Erörterungen auf einen individuellen Fall, der als extrem anzusehen ist, appelliert an die Leserschaft, ihn zu beurteilen, nimmt aber – überraschender Weise? – das Ende des Verbrechers in einer auktorialen *Vorausdeutung* vorweg, bevor dieser überhaupt vorgestellt wird: „er starb durch des Henkers Hand" (S. 8). Das könnte man als eine narrative Technik des „Erkaltens" bewerten – oder in neuerer Terminologie als eine *Spannungsvermeidung,* die unser Interesse nicht auf den sensationellen Ausgang, sondern auf den Verlauf des Falles und seine Ursachen richten soll.

Insgesamt bildet dieser erste Teil eine *integrierte Vorrede,* die auf begrifflicher Ebene sowohl inhaltliche Aspekte der nachfolgenden Erzählung wie auch deren Funktion in der Autor-Leser-Kommunikation anspricht. Damit wird die vom Titel nahegelegte Lesererwartung einer spektakulären Geschichte zunächst einmal nicht befriedigt, sondern hinausgeschoben (suspendiert!) und die folgende Geschichte somit zur konkreten Demonstration eines zuvor behaupteten allgemeinen Zusammenhangs. Mit anderen Worten: Sie wird auch strukturell als *Exempelgeschichte* präsentiert.

Ein *zweiter Teil* (S. 8-11), mit dem nun die eigentliche *Narration* beginnt, stellt zunächst den (negativen) Helden vor und erzählt sodann, in sechs Absätzen auf ca. drei Seiten die Kindheits- und Jugendgeschichte dieses *Christian Wolf*[46] als Vorgeschichte zum eigentlichen Konfliktfall. Die Erzählung folgt also zunächst eindeutig einem herkömmlichen biographischen Erzählmuster. Zugleich illustriert sie die vorher begrifflich entwickelte These über den Zusammenhang von Ich und Umwelt und

---

[46] In der historischen Realität war der Name des Übeltäters und späteren Sträflings Friedrich Schwan. Die Namensänderung dient gewiss nicht nur der Diskretion oder modern gesprochen dem Datenschutz; sie semantisiert sowohl den Vornamen wie den Nachnamen sehr bedeutsam: Der Mensch ist Geschöpf Gottes und hat zugleich eine animalische Seite. Die Fallgeschichte des armen Schwan hat der erwähnte Abel in ausführlicher Form im Jahr 1787 publiziert, möglicherweise als eine Art Replik auf die Erzählung seines ehemaligen Schülers. Beide Texte sind in einem Neudruck greifbar: Friedrich Schiller: Der Verbrecher aus verlorener Ehre; Jacob Friedrich Abel: Lebens-Geschichte Fridrich Schwans. Hrsg. v. Bernd Mahl, Stuttgart 1983.

ist insofern durchaus modern. Wolfs unvorteilhafte Erscheinung, sein mangelndes Selbstbewusstsein, familiäre Defizite und materielle Verelendung, Ablehnung durch die *peer group* und Zurückweisung in der erotischen Annäherung (ver)führen den jungen Mann zuletzt zu einer Beschaffungskriminalität eigener Art: Die Wilderei, juristisch gesehen der Diebstahl des dem Feudalherren gehörenden Wildes, wird von der Obrigkeit zwar streng verfolgt, gilt aber ähnlich wie der Holzdiebstahl im Volke als eine Form „honnett zu stehlen" (von frz. *honnête*, ehrenhaft) – als eine durch die erlittene Ausbeutung und Unterdrückung gewohnheitsrechtlich legitimierte Notwehraktion der armen Landbevölkerung.

Die gewählte Erzählform ist hier der *auktoriale*, meist parataktisch straff gegliederte *Bericht*, der in flottem Erzähltempo die wiederholten Wildfrevel und Bestrafungen Wolfs, sowie die damit verflochtene erotische Rivalität um das begehrte Mädchen, über drei Stufen (abwärts!) bis zur definitiven Strafe der Zwangsarbeit und der körperlichen Stigmatisierung mit dem Brandeisen zusammenfasst. Anschauliche Episoden, die Zurückweisung als Schweinehirt, mit starkem intertextuellem Bezug auf die biblische Parabel vom „Verlorenen Sohn" (Markus 15, V. 12-33), wechseln innerhalb des Erzählerberichts mit analytischen und kritischen Wertungen des Erzählers: „Die Richter sahen in das Buch der Gesetze, aber nicht *einer* in die Gemütsverfassung des Beklagten." (S. 11)

Mit dieser Strafe und ihren langfristig zerstörerischen Folgen befasst sich nun der deutlich längere *dritte Teil* (S. 11-25). Sein Beginn wird vom Erzähler als „neue Epoche in seinem Leben" auch auf der *histoire*-Ebene deutlich markiert, sodann erteilt er dem Protagonisten sogar das Wort (*discours!*) zu einer eingelegten *Ich-Erzählung* (also einer Erzählung zweiten Grades). Deren Zustandekommen und Wortlaut muss natürlich handlungsimmanent (als Schuldbekenntnis bzw. Geständnis) legitimiert bzw. erklärt werden: „ [...] man höre ihn selbst, wie er nachher gegen seinen geistlichen Beistand und vor Gericht bekannt hat!" (S.11) Dieser wichtige *Mittelteil* der eigentlichen Erzählung lässt sich wiederum relativ klar untergliedern, wobei die einzelnen Abschnitte durch Zäsuren der Handlung (*histoire*) wie auch durch explizite Hinweise bzw. durch Wechsel in der narrativen Präsentation (*discours*) markiert sind. Ich resümiere dies stichwortartig:

(1) S. 11 – 15: Rückblickender Bericht der Hauptfigur in *Ich-Form*: Entlassung aus der „Festung", Rückkehr in den Heimatort; Wolfs Geschenk wird von dem Knaben zurückgewiesen; er selbst weist die verelendete Hanne zurück (zwei Spiegelszenen). Die Erzählweise wechselt

innerhalb der Ich-Erzählung zwischen retrospektiv-analytischen und wertenden Sätzen – „Ich betrachtete mich als Märtyrer des natürlichen Rechts und als ein Schlachtopfer der Gesetze" (S. 12) – und eher szenischen Partien aus dem Blickwinkel des erlebenden Ich. Sie führen zu einem moralischen Tiefpunkt: „ich wollte Böses tun", und zwar nicht mehr aus der Not der Umstände, sondern „aus freier Wahl zu meinem Vergnügen" (S. 15), und schließlich zur Fortsetzung der Wilddieberei, zugleich auch zur symbolischen Auslöschung der Individualität in der Gesellschaft: „Mein Name war vergessen." (S. 15)

(2) S. 15 – 21: Nach einer *durativen* Überleitung („diese „Lebensart trieb ich mehrere Monate") folgt nun (S. 15) im *singulativen* Modus („eines Morgens" – „aber plötzlich") eine Szene, die ganz aus der Sicht des erlebenden Ich geschildert wird, und mehrfach in die Erzählzeit des dramatischen *Präsens* übergeht, das uns unmittelbares Miterleben suggeriert. Gleichzeitig wird das Erzähltempo wesentlich verlangsamt (Zeitlupen-Effekt), es kommt zu einem zeitdeckenden oder sogar -dehnenden Erzählen, einer Art von „Sekundenstil", wie wir ihn aus der modernen Literatur kennen. Dazwischen sind aber immer wieder retrospektive, quasi-auktoriale Sätze und Partien zu lesen, in denen der *Ich-Erzähler*, also der geständige Verbrecher, zum Psychologen oder Richter seiner selbst bzw. seines *erlebenden Ich* wird (was ihn letztlich als eine moralische Persönlichkeit ausweist und „rettet").

Das Leitmotiv der „Wahl" (philosophisch gesprochen: der Willensfreiheit unter allen Umständen) wird weitergeführt, im Folgenden aber auch durch das Motiv der „Hölle" bzw. des Teufels konterkariert. Eine Übergangspassage berichtet sodann von der Flucht und leitet zum nächsten, wieder klarer abgegrenzten Abschnitt über.

(3) S. 21-15: Die Konfrontation mit dem Räuberhauptmann beginnt mit dessen *Beschreibung* (immer noch aus Wolfs Sicht), die alle Klischees der zu Schillers Zeiten weit verbreiteten trivialen Räuberromane erfüllt[47], auch wenn sie heutige Leser/inn/en damit eher an den Räuber Hotzenplotz erinnern mag. Aber sie legt auch die Assoziation zum Teufel nahe und ist nach dem volkstümlich bekannten Muster des Teufelspaktes ge-

---

[47]   Zum Bestseller und Trendsetter in diesem Genre wurde wenige Jahre später der Roman *Rinaldo Rinaldini, der Räuberhauptmann* (1799) von Goethes späterem Schwager Christian August Vulpius. Nach einigen Fortsetzungen von Vulpius selbst, vielen Übersetzungen und Nachahmungen schaffte es dieser Stoff im 20. Jahrhundert bis auf die Filmleinwand (1927, mit Hans Albers) und sogar in eine Vorabendserie der ARD (1968).

staltet, der später in der literarischen Faust-Tradition von Goethe und anderen ausgestaltet wird (S. 21).

Es folgen zwei *szenische Abschnitte*, zwischen die eine kurze und *reflexive Berichtpassage* eingeschoben ist. Im ausführlichen *Dialog* mit dem Räuberhauptmann ergreift Wolf die Chance, in eine Gegenwelt einzutreten, in der die Umwertung aller Werte herrscht, so dass eben die (Un-) Taten, die ihn in der Welt dort oben um die Ehre, das heißt gesellschaftliche Anerkennung brachten, nun gerade umgekehrt „Ehre [für ihn] einlegen", ihm eine neue Reputation verschaffen, die sogar den Räuberhauptmann (psychologisch nicht besonders plausibel!) zum freiwilligen Rücktritt bringt.

Der kurze *Bericht* markiert eine weitere, ja die zentrale und scheinbar letzte *Entscheidungssituation* der ganzen Erzählung; hier steht der Zwang der Situation gegen die Freiheit des Willens. Der „Absturz eines Felsens" ist nicht nur topographisch, sondern auch moralisch ein „Abgrund", ja der „Abgrund der Hölle", wie Wolf selber assoziiert, der nun – wiederum selbstanalytisch – berichtet, dass er nach einem inneren Kampf „keine Wahl" mehr sieht und hinabsteigt.

Die folgende, ebenfalls kurze *Szene* bedient nach dem Motto ,Wein, Weib und Gesang' vor allem wieder die Klischees der zeitgenössischen Räuberromantik, und schließt mit dem lakonischen Satz: „ich war erklärter Eigentümer einer H*** und das Haupt einer Diebesbande." (S. 25)

Damit kommen wir zum *vierten Teil* (oder dritten narrativen Teil) des Textes. Überdeutlich, ja geradezu abrupt ist der *auktoriale Eingriff* des Erzählers am Beginn. *Er* übernimmt nun wieder das narrative Regiment, und zwar zunächst mir einer *Auslassung,* die ästhetisch-moralisch (als Abgrenzung gegen sensationelles Erzählen) begründet wird, sodann mit einem *auktorialen Vorgriff* (Aussage Wolfs auf der Folter[48]) und einer *durativen Zusammenfassung* des kriminellen Treibens („ein Jahr schon"), die auch Wolfs Enttäuschung und Abkehr vom Verbrecherleben und seinen erstaunlichen, aber sehr undramatisch erzählten Sinneswandel umfasst, der wiederum naturrechtlich und anthropologisch begründet wird. Christian Wolfs letzte verzweifelte Versuche zur Re-Integration scheitern.

Dass er in den Kriegsdienst „flüchten" und dort seine Ehre wiederherstellen (oder ehrenhaft umkommen) will, ist ein zeittypisches Thema.

---

[48] Mit der man also den bereits geständigen Verbrecher zu weiteren Geständnissen nötigen will!

Der Bezug auf den „Siebenjährigen Krieg" (S. 27) von 1756-63 und die „Werbung" von Freiwilligen bietet übrigens die einzige implizite und historische Datierung des erzählten Geschehens. Dass Wolfs Bemühung in Form eines *Dokuments*, seines Bittbriefes an den Landesherrn wiedergegeben wird, dürfte der Absicht des Autors dienen, Wolf trotz seines Vorlebens als eine „natürlich" (d. h. von Natur aus) urteilsfähige und selbstkritische Person, ein autonomes sittliches Subjekt erscheinen zu lassen. Dies wirkt hier als überraschende narrative Wendung, ist aber ein zentrales Motiv des aufklärerischen Denkens schlechthin, und verweist uns unmittelbar auf den letzten Abschnitt, die Schilderung von Flucht und Gefangennahme des „Sonnenwirts".

Sie wird aus naheliegenden Gründen als schnelle Handlungsfolge quasi-*dramatisch* ausgemalt und nun – in einem deutlichen Widerspruch zum Programm erzählerischer „Kälte" – durchaus *spannungssteigernd* „inszeniert". Die Konfrontation und Festsetzung des Flüchtlings durch den Torwächter wird noch vom Erzähler berichtet, seine „plötzliche Flucht", die auf seiner Fehleinschätzung der Situation beruht und als „Losung zum Aufstand" wirkt (S. 30), letztlich aber zu seiner Verfolgung und Festnahme führt, bringt ganz wörtlich Bewegung in die Erzählung, die nun *szenisch* zum Ende geführt wird. Ein erster *Dialog* mit dem Oberamtman führt zur Inhaftierung des Verdächtigen; die (kurz berichtete) Selbstbesinnung des Beamten, der schließlich auch dem Verdächtigen noch menschliche Würde zubilligt und ihm nun „mit Anstand und Mäßigung [...] begegnen" (S. 32) will, leitet zur Schluss-Szene über, in der sich beide Figuren zunächst als Kontrahenten gegenüber zu stehen scheinen. Tatsächlich geht es aber mehr um den „heftigen [inneren] Kampf" Christian Wolfs, in dem er „aus freier Wahl" beschließt, vor dem vertrauenswürdigen Alten ein Geständnis abzulegen, wodurch er sich unwiderruflich in die Hände der Justiz gibt – ein Geständnis, das der Form nach als Offenbarung seiner Identität sehr effektvoll auf den letzten Satz und das letzte Wort des Textes zugespitzt ist: „Ich bin der Sonnenwirt."

Dieser *Schluss* der Erzählung ist ambivalent: Er ist formal *offen*, insofern der weitere Fortgang, also das Strafverfahren gegen Wolf nicht mehr erzählt wird; und zugleich *geschlossen*, weil dieser Ausgang durch die früheren auktorialen Vorausdeutungen auf „Folter" und Hinrichtung bestimmt und bekannt ist. In philosophischer Sicht ist Wolfs freiwillige Selbstaufgabe die letzte ihm verbliebene, und in ihren Konsequenzen zugleich extremste Form, in der er seine Reintegration in die Gesellschaft erreichen kann, eben *als Schuldiger*, der seine unabänderliche Strafe als Sühne annimmt, sich dadurch aber noch in der physischen Vernichtung als sittliches Subjekt behaupten kann.[49]

Erzähltechnisches und thematisches Resümee

Versuchen wir ein vorläufiges Fazit unserer Beobachtungen zu ziehen. Der Autor Friedrich Schiller „baut" eine originelle Erzählform, die aus einem kürzeren erörternden Teil und einem sehr viel längeren, in sich mehrfach gegliederten narrativen Teil besteht. Die erzählte Geschichte wird als konkreter Fall (im Doppelsinn!) zur vorher aufgestellten Behauptung präsentiert. Sie wird deshalb auch im Untertitel als „wahre Geschichte" ausgewiesen, was zunächst ihre *faktuale* (dokumentarische) Qualität zu bezeichnen scheint. Tatsächlich werden aber nur die Grundzüge der *histoire* aus dem überlieferten authentischen Fall übernommen; in der erzählerischen Darbietung werden jedoch neben einzelnen Verweisen auf die Quellen massive Techniken der *Fiktionalisierung ve*rwendet. Dabei ist vor allem an die Ausgestaltung der Szenen mit dem Räuberhauptmann, aber auch an die Dialoge mit dem Oberamtmann zu denken, deren Wortlaut ja keineswegs verbürgt ist. Es liegt nahe, dies aus dem Bestreben nach Plastizität des Geschehens zu erklären, das dem Dramatiker Schiller gewissermaßen im Blut liegt. (Eine andere, soeben schon angesprochen Frage wäre, ob solche Techniken, wie auch die fast filmische Zeitlupentechnik der Mordszene, sich mit dem Programm eines „kalten" Erzählens vertragen.)

Insgesamt folgt der Handlungsverlauf des narrativen Teils einem *biographischen* Muster, was zum Teil aus der prägenden Rolle der Kindheits- und Jugendgeschichte für Wolfs späteres Leben zu erklären ist. Unter der biographischen Erzählung sind aber zumindest einige Elemente des bekannten *Abenteuerschemas* zu erkennen (Held contra Gegenspieler; Folge von Kampf- oder Abenteuerszenen usw.). Auffällig und besonders bemerkenswert sind einige *Auslassungen;* insbesondere wird das ab-

---

[49] Dies entspricht durchaus der Auffassung einer idealistischen Rechtsphilosophie, wie sie wenige Jahre später etwa G. W. F. Hegel entwickelt hat, wenn er scheinbar paradox formuliert: „Es widerfährt dem Verbrecher sein eigenes Recht in der Strafe." (Georg Wilhelm Friedrich Hegel: Philosophie des Rechts. Die Vorlesung von 1819/20 in einer Nachschrift. Hrsg. v. Dieter Henrich, Frankfurt a. M.1983, S. 87f.)

schließende juristische Verfahren bis zur Hinrichtung, das an sich deftigen Stoff für ein populäres und sensationsorientiertes Erzählen bieten,
ausgeblendet und nur durch zwei frühe Vorausdeutungen („Henker";
„Folter") antizipiert.

In der Durchführung der biographischen Erzählung ist weiterhin ein
mehrfacher Wechsel der *Erzählweisen* bzw. *Erzählperspektiven* auffällig.
Der auktoriale Erzählerbericht wird streckenweise von *Ich-Erzählung* unterbrochen, die eine unmittelbare Anteilnahme der Leser an der inneren
Dynamik des Helden, seinen Kämpfen und Entschlüssen ermöglicht. Ihnen wird damit gewiss keine Identifikation, aber doch eine große Nähe zu
dieser Figur ermöglicht. Damit wird dann auch das Postulat der Vorrede
eingelöst, den Helden nicht nur durch seine Tat, sondern auch in seinen
Motiven kennen zu lernen. Allerdings ist in diesen Partien stets auch das
erzählende Ich zu vernehmen, das über die eigene Vergangenheit zu urteilen vermag. In den Räuber- und den Schluss-Szenen hingegen werden
szenische, quasi-dramatische Effekte, besonders im Dialogaufbau erreicht.
Schiller verzichtet also keineswegs, wie man nach seiner Vorrede vermuten
könnte, auf bewährte erzählerische Techniken der Intensivierung und des
Spannungsaufbaus. Und schließlich ist es, angesichts von Schillers bevorzugter Dichtungsgattung, auch nicht völlig abwegig, den Verlauf der
Handlung als Analogie zu einer fünf- oder dreigliedrigen Dramenstruktur
zu sehen (Exposition, Peripetie, Katastrophe). Eine kritische Einschätzung
von Programmatik und Durchführung der Erzählung, wie sie etwa im
Schiller-Handbuch zu finden ist, hat also einige Argumente für sich: „Schiller fordert nur theoretisch eine Sprödigkeit, der seine auf Spannung und
Wirkung kalkulierte [...] Geschichte nicht entspricht."[50]

Blicken wir auf die *inhaltlichen* Aspekte und damit auf die Einsichten
bzw. Thesen, die der Autor/Erzähler in der Vorrede entwickelt hat und
im Erzählteil veranschaulichen will, so lassen sich zwei verschiedene
Linien verfolgen.

Zum einen betont die Erzählung, wie explizit angekündigt, im Lebenslauf des Christian Wolf von Anfang an die negative Wechselwirkung
seiner natürlichen Anlagen, insbesondere seiner „Begehrungskraft", und
der veränderlichen Umstände, also seiner psychosozialen Umwelt, die
ihn ganz im Sinne neuerer Theorien des abweichenden Verhaltens (De

---

[50] Alexander Košenina: Verbrecher aus Infamie. Eine wahre Geschichte (1786) / Der
Verbrecher aus Verlorener Ehre (1792), in: Matthias Luserke-Jacqui (Hrsg.): Schiller-
Handbuch, Stuttgart/Weimar 2005, S. 311.

vianz) immer weiter in seine kriminelle Karriere hineintreiben. Dabei wird neben der vielfältigen Missachtung und Zurückweisung durch die soziale Umwelt besonders die borniert und grausame Praxis der Rechtsprechung und des Strafvollzugs verantwortlich gemacht und kritisiert, die in deutschen Ländern noch weit hinter den Standards in fortgeschrittenen Staaten wie England zurückgeblieben waren. Jenseits dieser zeitgebundenen Aspekte liegt in den grundsätzlichen Fragen der *Kriminalitätsgenese* und der *Justizkritik*, die Schiller berührt, aber auch ein Grund für das fortdauernde Interesse an seiner Erzählung bzw. eine Möglichkeit ihrer didaktischen Aktualisierung.

Dies wird übrigens aus Sicht der heutigen Rechtswissenschaft bekräftigt. So schreibt beispielsweise Jutta Limbach, ehemalige Präsidentin des Bundesverfassungsgerichts, Schillers Erzählung „belege eindrucksvoll, wie weit Schiller dem kriminologischen Denken seiner Zeit voraus war. Unter dem Stichwort Seelenlehre nimmt er spätere Einsichten der Entwicklungs- und Sozialpsychologie, der Kriminologie und der Rechtsphilosophie vorweg. [...] Schiller formuliert in jener Erzählung Thesen über die Entstehung von Kriminalität, die vor der heutigen empirischen Forschung Bestand haben. Wir Heutigen wissen, dass soziale Herkunft, ökonomische und gesellschaftliche Benachteiligung mitursächlich für strafbares Verhalten sein können. Zu unserem Erfahrungsschatz gehört vor allem das Wissen über die die Kriminalität fördernde Wirkung des Strafvollzugs: Die inzwischen abgeschafften Zuchthäuser waren weniger Orte der Sühne als vielmehr Brutstätten des Verbrechens.“[51]

Zum anderen aber wird, im Verlauf der Geschichte deutlich zunehmend, eine Dialektik zwischen diesem Sog in die Kriminalität und dem *freien Willen* bzw. der Selbstverantwortlichkeit des (und gerade auch *dieses*) Menschen entfaltet. An fast allen Einschnitten und Wendepunkten seines Weges sehen wir ihn in Situationen der „Wahl“, der existentiellen Entscheidung. Mehrfach trifft er, unter dem Druck seiner bisherigen Erfahrungen, dabei noch die „schlechtere“ Wahl; erst in der Schluss-Szene gelingt es ihm, durch seine letzte „Wahl“ – und um den Preis von Leib und Leben – sich als autonomes Subjekt wieder in den gesetzlichen und moralischen Rahmen der Gesellschaft einzugliedern, also über sein schlechteres Ich zu triumphieren.

---

[51] Jutta Limbach: Friedrich Schillers Seelenkunde vom Verbrechen, in: Walter Hinderer (Hrsg.): Friedrich Schiller und der Weg in die Moderne, Würzburg 2006, S. 221-225, hier S. 221.

Damit scheint Schillers Erzählung zwei *verschiedene Intentionen* zu verfolgen: einmal die Kritik an den sozialen Umständen und besonders an einer unmenschlichen, spätfeudalistischen Rechtspraxis, für die Wolfs Fall das Exempel abgeben muss; zum anderen aber die Verherrlichung des sittlichen Bewusstseins, das auch im Verbrecher wirksam ist, der sich schließlich aus freiem Willen den Gesetzen fügt, die ihn zuvor gequält und zerstört haben. Inwiefern diese Intentionen bzw. Diskurse tatsächlich vereinbar sind oder ob sie nicht vielmehr in Widerspruch zueinander stehen, wäre sicherlich eine gründliche Überlegung wert.[52]

Die frühe „Criminal"-Geschichte im literarischen Feld

Dieser Frage können wir genauer nachgehen, wenn wir unsere Erzählanalyse *literaturgeschichtlich* ein wenig vertiefen und damit auch Schiller Projekt historisch kontextualisieren. Dafür greife ich auf den Begriff des *literarischen Feldes* zurück, den der französische Soziologe Pierr Bourdieu eingeführt hat. Er begreift, ganz grob gesagt, den (modernen) literarischen Betrieb als ein Spielfeld (oder einen Kampfplatz), auf dem verschiedene Ideen, literarische Strömungen, Autoren (die ihrerseits soziale Gruppen repräsentieren können), sonstige Interessenten (wie Verleger, Kritiker, Verbände) und nicht zuletzt die literarischen Werke selbst um Raum, um Anerkennung, um symbolischen und ökonomischen Erfolg konkurrieren. Dieses Feld ist natürlich starken historischen Wandlungen unterworfen.

Für Schiller und seine Zeit (über die Bourdieu *nicht* spricht) ist zu bedenken, das sich zu eben dieser Zeit in Deutschland ein „modernes", das heißt marktwirtschaftlich strukturiertes Feld oder System erst durchzusetzen beginnt. Schiller selbst erlebt die Konsequenzen dieser Situation sehr konkret in seinem bereits erwähnten Existenzgründungsversuch als „freier", das heißt ungesicherter Schriftsteller (ganz im Gegensatz zu seinem späteren Freund, dem Staatsminister von Goethe, der aber dennoch über den Literaturbetrieb klagte). Insofern ist Schillers *Verbrecher* konsequenterweise für die florierende Zeitschrift eines zahlungskräftigen Verlegers bestimmt. Ein zweiter, ähnlicher Versuch, die abenteuerli-

---

[52]   Vgl. Roswitha Jacobsen: Die Entscheidung zur Sittlichkeit. Friedrich Schiller: „Der Verbrecher aus verlorener Ehre (1786), in: Winfried Freund (Hrsg.): Deutsche Novellen. Von der Klassik bis zur Gegenwart. 2. Aufl. München 1998, S. 15-25, besonders S. 24f.

che Fortsetzungsgeschichte *Der Geisterseher* (1787-89) verspricht sogar ein echter Publikumserfolg zu werden, dennoch verliert Schiller die Lust daran und lässt sie unvollendet.[53]

Insgesamt nimmt er eine sehr ambivalente, ja gespaltene Haltung zur populären und „spannenden" oder auch „rührenden" Erzählliteratur ein. Einerseits sieht er sie, durchaus marktstrategisch, nicht nur als Verdienstmöglichkeit („ökonomisches Kapital" im Sinne von Bourdieu), sondern auch als geeignetes Medium zur Verbreitung seiner philosophischen, anthropologischen und volkserzieherischen Ideen. Das führt er im gleichen Jahr 1792, in dem der *Verbrecher* wieder erscheint, auch theoretisch aus, und zwar in der *Vorrede* zum *Deutschen Pitaval*, einem Sammelwerk mit Darstellungen spektakulärer Justizfälle (vgl. den Text im Anhang).

Andererseits aber äußert Schiller sich immer wieder, und vermutlich nicht ganz ohne Neid, sehr abschätzig über die erfolgreiche Trivialliteratur seiner Zeit, ihre Autor/inn/en und Leser/inn/en. Letztlich aber dürfte er sich wohl von seinen großen dramatischen Projekten, zu den ihn auch sein künstlerisches Temperament trieb, sehr viel mehr „kulturelles und symbolisches Kapital" (Bourdieu) versprochen haben – was seine Wirkungsgeschichte insgesamt dann ja auch bestätigt hat.

Schiller hat also den Versuch einer eigenständigen Form populärer Erzählliteratur mit aufklärerischem Impetus nicht weiter verfolgt. Schade eigentlich. Denn schon an diesem einzigen Beispiel des *Verbrechers* kann man in Umrissen sehen, wie ein solches Genre sich im literarischen Feld der Zeit positioniert hätte. Schillers Anspruch geht ja dahin, seine Verbrechergeschichte eben nicht am reproduktiven Pol dieses Feldes anzusiedeln, wo mit der Wiederholung beliebter Themen und Formen ein billiger Publikumserfolg und „ökonomisches Kapital" zu erzielen ist. Aber natürlich kann sie auch nicht am entgegengesetzten Pol der „reinen Kunst", der Ideen und ästhetischen Innovationen platziert werden. Es geht also um eine „mittlere" Position zwischen narrativer Spannung und reflexiver Aufklärung, zwischen blutigem Massengeschmack und philosophischen oder auch sozialkritischen Ideen. Eine solche Position lässt sich aber ganz gut in der Abgrenzung bzw. Weiterentwicklung verschiedener anderer Positionen des am Ende des 18. Jahrhunderts gegebenen literarischen Feldes gewinnen. Hier sollen einige von ihnen etwas näher betrachtet werden.

---

[53] Ausführlicher dazu Götz-Lothar Darsow: Friedrich Schiller, Stuttgart/Weimar 2000, S. 73-79.

Aus Traditionen der frühen Neuzeit stammen *erstens* die so genannten *Historischen Relationen* (Mitteilungen, Berichte) über Katastrophen, Kriegsgeschehen und eben auch Verbrechen aller Art, vorzugs-
weise gewalttätig, sensationell, bisweilen auch ins Phantastische
abschweifend und in ihren sprachlichen und erzählerischen Mitteln
plump und deftig. Solch blutrünstige Geschichten finden natürlich
immer noch ein breites Interesse, werden aber doch zunehmend als
veraltet empfunden, weil sie dem sozialen Wandel, den aufklärerischen
Ideen und der allmählichen Modernisierung des Rechtswesens (oder
zumindest der Forderung danach!), und schließlich auch einem ver-
nünftig und empfindsam geprägten Literaturgeschmack nicht mehr
entsprechen. Dem Erzähler Schiller dienen sie hauptsächlich als *Kont-
rastfolie*. Gegen sie dürften auch die programmatischen Überlegungen
zum Darstellungsstil in seiner Vorrede gerichtet sein. Er selbst schafft
einen Gegenentwurf, indem er gerade solche Abschnitte auslässt (und
mit entsprechendem Kommentar versieht), die dort herausgestellt werden und faszinieren sollen, also das gewalttätige Verbrechen selbst, aber
auch Folterung, Hinrichtung oder sonst gewaltsame und öffentliche
Bestrafung des Missetäters. Auch Schiller *Titelformulierung* demonstriert die Umkehrung des traditionellen Musters: In den Relationen
waren Titel wie *Mörder aus Habgier* üblich. Schiller benutzt zwar die
gleiche grammatische Struktur mit der *kausalen* Präposition „aus“;
aber er verändert die Richtung der Argumentation, indem nicht eine
Eigenschaft des Verbrechers zur Begründung herangezogen wird, sondern sein von anderen verursachter Zustand: Er hat die Ehre „verloren“,
weil man sie ihm *abgesprochen* hat.[54]

Eine *zweite* und insgesamt wichtigere literarische Form und Tradition
stellen die Schriften des französischen Juristen und Schriftstellers Fran-
çois Gayot de Pitaval dar. Sie sind so populär, dass „*der Pitaval*“ bis ins
19. und 20. Jahrhundert hinein zu einer Gattungsbezeichnung für spektakuläre Fallgeschichten und Prozessberichte wird. Pitavals eigene
Sammlung *Causes célèbres et intéressantes* (Berühmte und interessante

---

[54]   In diesem Zusammenhang ist wohl auch die Titeländerung der zweiten Fassung zu
verstehen. Der Begriff Infamie bedeutet im Sprachgebrauch des 18. Jahrhunderts den
„rechtsförmig ausgesprochenen Ehrverlust“, ist also ein juristischer Fachbegriff. Im
heutigen Sprachgebrauch hat die *Infamie* (und entsprechend das Adjektiv *infam*) in
der Bedeutung Boshaftigkeit oder Hinterlist überlebt. Möglicherweise hat Schiller
schon diese Mehrdeutigkeit des Begriffs vermeiden wollen.

Rechtsfälle[55]) erschien in 20 Bänden von 1734 bis 1743 und fand in ganz Europa begeisterte Leser und vielfache Nachahmung. Die Darstellungen folgen authentischen Kriminalfällen und Strafprozessen, die in allen Einzelheiten ausgebreitet und fortlaufend juristisch kommentiert werden. Neben dem sensationellen Erzählstoff tragen auch diese Erörterungen zum Erfolg bei; in ihnen spiegelt sich ein epochales Interesse an Rechtsfragen und die aufklärerische Zuversicht, mit Hilfe des „Polizeywesens" Recht und Ordnung in einer gewalttätigen und oft geheimnisvollen Welt zu etablieren, ohne sie feudalabsolutistischer Willkür zu überlassen. Für eine spätere deutsche Übersetzung, die 1792 von Friedrich Immanuel Niethammer herausgegeben wird, verfasst Schiller dann, wie oben schon erwähnt, eine empfehlende *Vorrede,* die auf Überlegungen der *Verbrecher*-Vorrede zurückgreift bzw. sie weiterführt und modifiziert, indem sie die Einsicht des Schriftstellers und die „Divinationsgabe des Lesers" über die „Zweifelhaftigkeit" des richterlichen Urteils stellt (vgl. den Text im Anhang).

Im Vergleich zu den ausführlichen Fallgeschichten der Pitaval-Tradition besticht Schillers *Verbrecher* durch die knappe, effektvolle und auf wenige Grundprobleme oder Widersprüche zugespitzte Erzählform, die dem Sinn des Autors für den literarischen Mark nicht weniger verdankt als dem für das menschliche Herz – und den heutigen Leser denn doch bedauern lässt, dass Schiller diese Linie seiner literarischen Produktion nicht weitergeführt hat!

Mit seinen psychologischen und anthropologischen Überlegungen geht Schiller somit über alle möglichen Mitbewerber im literarischen Feld hinaus. Aber er ist dennoch – *drittens* – nicht ganz einzigartig. Zu erwähnen sind etwa die Kriminalgeschichten des Juristen August Gottlieb Meißner, die seit den späten 1770er Jahren gedruckt und von Schiller geschätzt wurden. Im Jahr 1784 erscheint etwa eine Geschichte, die zumindest in der Titelkonstruktion mit Schillers Erzählung parallel geht: *Ein Räuber, weil die menschliche Gesellschaft ohne Schuld ihn ausstieß.*[56]

Am nächsten steht Schillers Absichten und seiner literarischen Praxis im *Verbrecher aus verlorener Ehre* aber *viertens* sicherlich das Konzept,

---

55 Die erste deutsche Übersetzung trug den Titel *Erzählung sonderbarer Rechtshändel samt deren gerichtlichen Entscheidung* und wurde bereits 1742 in Leipzig gedruckt.

56 Hinweis auf Meißner im Schiller-Handbuch, S. 307. – Eine Neuausgabe ist greifbar: August Gottlieb Meißner: Ausgewählte Kriminalgeschichten. Hrsg. v. Alexander Košenina, St. Ingbert 2003.

das ungefähr gleichzeitig unter dem Namen *Erfahrungsseelenkunde* (modern formuliert: empirische Psychologie) Gestalt annimmt und dessen Hauptvertreter der Gelehrte und Schriftsteller Karl Philipp Moritz (1756-1793) ist, der unter anderem auch mit Goethe in Verbindung steht. Sein großes Projekt ist das *Magazin einer Erfahrungs-Seelenkunde* (1782-1793), eine gigantische Dokumentation „merkwürdiger" Lebensläufe, insbesondere auch „der Missetäter und Selbstmörder", sowie anderer Aufzeichnungen und Dokumente, die (ganz im Sinne von Schillers Vorrede!) geeignet sein könnten, Einsicht in das Räderwerk der menschlichen Psyche zu geben.

An diesem Projekt hat Moritz jahrelang gearbeitet und muss damit zweifellos unter die „feineren Menschenforscher" und die Vorläufer der modernen wissenschaftlichen Psychologie gerechnet werden. Das *Magazin* ist heute freilich nur noch Spezialisten bekannt; in der Literaturgeschichte der Goethezeit hat Moritz jedoch einen prominenten Platz – nicht nur weil er Herrn von Goethe 1786/88 in Rom geholfen hatte, dessen *Iphigenie auf Tauris* aus der Prosafassung in klassische Verse zu übertragen. Wichtig ist Moritz vor allem als Verfasser des vierteiligen, stark autobiographisch geprägten Romans *Anton Reiser* (1785-1790), mit dem er die Gattung des *psychologischen Romans* in Deutschland begründet hat, und der bis heute eine fesselnde, wenn auch nicht sehr fröhliche Lektüre ist. Bei einem Besuch in Jena im Jahre 1788 drückt Moritz dann Schiller gegenüber seine Hochschätzung des *Verbrechers aus verlorener Ehre* aus, in dem er „ähnliche Empfindungsarten" wie in seinen eigenen Projekten erkennt.

In der Folgezeit und bis ins 20. Jahrhundert hinein findet Schiller Kriminalgeschichte nur hin und wieder Interesse und Erwähnung und steht definitiv im Schatten des Dramenwerks, der ästhetisch-philosophischen Schriften und der populären Balladen. Erst in den 1970er Jahren wendet sich die Literaturwissenschaft intensiver der Erzählung zu, zweifellos auch unter dem Eindruck ihrer aktuellen oder mindestens aktualisierbaren Fragestellungen und Argumente. Der angesehenste deutsche Autor und populärste Erzähler jener Zeit, Heinrich Böll, hat eine solche anspruchsvolle Aktualisierung betrieben, indem er seine politische und literarische Auseinandersetzung mit Terrorismus und Medienmanipulation im Jahr 1974 unter den intertextuell ‚schillernden' Titel *Die verlorene Ehre der Katharina Blum* stellte, durch den Untertitel *Wie Gewalt entsteht und wohin sie führen kann* sein Erkenntnisziel und seine Autorintention geradezu didaktisch deutlich machte und schließlich mit dem enormen Erfolg dieser novellistischen Erzählung auch wieder Interesse auf Schillers „wahre Geschichte" lenkte.[57]

Arbeitsvorschlag

Analysieren und diskutieren Sie die Argumente, die Schiller im nachfolgenden Text für die literarische Behandlung und Darstellung des Verbrechens vorbringt. Können sie Ihrer Meinung nach auch für die moderne Kriminalliteratur gelten?

Merkwürdige Rechtsfälle als ein Beitrag zur Geschichte der Menschheit. Nach dem Französischen Werk des Pitaval.

VORREDE

Unter derjenigen Klasse von Schriften, welche eigentlich dazu bestimmt ist, durch die Lesegesellschaften ihren Zirkel zu machen, finden sich, wie man allgemein klagt, so gar wenige, bei denen sich entweder der Kopf oder das Herz der Leser gebessert fände. Das immer allgemeiner werdende Bedürfnis zu lesen, auch bei denjenigen Volksklassen, zu deren Geistesbildung von Seiten des Staats so wenig geschehen pflegt, anstatt von guten Schriftstellern zu edleren Zwecken benutzt zu werden, wird vielmehr noch immer von mittelmäßigen Skribenten und gewinnsüchtigen Verlegern dazu gemißbraucht, ihre schlechte Ware, wärs auch auf Unkosten aller Volkskultur und Sittlichkeit, in Umlauf zu bringen. Noch immer sind es geistlose, Geschmack- und Sittenverderbende Romane, dramatisierte Geschichten, sogenannte Schriften für Damen und dergleichen, welche den besten Schatz der Lesebibliotheken ausmachen und den kleinen Rest gesunder Grundsätze, den unsre Theaterdichter noch verschonten, vollends zu Grund richten. Wenn man den Ursachen nachgeht, welche den Geschmack an diesen Geburten der Mittelmäßigkeit unterhalten, so findet man ihn in dem allgemeinen Hang der Menschen zu leidenschaftlichen und verwickelten Situation gegründet, Eigenschaften, woran es oft den schlechtesten Produkten am wenigsten fehlt. Aber derselbe Hang, der das Schädliche in Schuz nimmt, warum sollte man ihn nicht für einen rühmlichen Zweck nutzen können?

---

[57] Vgl. dazu Jochen Vogt: Heinrich Böll, München 1987, S. 120-136.

Kein geringer Gewinn wäre es für die Wahrheit, wenn bessere Schriftsteller sich herablassen möchten, den Schlechtern die Kunstgriffe abzusehen, wodurch sie sich Leser erwerben, und zum Vorteil der guten Sache davon Gebrauch zu machen.

Bis dieses allgemeiner in Ausübung gebracht, oder bis unser Publikum kultiviert genug sein wird, um das Wahre, Schöne und Gute ohne fremden Zusatz für sich selbst lieb zu gewinnen, ist es an einem unterhaltenden Buch schon Verdienst genug, wenn es seinen Zweck ohne die schädlichen Folgen erreicht, womit man bei den mehresten Schriften dieser Gattung das geringe Maaß der Unterhaltung, die sie gewähren, erkaufen muß. Es verdrängt wenigstens, so lang es gelesen wird, ein schlimmeres, und, enthält es dann irgend noch eine Realität für den Verstand, streut es den Saamen nützlicher Kenntnisse aus, dient es dazu, das Nachdenken des Lesers auf würdige Zwecke zu richten, so kann ihm, unter der Gattung, wozu es gehört, der Wert nicht abgesprochen werden.

Von dieser Art ist das gegenwärtige Werk, für dessen Brauchbarkeit ich veranlaßt worden bin, ein öffentliches Zeugniß abzulegen, und ich glaube keine andre Gründe nöthig zu haben, um die Herausgabe desselben zu rechtfertigen. Man findet in demselben eine Auswahl *gerichtlicher Fälle*, welche sich an Interesse der Handlung, an künstlicher Verwicklung und Mannigfaltigkeit der Gegenstände bis zum Roman erheben, und dabei noch den Vorzug der historischen Wahrheit voraus haben. Man erblickt hier den Menschen in den verwickeltesten Lagen, welche die ganze Erwartung spannen, und deren Auflösung der Divinationsgabe des Lesers eine angenehme Beschäftigung gibt. Das geheime Spiel der Leidenschaft entfaltet sich hier vor unsern Augen, und über die verborgenen Gänge der Intrige, über die Machinationen des *geistlichen* sowohl als *weltlichen* Betruges wird mancher Strahl der Wahrheit verbreitet. Triebfedern, welche sich im gewöhnlichen Leben dem Auge des Beobachters verstecken, treten bei solchen Anlässen, wo Leben, Freiheit und Eigentum auf dem Spiele steht, sichtbarer hervor, und so ist der Kriminalrichter im Stande, tiefere Blicke in das Menschen-Herz zu tun. Dazu kommt, daß der umständlichere Rechtsgang die geheimen Bewegursachen menschlicher Handlungen weit mehr ins Klare zu bringen fähig ist, als es sonst geschieht, und wenn die vollständigste Geschichtserzählung uns über die letzten Gründe einer Begebenheit, über die wahren Motive der handelnden Spieler oft genug unbefriedigt läßt, so enthüllt uns oft ein Kriminalprozeß das Innerste der Gedanken und bringt das versteckteste Gewebe der Bosheit an den Tag. Dieser wichtiger Gewinn für Menschenkenntnis und Menschenbehandlung, für sich selbst schon erheblich genug, um diesem Werk zu einer hinlänglichen Empfehlungen zu dienen, wird um ein Großes noch durch die vielen *Rechtskenntnisse* erhöht, die darin ausgestreut werden, und die durch die Individualität des Falls, auf den man sie angewendet sieht, Klarheit und Interesse erhalten.

Die Unterhaltung, welche diese Rechtsfälle schon durch ihren Inhalt gewähren, wird bei vielen noch mehr durch die Behandlung erhöht. Ihre Verfasser haben, wo es anging, dafür gesorgt, die Zweifelhaftigkeit der Entscheidung, welche oft den Richter in Verlegenheit setzte, auch dem Leser mitzuteilen, indem sie für beide entgegengesetzte Parteien gleiche Sorgfalt und gleich große Kunst aufbieten, die letzte Entwickelung zu verstecken, und dadurch die Erwartung aufs höchste zu treiben.

Eine treue Übersetzung der Pitavalischen Rechtsfälle ist bereits in derselben Verlagshandlung erschienen und bis zum vierten Bande fortgeführt worden. Aber der erweiterte Zweck dieses Werks macht eine veränderte Behandlung notwendig. Da man bei dieser neuen Einkleidung auf das größere Publikum vorzüglich Rücksicht nahm; so würde es zweckwidrig gewesen sein, bei dem juristischen Teil dieselbe Ausführlichkeit beizubehalten, die das Original für Rechtsverständige vorzüglich brauchbar macht. Durch die Abkürzungen, die es unter den Händen des neuen Übersetzers erlitten, gewann die Erzählung schon an Interesse ohne deswegen an Vollständigkeit etwas einzubüßen.

Eine Auswahl der *Pitavalischen* Rechtsfälle dürfte durch drei bis vier Bände fortlaufen, alsdann aber ist man gesonnen, auch von andern Schriftstellern und aus andern Nationen (besonders wo es sein kann, aus unserm Vaterland) wichtige Rechtsfälle aufzunehmen, und dadurch allmählig diese Sammlung zu einem vollständigen Magazin für diese Gattung zu erheben. Der Grad der Vollkommenheit, den sie erreichen soll, beruht nunmehr auf der Unterstützung des Publikums, und der Aufnahme, welche diesem ersten Versuch widerfahren wird. Jena in der Ostermesse 1792. *F. Schiller*

Aus: Friedrich Schiller. Werke und Briefe. Hrsg. v. Otto Dann u. a., Bd. 7: Historische Schriften und Erzählungen II, Frankfurt a. M. 2002, S. 449-452.

6. Die schönste Geschichte von der Welt

Johann Peter Hebels Kalendergeschichte „Unverhofftes Wiedersehen" (1811)

Der nächste Text, den wir analysieren wollen, ist bei all seiner Kürze und Unscheinbarkeit einer der berühmtesten in der deutschen Literatur überhaupt. Obwohl er ursprünglich an ein breites, zum Teil nicht einmal lesekundiges Publikum gerichtet war, hat er die Bewunderung von Zeitgenossen des Autors, wie etwa Johann Wolfgang von Goethe, und späteren Lesern wie Franz Kafka oder Bertolt Brecht gefunden. Nachfolgend soll zunächst die Bauform des Textes herausgearbeitet werden, wobei uns in erster Linie das Zeitgerüst der Erzählung, die Verwendung von Symbolen und Leitmotiven interessieren soll. Darauf aufbauend lassen sich schließlich verschiedene Ansätze bzw. Perspektiven der Interpretation dieses kleinen Kunstwerks verfolgen, die jeweils unterschiedliche Weltdeutungen zum Ausdruck bringen.

Ein populärer Klassiker

Es dürfte aber auch in diesem Fall hilfreich sein, sich zunächst mit dem Autor und den Umständen zu befassen, unter denen sein Text entstand und publiziert wurde.[58] Johann Peter Hebel, geboren 1760 in Basel und aufgewachsen im badischen Schwarzwald, war studierter Theologe und Generationsgenosse der Weimarer Klassiker, nur ein Jahr jünger als der Schwabe Friedrich Schiller, auch Zeitgenosse der jüngeren Romantiker, Hölderlins und Kleists. Von ihnen allen unterschied er sich dadurch, dass er sich nicht zuerst als „Dichter" verstand; auch die zeitgenössische Genieästhetik oder der Gedanke der Kunstautonomie dürften ihm fremd gewesen sein. Er übte einen aufzehrenden Hauptberuf aus, nur kurze Zeit als Gemeindepfarrer, dann als Direktor des Gymnasiums in der großherzoglich-badischen Residenzstadt Carlsruhe, dann als Prälat, in heutiger Terminologie: als Landesbischof der evangelisch-reformierten Kirche und Mitglied des Landtages. Johann Peter Hebel war ein bescheidener, auch selbstironischer Gelegenheitsdichter und Gebrauchsautor – ein „Nebenerwerbsschriftsteller" – und ist dennoch zum Klassiker ganz eigener Art, zu einem „Genie der Popularität" geworden.

---

[58] Vgl. zusätzlich: Hannelore Schlaffer (Hrsg.): Johann Peter Hebel: Schatzkästlein des rheinischen Hausfreundes. Ein Werk in seiner Zeit, Tübingen 1980. Darin: S. 245-371; sowie: Heide Helwig: Johann Peter Hebel. Eine Biografie, München 2010.

Schon seine *Allemannischen Gedichte* (1803) hatten ihm in ihrer Mischung aus Exotik und Naivität, Schwarzwälder Dialekt und griechischem Versmaß (Hexameter) die überraschende Bewunderung vieler prominenter Leser, darunter vor allem Goethes eingebracht, der selbst eine lobende Kritik verfasst. Und nachdem Hebels einzige Sammlung von Prosastücken, das *Schatzkästlein des Rheinischen Hausfreunds* 1810 erschienen war, berichtet Schillers Witwe Charlotte ihrem Sohn Karl von einem geselligen Weimarer Leseabend: „Die Geschichte von dem Bergmann in Falun hat uns der Geheimrath Goethe in einer Gesellschaft vorgelesen. Wir haben alle geweint. So rührend hat er es mit seiner schönen Stimme gelesen. Er sagt: es sei die erste [d.h. die beste, J.V.] Geschichte in allen 42 Taschenbüchern, die in dieser Messe erschienen sind." (23. 11. 1810)

Und der Herr Geheimrat stand nicht allein: In der Bewunderung für diesen Text und seinen Verfasser waren sich, zu Goethes Zeiten und bis ins 20. Jahrhundert, viele Große einig, die sonst nicht viel gemeinsam hatten: Goethe, Jean Paul und Ludwig Tieck zum Beispiel, Hugo von Hofmannsthal und Franz Kafka, Bertolt Brecht und Elias Canetti, Martin Heidegger und Ernst Bloch, Paul Celan und Heinrich Böll. Zugleich war oder wurde das *Schatzkästlein* nicht nur ein kanonischer, sondern auch ein wirklich populärer Titel. In zahllosen, oft genug willkürlich veränderten Fassungen und Ausgaben war und ist es im Umlauf und hat immer wieder auch literaturferne Leser und Leserinnen erreicht. Viele Texte daraus wurden seit 150 Jahren in deutschen Lesebüchern abgedruckt, auch in viele Sprachen übersetzt und haben, vergleichbar vielleicht mit den Märchen der Brüder Grimm, auf ihre Weise Grenzen überwunden und historische Brüche überstanden.

Aber das *Schatzkästlein,* das der Tübinger Verleger Cotta herausgebracht hatte, bei dem immerhin auch die Werke von Goethe und Schiller erschienen, war eigentlich nur die Zweitverwertung (wie man heute sagen würde) von Hebels Geschichten. Denn ursprünglich wurden alle 128 Texte, die in der aktuellen Ausgabe[59] enthalten sind, für den badischen Kalender verfasst. Das soll ein wenig genauer, und zwar mediengeschichtlich erläutert werden.

Denn der *Kalender* ist nichts anderes als ein *frühes Massenmedium.* Mitte des 15. Jahrhunderts, bald nach Erfindung des Buchdrucks, er-

---

[59]   Johann Peter Hebel: Schatzkästlein des rheinischen Hausfreundes. Kritische Gesamtausgabe mit den Kalender-Holzschnitten. Hrsg. v. Winfried Theiß, Stuttgart 1981.

schienen erste Einblattdrucke, die man als Wandkalender – wie auch heute noch – nutzen konnte. Im 16. Jahrhundert wurde daraus ein gefaltetes Quartheft – handlich, transportabel und erweiterbar. Dann fügte man dem eigentlichen *Calendarium* einen Teil bei, der *Practica* hieß: Wettervorhersagen, astrologische Spekulationen, Gesundheits- und Gartentips – eine bunte Mixtur aus praktischem Wissen, Aberglauben und Quacksalberei. Drittens kamen dann *Historien* hinzu, also Nachrichten von historischen Ereignissen, Katastrophen, Sensationen, Wunderheilungen, auch Exempelgeschichten mit religiöser Tendenz, bei denen die Unterscheidung von *fact* und *fiction* immer schwieriger wurde. Im 17. Jahrhundert zielte der Kalender als Massenlesestoff zunächst auf eine bürgerliche, dann auch immer mehr auf eine bäuerliche Leserschaft, bei der er als drittes Druckwerk neben Bibel und Gesangbuch ins Haus kam und der er Information, Bildung und Unterhaltung in bunter Mischung lieferte. Im 18. Jahrhundert vergaben die Landesherren die profitablen Kalenderrechte gern an Drucker oder Institutionen; zugleich versuchten Gelehrte, Kirchenleute und Pädagogen der Aufklärung das Medium für Ziele der Volksbildung, speziell für die so genannte „Bauernaufklärung" zu nutzen. Das bedeutete die Abgrenzung von Astrologie und Aberglauben, auch vom Sensationellen, und eine Hinwendung zu lebenspraktischer und moralischer Belehrung. Nicht immer wurden die Kalender dadurch unterhaltsamer oder spannender.

Das galt auch vom *Curfürstlich badischen gnädigst privilegirten Landkalender für die badische Marggravenschaft lutherischen Anteils*, dessen Verlagsrechte der Markgraf Karl Friedrich von Baden, Hebels späterer Förderer, schon 1750 dem „Gymnasium illustre" in Karlsruhe übertragen hatte und der unter Aufsicht der Kirchenleitung redigiert wurde. Er muss so langweilig gewesen sein wie sein Titel umständlich; der Absatz ging ständig zurück, manchmal wurden die Landeskinder sogar gewaltsam zum Kauf gezwungen. Das wiederum kritisierte der ebenso menschenfreundlich wie marktwirtschaftlich denkenden Hebel scharf. Nachdem er 1806 in einem Gutachten die Gründe für den Misserfolg dargelegt hatte, sollte er jedoch selbst beweisen, dass und wie es besser ging. Er prägte den neuen, eine breitere und überkonfessionelle Leserschaft ansprechenden Titel *Der Rheinländische* (später: *Der Rheinische*) *Hausfreund* und lieferte für die Jahrgänge 1808 bis 1811 den vollständigen Lektüreteil unter dem Titel *Allerley Neues, Lehrreiches und Spaßhaftes*. Der Erfolg lässt nicht auf sich warten; die Auflage steigt stetig, von weniger als 20 000 auf 50 000 Exemplare; der Kalender wird überregional bestellt und in der Presse besprochen, woran auch Hebel Gefallen findet. So dürfte es dem Verleger Cotta in Tübingen nicht schwer gefallen sein, Hebel zu einer Buchausgabe der besten Stücke zu bewegen. Das war nun eben das *Schatzkästlein*, dessen Titel vermutlich nicht vom Verfasser Hebel, sondern vom Herrn Verleger selbst stammt.

Entscheidend für den Erfolg schon des Kalenders war, dass Hebel – ganz wie ein „Blattmacher" unserer Tage – die Informationsfunktion seines Mediums, aber auch den Unterhaltungswert, ja das Sensationsbedürfnis seiner Leserschaft ernst nimmt. Nicht, weil er religiöse oder aufklärerische Belehrung ausklammern, sondern weil er sie durch rechte Dosierung und Mischung erst produktiv machen will. Trockener Rationalismus und religiöser Dogmatismus sind in der damaligen Zeit die beiden schroffen Klippen, zwischen denen er sein Kalenderschiffchen elegant hindurch steuert.

Die entsprechende Mischung, in einzelnen Texten wie in ihrer Anordnung, ist Hebels Erfolgsrezept. So beginnt er jeden Lektüreteil mit einem neuen Abschnitt seiner *Betrachtungen über das Weltgebäude*, einer Art astronomischem Grundkurs, der den universalen Rahmen für die einzelnen Vorfälle und Episoden abgint. Dann schiebt er herzhaftere Erzählkost in kleinen Portionen nach, also z.B. kurze Schwänke und Anekdoten, lässt auch die Sensations- und Katastrophenmeldungen zu ihrem Recht kommen, und setzt nur hin und wieder einen Akzent mit den „großen", aber immer noch kurzen Erzählungen, die im zufälligen Ereignis oder im persönlichen Geschick ein *exemplum*, ein Gleichnis für den Lauf der Welt, das Schicksal der Menschen und die Gnade Gottes präsentieren. Besonders für sie, darunter die beiden berühmtesten, *Kannitverstan* und *Unverhofftes Wiedersehen*, hat sich der Begriff *Kalendergeschichte* als Genrebezeichnung durchgesetzt.

Dass er den größten Teil davon nicht selbst erfindet, sondern Material „aus andern Zeitschriften" (wie er selbst sagt) und weiteren Quellen verwendet, ist zweitrangig. Hebel geht es vor allem, in der Sprache seines Bewunderers Brecht, um den „Materialwert" eines Stoffes, insofern könnte man ihn fast einen „eingreifenden" Autor nennen. Dass und wie die fremden Stoffe in der Umarbeitung neue Bedeutungen und sprachliche Originalität gewinnen, das macht eigentlich Hebels Größe und „Unschätzbarkeit" (so Goethe) aus. Zur kompositorischen Einheit, besonders im *Schatzkästlein*, werden die disparaten Stoffe und Textsorten: Anekdote, Nachricht, populärwissenschaftliche Erörterung, Dialog, Gedicht, Schwank, Rätsel und die ausgefeilte „Kalendergeschichte" (die es so vorher kaum gab) durch den einheitlichen „Hebel-Ton". Das ist, literaturwissenschaftlich gesehen, ein Personalstil, in dem sich Nähe zur gesprochenen Sprache, südwestdeutsche Dialektanklänge, ein stark gestisches Moment mit klassisch-rhetorischer Schulung und Zitate aus der Luther-Bibel zu einer Sprachform verbinden, in der – wie sonst nur selten, etwa bei Goethe oder Brecht, Natürlichkeit und Künstlichkeit des Sprechens ganz ineinander aufgehen. Richtig ist wohl auch, dass Hebels Texte mit ihrer rhetorischen Kalkuliertheit einerseits, ihrer Sprachgestik und mimetischen Nähe zum gesprochenen Wort andererseits, ideale *Vorlesetexte* sind. Sie stehen also, mediengeschichtlich gesehen, nicht so sehr zwischen Mündlichkeit und Schriftlichkeit, als vielmehr zwischen der Schriftkultur und einer situativen bzw. sekundären Mündlichkeit.

Nun aber zu unserem Textbeispiel, der „schönsten Geschichte von der Welt", wie der Philosoph Ernst Bloch ebenso entschieden wie doppelsinnig formuliert hat. Ich entnehme sie der oben genannten Reclam-Ausgabe von Winfried Theiß[60] und zähle zur besseren Orientierung die einzelnen Sätze durch.

Unverhofftes Wiedersehen

(1) In Falun in Schweden küßte vor guten fünfzig Jahren und mehr ein junger Bergmann seine junge, hübsche Braut und sagte zu ihr: „Auf Sankt Luciä wird unsere Liebe von des Priesters Hand gesegnet. (2) Dann sind wir Mann und Weib und bauen uns ein eigenes Nestlein." – „Und Friede und Liebe soll darin wohnen", sagte die schöne Braut mit holdem Lächeln, „denn du bist mein einziges und alles, und ohne sich möchte ich lieber im Grab sein als an einem andern Ort." (3) Als sie aber vor Sankt Luciä der Pfarrer zum zweiten Male in der Kirche ausgerufen hatte: „So nun jemand Hindernis wüßte anzuzeigen, warum diese Personen nicht möchten ehelich zusammenkommen", da meldete sich der Tod. (4) Denn als der Jüngling den andern Morgen in seiner schwrazen Bergmannskleidung an ihrem Haus vorbeiging, der Bergmann hat sein Totenkleid immer an, da klopfte er zwar noch einmal an ihrem Fenster und sagte ihr guten Morgen, aber keinen guten Abend mehr. (5) Er kam nimmer aus dem Bergwerk zurück, und sie saumte vergeblich selbigen Morgen ein schwarzes Halstuch mit rotem Rand für ihn zum Hochzeitstag, sondern als er nimmer kam, legte sie es weg und weinte um ihn und vergaß ihn nie.

---

60 Hebel: Schatzkästlein des Rheinischen Hausfreunds, S.283-286.

(6) Unterdessen wurde die Stadt Lissabon in Portugal durch ein Erdbeben zerstört, und der Siebenjährige Krieg ging vorüber, und Kaiser Franz der Erste starb, und der Jesuitenorden wurde aufgehoben und Polen geteilt, und die Kaiserin Maria Theresia starb, und der Struensee wurde hingerichtet. (7) Amerika wurde frei, und die vereinigte französische und spanische Macht konnte Gibraltar nicht erobern. (8) Die Türken schlossen den General Stein in der Veteraner Höhle in Ungarn ein, und der Kaiser Joseph starb auch. (9) Der König Gustav von Schweden eroberte Russisch-Finnland, und die Französische Revolution und der lange Krieg fing an, und der Kaiser Leopold der Zweite ging auch ins Grab. (10) Napoleon eroberte Preußen, und die Engländer bombardierten Kopenhagen, und die Ackerleute säeten und schnitten. (11) Der Müller mahlte, und die Schmiede hämmerten, und die Bergleute gruben nach den Metalladern in ihrer unterirdischen Werkstatt. (12) Als aber die Bergleute in Falun im Jahr 1809 etwas von oder nach Johannis zwischen zwei Schachten eine Öffnung durchgraben wollten, gute dreihundert Ellen tief unter dem Boden, gruben sie aus dem Schutt und Vitriolwasser den Leichnam eines Jünglings heraus, der ganz mit Eisenvitriol durchdrungen, sonst aber unverwest und unverändert war, also daß man seine Gesichtszüge und sein Alter noch völlig erkennen konnte, als wenn er erst vor einer Stunde gestorben oder ein wenig eingeschlafen wäre an der Arbeit. (13) Als man ihn aber zu Tag ausgefördert hatte, Vater und Mutter, Gefreundte und Bekannte waren schon lange tot, kein Mensch wollte den schlafenden Jüngling kennen oder etwas von seinem Unglück wissen, bis die ehemalige Verlobte des Bergmanns kam, der eines Tages auf die Schicht gegangen war und nimmer zurückkehrte. (14) Grau und zusammengeschrumpft kam sie an einer Krücke an den Platz und erkannte ihren Bräutigam; und mehr mit freudigem Entzücken als mit Schmerz sank sie auf die geliebte Leiche nieder, und erst als sie sich von einer langen heftigen Bewegung des Gemüts erholt hatte, „es ist mein Verlobter", sagte sie endlich, „um den ich fünfzig Jahre lang getrauert hatte und den mich Gott noch einmal sehen läßt vor meinem Ende. Acht Tage vor der Hochzeit ist er auf die Grube gegangen und nimmer gekommen." (15) Da wurden die Gemüter aller Umstehenden von Wehmut und Tränen ergriffen, als sie sahen die ehemalige Braut jetzt in der Gestalt des hingewelkten kraftlosen Alters und den Bräutigam noch in seiner jugendlichen Schöne, und wie in ihrer Brust nach fünfzig Jahren die Flamme der jugendlichen

Liebe noch einmal erwachte; aber er öffnete den Mund nimmer zum Lächeln oder die Augen zum Wiedererkennen; und wie sie ihn endlich von den Bergleuten in ihr Stübchen tragen ließ, als die einzige, die ihm angehöre und ein Recht auf ihn habe, bis sein Grab gerüstet sei auf dem Kirchhof. (16) Den anderen Tag, als das Grab gerüstet war auf dem Kirchhof und ihn die Bergleute holten, schloß sie ein Kästlein auf, legte ihm das schwarzseidene Halstuch mit roten Streifen um und begleitete ihn in ihrem Sonntagsgewand, als wenn es ihr Hochzeittag und nicht der Tag seiner Beerdigung wäre. (17) Denn als man ihn auf dem Kirchhof ins Grab legte, sagte sie: „Schlafe nun wohl, noch einen Tag oder zehn im kühlen Hochzeitbett, und laß dir die Zeit nicht lang werden. Ich habe nur noch wenig zu tun und komme bald, und bald wird's wieder Tag. Was die Erde einmal wiedergegeben hat, wird sie zum zweiten Male auch nicht behalten", sagte sie, als sie fortging und noch einmal umschaute.

Analyse der Zeitstruktur

Wir wollen uns zunächst ganz auf die *Zeitstruktur der Erzählung*, besonders das Verhältnis von Erzählzeit und erzählter Zeit konzentrieren und dies detailliert rekonstruieren. Es geht uns dabei, mit Genette gesprochen, zunächst und speziell um den Aspekt der *Dauer* (*la durée*). Schon beim ersten Blick auf den Text tritt die *gliedernde* Funktion der großen *Raffung* im Mittelteil besonders hervor: Der starke Wechsel des Erzähltempos schafft drei Abschnitte oder Erzählphasen. Die *erste Erzählphase* (1-4) ist wiederum aus drei nur knapp angedeuteten *Szenen* bzw. Geschehnissen aufgebaut: Brautkuss, Aufgebot und Abschied. In der ersten Szene scheint personales oder gar neutrales Erzählen noch zu dominieren; sie besteht überwiegend aus direkter Wechselrede, ist also zeitdeckend aufgebaut. Die zweite Szene indessen führt mit der allegorischen Personifizierung eines Geschehens („da meldete sich der Tod") aus dem Raum des äußerlich fassbaren bzw. subjektiv wahrnehmbaren Geschehens hinaus, das von personalem Erzählen erfasst werden kann. Man muss sie als auktorialen Erzählereingriff verstehen, ähnlich wie die räsonierende Einmischung „der Bergmann hat sein Totenkleid immer an" (4). Auktoriales Erzählen dominiert bereits im Übergang zur zweiten Erzählphase. In den ersten 18 Zeilen bzw. 5 Sätzen (Erzählzeit, *discours*) werden also nur einige ausgewählte Ereignisse gereiht, die sich innerhalb weniger Tage (erzählte Zeit, *histoire*) abspielen. Noch genauer müssten wir sagen: Das Herausgreifen dieser drei Szenen aus einem Gesamtverlauf von drei Tagen *ist* bereits eine Zeitraffung; der überwiegende Teil dieser Zeit wird *nicht* erzählt.

Dann aber wird noch wesentlich stärker, ja extrem gerafft. Die ausgedehnte Raffung konstituiert hier selbst eine ganze, die *zweite Erzählphase* (5/6-11): Eine Erzählzeit von nur 15 Zeilen soll den Ablauf eines halben Jahrhunderts veranschaulichen, dem nach dem Unglückstod des Bergmanns die ganze Welt, damit auch seine junge Braut unterworfen ist, während der Leichnam selbst ihm paradoxerweise entrückt scheint. Hebel erreicht seine Wirkung durch die Kombination mehrerer Techniken.

Erstens weitet er den *Erzählwinkel,* der vorher auf einen engen, zunächst idyllisch scheinenden Privatbereich begrenzt war, ins Globale und Welthistorische. Von der zurückgebliebenen Braut ist nur noch überleitend (und bereits stark raffend) die Rede: „und vergaß ihn nie" (5). Dann aber wird in der scheinbar regellosen Aufzählung historischer Ereignisse der Fluss der Zeit angedeutet, ja er wird geradezu spürbar, wobei die souveräne raum-zeitliche Überschau eine wahrhaft auktoriale Erzählhaltung anzeigt (und in engem Zusammenhang mit der Gattung und Wirkungsabsicht der Kalendergeschichte steht).

Diese Aufzählung aber, zweitens, geschieht raffend und *rhythmisierend.* Zunächst werden siebzehn historisch-politische Ereignisse in syndetischer Reihung („und ... und ... und") benannt. Dennoch ist die Aufzählung gegliedert: Die ersten fünfzehn Ereignisse lassen sich zumeist in Dreiergruppen ordnen, wobei das jeweils dritte der Tod einer historischen Person ist. Die Satzschlüsse in Satz 6, 8 und 9 betonen diese Gruppierung zusätzlich; Unregelmäßigkeiten treten in Satz 6, 7 und 8 auf. Insgesamt aber entsteht ein fast monotoner (aufgrund der Unregelmäßigkeit eben: ein *fast* monotoner) Dreier-Rhythmus, in dem die Gleichförmigkeit des Zeitablaufs ihren Ausdruck findet, gewissermaßen über alle Ereignisse hinweg rollt. Die aus der ungeheuren Geschehensfülle dieses halben Jahrhunderts ausgewählten sind im historischen Sinne herausragende *Geschehnisse,* von denen die meisten den Aspekt des Vergehens, Scheiterns tragen (dies lässt bereits einen Rückschluss auf das „Konzept der Geschichte" zu). Zur *Geschichte* geordnet werden sie linear und quasi parallel zur historischen Chronologie, also in Form eine *sukzessiven* Raffung (nach Lämmert); wegen der hohen Raffungsintensität können wir von einer sukzessiven *Sprungraffung* (im Gegensatz zur Schrittraffung) sprechen.

Hebel rafft aber, drittens, nicht nur sukzessiv. Seine Raffinesse liegt vielmehr in der Kombination mit einer anderen Raffungstechnik, wobei der Übergang „gleitend" innerhalb einer Dreiergruppe geschieht: „Napoleon eroberte Preußen, und die Engländer bombardierten Kopenhagen, und die Ackerleute säeten und schnitten." (10) Nicht mehr herausragende Geschehnisse, sondern überdauernde Zustände bzw. regelmäßig wiederholte Tätigkeiten werden benannt: „und die Ackerleute säeten und schnitten. Der Müller mahlte, und die Schmiede hämmerten, und die Bergleute gruben nach den Metalladern in ihrer unterirdischen Werkstatt." (11) Hier liegt, in Lämmerts Terminologie, eine *iterativ-durative Raffung* vor; auch Genette spricht von einer iterativen Erzählweise.

Was besagt oder bewirkt nun die Kombination von sukzessiver und iterativ-durativer Raffung bei Hebel? Neben der Abfolge der historisch einmaligen Ereignisse geht das alltägliche Leben seinen gleichbleibenden Gang. Oder: Privates Schicksal und die großen Staatsaktionen bleiben einerseits eingebunden in das System gesellschaftlicher Arbeit, das seinerseits eng mit der Natur, ihren Ressourcen und ihrem Zeitrhythmus verschränkt ist; andererseits sind sie, zumindest in Hebels Perspektive, eingebunden in die christliche Heilsordnung, die Zeit grundsätzlich aufzuheben vermag. Erzähltechnisch wird in dieser Raffung der Blickwinkel unmerklich wieder auf die beiden Brautleute und ihr Schicksal gerichtet, sie werden gewissermaßen „herangezoomt". Die Erwähnung Kopenhagens (10) bringt eine erste Annäherung an den skandinavischen Schauplatz, die iterativ-durative Passage nennt Tätigkeiten, die *auch* in Falun ausgeübt werden, besonders deutlich bei der Erwähnung der „Bergleute (...) in ihrer unterirdischen Werkstatt" (11). Hieran schließt sich dann bruchlos die Rückkehr auf den engen ursprünglichen Schauplatz und, mit ziemlich genauer Datierung, in die Sukzession der privaten Geschichte an: „im Jahre 1809, etwas vor oder nach Johannis" (12).

Relativ breit, in langsamem Erzähltempo, ist schließlich die *dritte Erzählphase* (12-17) gehalten, die wiederum aus zwei Szenen, dem eigentlichen „unverhofften" Wiedersehen und dem Abschied „auf dem Kirchhof" (17) besteht. Nun zeigt sich, wie auch auf dem privaten Schauplatz der Ablauf der Zeit seine Wirkung getan hat: Die „junge hübsche Braut" (1) erscheint „in der Gestalt des hingewelkten kraftlosen Alters" (15), während der Tote von den Wirkungen der Zeit verschont und also „jung" blieb. Der Zeitablauf beherrscht das Leben schlechthin; entziehen kann man sich ihm allein um den Preis des Todes. Aber das mag bereits die Sicht des Lesers sein, der aus modernem Zeitbewusstsein heraus spricht; in Hebels

Erzählung wird dies Bewusstsein von der radikalen Zeitlichkeit der Existenz noch aufgefangen durch die christlich verbürgte Heilsgewissheit einer Ewigkeit jenseits der Zeit, eines Lebens nach dem Tode. Die wahrhaft „zeitlose" Treue der Braut erscheint als weltlicher Reflex solcher Ewigkeit und insofern als zumindest subjektiv wirksame Überwindung der Zeit.

Es ist nicht zu übersehen, dass wir mit der Analyse des Zeitgerüsts nach Lämmert (die man aber ebenso gut mit Hilfe von Genettes Kategorien durchführen könnte) fast unmerklich einen Interpretationsansatz gefunden haben, der auf die thematische Schicht und Grundstruktur des Textes, auf das *Konzept der Geschichte* im Sinne von Karl-Heinz Stierle zielt. Diesen Ansatz könnte man unter Einbeziehung anderer Textelemente – in erster Linie der Bildlichkeit, die quasi quer zum Zeitgerüst steht – weiter verfolgen.

Unter unserem speziellen Blickwinkel bleibt wichtig, dass Hebel die epische Zeitraffung mit großer Virtuosität einsetzt, insbesondere ihre ambivalente Funktion: Zeit zu überspringen und Zeit zu verdeutlichen, meisterlich nutzt und auf den thematischen Kern seiner Erzählung bezieht: die Dialektik von Zeit und Ewigkeit. Dies geschieht, wie im einzelnen zu sehen war, vor allem durch die Veränderungen des Erzählerstandpunkts bei extremer Beschleunigung (und erneuter Verlangsamung) des Erzähltempos und durch die Kombination verschiedener Raffungstechniken. Hebel nutzt, anders gesagt, die Techniken der Zeitraffung (an der Grenzlinie von traditionaler und moderner Weltsicht) schon ansatzweise wie die moderne Erzählliteratur. In ihr wird die Zeit zu einem, ja zu *dem* zentralen Thema schlechthin werden.

Wir können die epische Zeitstruktur, und hier besonders die zweite Erzählphase, allerdings auch unter einem anderen Blickwinkel betrachten, den Genette die zeitliche *Ordnung* (*l'ordre*) nennt. Hebels Erzählung bringt Geschehnisse, die im Abstand von fünfzig Jahren an einem bestimmten Schauplatz, und andere, die in dieser Zwischenzeit an verschiedenen Orten ablaufen, in eine zeitliche Folge. Da es sich weitgehend um historisch überlieferte Ereignisse handelt, können wir mit einiger Präzision überprüfen, ob die *Zeitfolge in der erzählten Zeit* (im *discours*, oder Text der Geschichte) sich an die *Chronologie des Geschehens* (bzw. der Geschichte, *histoire*) hält oder ob sie von ihr abweicht. Wir erstellen zu diesem Zweck ein (zugegeben grobes) Schema, das die Handlungszeit der einzelnen Sätze vermerkt (direkte oder indirekte Personenrede gilt dabei als Bestandteil des übergeordneten Satzes; ihre interne Zeitstruktur wird vorerst nicht berücksichtigt).

(1,2) unbestimmte Zeit vor St. Luciä (13. Dezember), ca. 1760
    („vor guten fünfzig Jahren und mehr": Publikation 1811)
(3) Sonntag vor St. Luciä (vgl. 14: „acht Tage vor der Hochzeit")
(4) „den andern Morgen"
(5) „selbigen Morgen" → unbestimmte Dauer („nimmer", „nie")
(6) „Unterdessen ..."
    1. November 1755, Erdbeben von Lissabon
    1756-63 Siebenjähriger Krieg
    18. August 1765, Franz Joseph †
    21. Juli 1773, Verbot des Jesuitenordens
    1771 bzw. 1795, Erste und Zweite polnische Teilung
    29. November 1780, Maria Theresia †
    26. April 1772, Hinrichtung des dänischen Ministers Struensee
    4. Juli 1776, Unabhängigkeitserklärung der USA
    1779-1783, Belagerung Gibraltars
(7) 1788, Russisch-Türkischer Krieg
    20. Februar 1790, Kaiser Joseph †
(8) 1788-89, Schwedisch-Russischer Krieg
    1. März 1792, Leopold II †
    1789ff., Französische Revolution, Napoleonische Kriege
(9) 1806, Napoleon erobert Preußen
    1807, Beschießung Kopenhagens → unbestimmte Dauer
(10) unbestimmte Dauer (sinngemäß: während der ganzen Zeit)
(11) „1809 etwas vor oder nach Johannis" (24. Juni)
(12-14) am gleichen Tag, zeitlich anschließend
(15) am „andern Tag"
(16) am gleichen Tag, zeitlich anschließend

Nun lässt sich zusammenfassen: Die Abfolge der Erzählzeit (der Text der Geschichte) folgt – sofern wir uns auf den *Erzählerbericht* beschränken – der historischen Chronologie bis auf zwei kleine Unstimmigkeiten: Der Tod Maria Theresias und derjenige Leopolds II. stehen zu früh – ganz offenbar, weil Hebel hier die chronologische Korrektheit der Gestaltung des Satzrhythmus unterordnet. Jedenfalls haben diese beiden Umstellungen keinen wesentlichen Einfluss auf den Gesamteindruck bzw. auf das Konzept der Geschichte: den unaufhaltsamen Ablauf der äußeren Zeit zur Sprache zu bringen.

    Als Korrektiv oder Gegengewicht zu dieser Zeitstruktur darf man die *Personenrede* ansehen, die wir bisher ignoriert haben, obwohl sie wesentlich zum szenischen Charakter der ersten und der dritten Erzählphase beiträgt. Die freudige Erwartung des jungen Bergmanns zu Beginn der Erzählung – „Auf Sankt Luciä wird unsere Liebe von des Priesters Hand gesegnet. Dann sind wir Mann und Weib und bauen uns ein eigenes Nestlein" – wird zwar ebenso wie die subjektive Gewissheit seiner Braut als trügerisch, als *zukunftsungewisse Vorausdeutung* entlarvt. Ihre Schlussworte – erzähllogisch ebenfalls zukunftsungewiss – gewinnen jedoch aus ihrem Glauben die subjektiv unerschütterliche Gewissheit eines Ewigen Lebens, so dass letztlich auch kein „offener" Schluss" entsteht.

Auf der anderen Seite wirken die erklärenden Worte der alten Frau – „,er ist mein Verlobter', sagte sie endlich, ,um den ich fünfzig Jahre lang getrauert hatte und den mich Gott noch einmal sehen läßt vor meinem Ende. Acht Tage vor der Hochzeit ist er unter die Erde gegangen und nimmer heraufgekommen'" (14) – als *Rückblick* und „visionäre Austiefung des gegenwärtigen Erlebnisses durch eine Lebensüberschau".[61] Damit wie auch in ihren Abschiedsworten (17) wird die Dimension der einsinnig vergehenden Zeit transzendiert, und zwar sowohl in Richtung auf die Vergangenheit wie auf die (als Ewigkeit gedachte) Zukunft.

Im Blick auf den Text lässt sich nun sagen: Die Dimensionen der objektiven äußeren Zeit (Erzählerbericht) und der subjektiven inneren Zeit (Personenrede) stehen hier kontrapunktisch zueinander. Das Konzept der Geschichte, ihr thematischer Kern, liegt in eben dieser Dialektik von äußerer und innerer Zeit, in der Perspektive der *Zeitüberwindung* aus subjektiver Gewissheit, aus Erinnerung, Treue und Glauben.

Ein alternatives Erzählmodell

Nun könnte man aber diese Geschichte auch *ganz anders* erzählen. Wir sehen dabei von den dichterischen Fassungen ab, die verschiedene andere Autoren dem seit 1720 überlieferten, in Deutschland um 1800 bekannt gewordenen Stoff gegeben haben und fragen lediglich nach den Konsequenzen von „Umstellungen" der Ereignisfolge. Dazu vergleichen wir in unserer Hebel-Ausgabe (S. 413f.) den Text aus einer Zeitschrift, den der Kalendermann selbst als *Quelle* benutzt hatte:

---

[61] Vgl. Lämmert: Bauformen des Erzählens, S. 129.

Dichteraufgabe

Man fand einen ehemaligen Bergmann in der schwedischen Eisengrube zu Falun, als zwischen zween Schachten ein Durchgang versucht wurde. Der Leichnam, ganz mit Eisenvitriol durchdrungen, war anfangs weich, wurde aber, sobald man ihn an die Luft gebracht, so hart wie Stein. Fünfzig Jahre hatte derselbe in einer Tiefe von dreihundert Ellen in jenem Vitriolwasser gelegen: und niemand hätte die unveränderten Gesichtszüge des verunglückten Jünglings erkannt, niemand die Zeit, seit welcher er in dem Schachte gelegen, gewußt, da die Bergchroniken, sowie die Volkssagen bei der Menge der Unglücksfälle in Ungewißheit waren, hätte nicht das Andenken der geliebten Züge eine alte treue Liebe bewahrt. Denn als um den kaum hervorgezogenen Leichnam das Volk, die unbekannten jugendlichen Gesichtszüge betrachtend steht, da kommt an Krücken und mit grauem Haar ein Mütterchen mit Thränen über den geliebten Toten, der ihr verlobter Bräutigam gewesen, hinsinkend, die Stunde segnend, da ihr noch an den Pforten des Grabes ein solches Wiedersehen gegönnt war, und das Volk sah mit Verwunderung die Wiedervereinigung dieses seltenen Paares, da sich das eine im Tode und in tiefer Gruft das jugendliche Aussehen, das andere bei dem Verwelken und Veralten des Leibes die jugendliche Liebe treu und unverändert erhalten hatte: und wie bei der fünfzigjährigen Silberhochzeit der noch jugendliche Bräutigam starr und kalt, die alte und graue Braut voll warmer Liebe gefunden wurde.

Diese Geschichte wird also allein durch die *Szene des Wiedersehens* konstituiert. (Wir haben gesehen, dass und wie Hebel diesem epischen Zeitkern eine doppelte Vorgeschichte, die des Brautpaares und die der Weltgeschichte vorschaltet; er bzw. der auktoriale Erzähler ordnet den Geschichtsverlauf dabei einsinnig chronologisch, so dass die Kernszene nun etwa die zweite Texthälfte ausmacht.) Der Quellentext weiß von dieser Vorgeschichte nichts, sie bleibt (über die bloße Identifizierung hinaus) ganz im „Andenken", also in der subjektiven Erinnerung des „Mütterchens" eingeschlossen. Dadurch aber legt er ein alternatives Erzählmuster mindestens ebenso nahe wie das von Hebel gewählte.

Die Kernszene besteht, genauer betrachtet, aus drei Phasen: Bergung des Leichnams, Geheimnis seiner Identität, Identifizierung durch die Braut. Naheliegend wäre es nun, im Moment des Wiedersehens, also nach den ersten beiden Phasen, die eine gewisse Erzählspannung aufgebaut haben, ausführlich in die Vergangenheit des Brautpaares zurückzugreifen, seine Vorgeschichte nachzutragen und damit zugleich das Geheimnis des Leichnams aufzulösen. Das könnte ein auktorialer Erzähler, sehr viel effektvoller aber noch die Braut selber tun, die damit als Ich-Erzählerin in die Geschichte einträte. Mit Hilfe einer Rückwendung würde also die chronologische Abfolge Vorgeschichte/Nachgeschichte umgekehrt: Der Text gibt uns erst die Nachgeschichte (das Geheimnis), dann die Vorgeschichte (die Lösung). Dieses Erzählmuster, das natürlich sehr viel komplexer gestaltet werden kann als in unserem Fall, nennen wir mit Dietrich Weber *analytische* Erzählung und unterscheiden sie von der *synthetischen*, die so wie Hebels Text die Geschichte sukzessiv chronologisch aufbaut. Wichtig ist, dass analytisches Erzählen in diesem Sinne nicht grundsätzlich komplizierter oder künstlicher ist als das synthetische. Im Gegenteil: Es entspricht durchaus der Struktur unserer Erfahrung, in der wir ja unablässig mit Situationen konfrontiert sind, die sich erst nachträglich, etwa durch Rückfragen, aufklären und verstehen lassen. Weber weist in seiner *Theorie der analytischen Erzählung* (1975) auch darauf hin, dass zumindest die einfache analytische Erzählung „in einer Erfahrungsgeschichte" aufgeht (S. 27). Demgegenüber könnte man paradoxerweise Hebels synthetisch aufbauendes Erzählen als „künstlich" verstehen, weil es die Übersicht und die ordnende Hand des auktorialen Erzählers voraussetzt. Es orientiert sich, anders gesagt, an der historischen Sukzession der Chronik, was zum Kalendermann Hebel passt; unsere analytische Gegengeschichte folgt hingegen subjektiver Zeiterfahrung, einer „Logik der Erinnerung".

Nachzutragen sind noch ein paar Bemerkungen zum Verhältnis von *Fiktionalität* und *Zeitstruktur*. Vom Fund der unversehrten Leiche in Falun berichtet zuerst eine schwedische Wissenschaftszeitschrift im Jahr 1722. Dies ist zweifellos ein faktualer Bericht und Sachtext, dem spätere folgen, etwa auch eine Passage in dem deutschen Werk *Genialische Ansichten von der Nachtseite der Naturwissenschaften* des angesehenen Forschers Gotthilf Heinrich Schubert (1808). Daraus wieder schöpft der anonyme Autor der Zeitschrift *Jason*, der die oben abgedruckte Dichteraufgabe formuliert, seine Anregung. Das ist dann, narratologisch gesehen, ein intertextuell gefütterter faktualer Text, der in pragmatischer Hinsicht mit der Aufforderung zur Fiktionalisierung an andere Autoren verbunden ist und logischer Weise in einen *Schreibwettbewerb* mündet. Hebel hat ihn übrigens, wir dürfen vermuten: zu Recht, dann auch gewonnen. Dabei benutzt er Strategien, die den faktualen Anschein verstärken, tatsächlich aber das Geschehen fiktionalisieren, besonders die systematische Nachdatierung des Geschehens um fast hundert Jahre (der Leichnam wird angeblich 1809, also in der Jetztzeit der Leser, gefunden und nicht schon 1720). Erst dadurch wird es möglich, die historischen Ereignisse dieser so genannten „Sattelzeit" bis zur aktuellen Gegenwart zu integrieren. Die exakte, wenn auch falsche Datierung ihrerseits scheint die Faktualität des Kerngeschehens wieder zu bekräftigen. Ein Löwe im Schafsfell, würde Genette vielleicht sagen.

Methoden und Perspektiven der Interpretation

Ich bin der Auffassung, dass unser methodischer Weg über die Analyse der *Zeitstruktur* für diesen Text besonders produktiv ist und ihn bereits weitgehend erschließt. (Im Gegensatz dazu würde uns etwa die Frage nach dem Erzähler und seiner Position hier nur unwesentlich weiterbringen.) Das heißt aber nun keineswegs, dass das *Unverhoffte Wiedersehen* damit „erschöpft" wäre. Vielmehr sind, teilweise im Anschluss an eine solche Strukturanalyse, sehr verschiedenartige und jeweils produktive bzw. diskussionswerte Zugänge und Interpretationen möglich und auch ausgeführt worden. Im Folgenden sollen einige der interessantesten kurz vorgestellt werden – zum einen, weil sie Umberto Ecos These von der Pluralität der Bedeutungen anschaulich belegen, aber auch, weil sie einige typische Stationen aus der Methodengeschichte der neueren deutschen Literaturwissenschaft markieren.

Der Literaturwissenschaftler und Pädagoge Lothar Wittmann hat 1969 unter dem Titel *Spiegel der Welt* die erste detaillierte Interpretation von 53 erzählenden Stücken aus dem *Schatzkästlein* vorgenommen.[62] Energisch und verdienstvoll ist dabei seine Mahnung an die Germanistik, den Kunstcharakter und den ästhetischen wie literarhistorischen Rang der Kalendergeschichten endlich ernst zu nehmen und sie genauer zu untersuchen. Er selbst folgt dabei, in zeittypischer Weise, den Prinzipien der sogenannten *werkimmanenten Interpretation* aus den 1950er und 1960er Jahren, die konstitutive Elemente des Textes auf verschiedenen sprachlichen Ebenen zu beschreiben sucht, um seine ästhetische Verfasstheit oder, wie man damals gern sagte, seine „Stimmigkeit" zu belegen.

---

[62] Lothar Wittmann: Johann Peter Hebels Spiegel der Welt. Interpretationen zu 53 Kalendergeschichten, Frankfurt a.M. 1969.

Im Einzelnen rückt seine Analyse des *Unverhofften Wiedersehens* neben der Bauform im Großen (Szene/Raffung/Szene) vor allem die Ebene der Bildlichkeit und Symbolik in den Blick (die wir in unserer obigen Analyse ganz vernachlässigt haben). Dabei stößt er auf thematische Gegensätze (strukturalistisch würde man sagen: Oppositionen) wie *alt* vs. *jung, Leben* vs. *Tod, Zeit* vs. *Ewigkeit,* die in vielfacher Variation und Konkretion (als Figuren, Objekte, Räume, Tages- und Jahreszeiten, Farben, Zustände) den Text durchziehen und seinen Bedeutungshorizont konstituieren. Dies geschieht hier vor allem in konkret-bildhafter, verdichteter oder symbolischer Form, beispielsweise in Dingsymbolen und Leitmotiven. (Die Zahl und Dichte solcher Symbolik kompensiert so gewissermaßen die Kürze des Textes.) Das auffälligste dieser Dingsymbole, das leitmotivisch verwendet wird, ist das schwarze Halstuch mit rotem Saum, das in sich die gegensätzliche Einheit von Leben und Tod, Liebe und Trauer repräsentiert.

Diese Symbolik durchzieht und prägt den ganzen Text, wie gesagt, und ist als *paradigmatische* Strukturierungsebene sicherlich ebenso wichtig wie die *syntagmatische* Ebene des Zeitgerüsts, der sie in gewisser Weise entgegen wirkt. Insgesamt erschließt Wittmann unseren Text in vorher nicht gekannter Genauigkeit, auch wenn die zeitgebundene Begrifflichkeit inzwischen ein wenig gewöhnungsbedürftig ist.

Der Literaturwissenschaftler Jan Knopf aus Karlsruhe (wo Hebel die längste Zeit seines Lebens gewohnt und gewirkt hat) rückt sodann, nur wenige Jahre später, dessen Kalendergeschichten gegen eine weit verbreitete Tendenz zur Idyllisierung nicht nur (wie Wittmann) in eine literaturgeschichtliche, sondern vor allem in die *sozialhistorische Perspektive.*[63] In seinem Buch *Geschichten zur Geschichte* von 1973 legt er einerseits die Tradition der Kalendergeschichte als einer spezifischen „Geschichtserzählung" von Johann Jakob Grimmelshausen im 17. Jahrhundert bis hin zu Bertolt Brecht frei. Andererseits arbeitet er am *Unverhofften Wiedersehen* verschiedene qualitative Zeitbegriffe heraus, deren Miteinander und Gegeneinander erst eine substantielle und komplexe Zeiterfahrung schaffen: die historische Zeit (Raffung im Mittelteil), die natürliche Zeit (Jahresrhythmus der Ackerleute), die biographische Zeit (des Brautpaares) und schließlich die eschatologische (heilsgeschichtliche) Zeit, das

---

[63]   Jan Knopf: Geschichten zur Geschichte. Kritische Tradition des „Volkstümlichen" in den Kalendergeschichten Hebels und Brechts, Stuttgart 1973. Darin: „Unverhofftes Wiedersehen", S. 75-80.

heißt die Gewissheit der Auferstehung zum ewigen Leben. Diese Perspektive kann an einzelne Bemerkungen von Walter Benjamin, noch einem frühen Bewunderer Hebels, anknüpfen – sie ergibt sich aber auch aus der methodischen Hinwendung der Literaturwissenschaft zur Sozialgeschichte, welche die werkimmanente Methode der sechziger Jahre ablöste.

Der Theologe Johann Anselm Steiger aus Heidelberg (wo Hebel sich öfters dienstlich aufhielt) hat in einer quellenkritischen Untersuchung von Hebels Gesamtwerk im Jahr 1994 dessen intensive Verwurzelung in Formulierungen der Luther-Bibel, des Gesangbuchs und in der Tradition protestantischer Predigten nachgewiesen.[64] Das Ergebnis dieser Untersuchung, die literaturwissenschaftlich unter den Begriff der *Intertextualität* zu fassen ist, kann nach Lage der Dinge nicht besonders überraschen, auch wenn die Dichte und Genauigkeit von Steigers Nachweisen uns Germanisten beschämen muss, die wir das alles vorher nicht (so genau) gesehen haben. Allerdings geht es dem Theologen nicht nur um den Nachweis einer hochgradig intertextuellen Schreibweise, sonder um ihren halb offenen, halb verborgenen theologischen Gehalt.

Besonders an Hebels Meisterstück vom *Unverhofften Wiedersehen* zeigt er die alles durchdringende Dominanz *heilsgeschichtlicher Vorstellungen,* das heißt der Gewissheit des kommenden Weltuntergangs wie auch der verkündeten Wiederauferstehung. Die Motive bzw. Symbole von „Grab" und Verschüttung einerseits, Wiederauffindung und Bergung andererseits lassen sich so im heilsgeschichtlichen Rahmen radikalisieren und universalisieren, sie erzählen dann nicht mehr nur ein „unerhörtes Ereignis", sondern tatsächlich eine „Geschichte *von der Welt*".

Auch der so häufig kommentierten Raffungspassage gewinnt Steiger noch eine überraschende Deutung ab, indem er sie nicht fortlaufend, in dem von Benjamin und vielen anderen bemerkten Dreier-Rhythmus liest, sondern um eine Mittelachse anordnet und also symmetrisch liest. [Siehe Grafik gegenüber] Dabei entsprechen sich, wie dort zu sehen ist, je zwei der erwähnten Ereignisse, sie korrespondieren miteinander: Noch im Chaos und der Zerstörung in unserer Welt waltet eine gottgegebene Ordnung!

---

[64] Johann Anselm Steiger: Bibel-Sprache, Welt und Jüngster Tag bei Johann Peter Hebel. Erziehung zum Glauben zwischen Überlieferung und Aufklärung, Göttingen 1994. Zu „Unverhofftes Wiedersehen" S. 259-306.

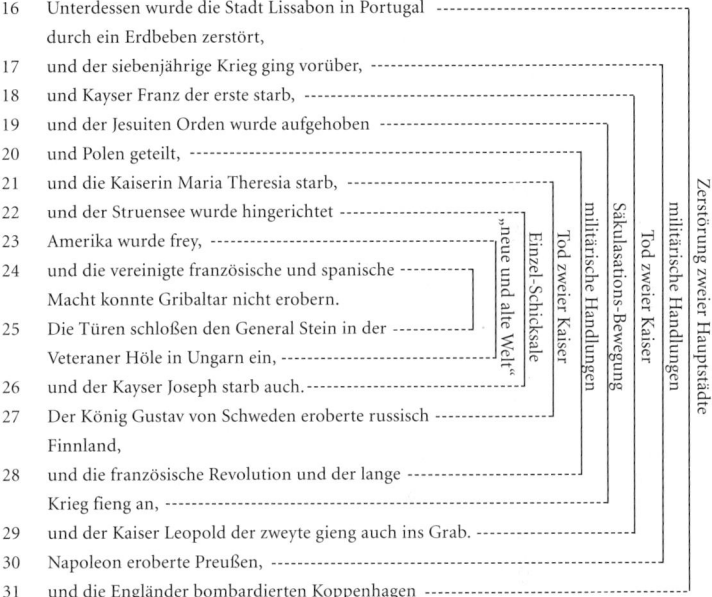

16 Unterdessen wurde die Stadt Lissabon in Portugal
durch ein Erdbeben zerstört,

17 und der siebenjährige Krieg ging vorüber,

18 und Kayser Franz der erste starb,

19 und der Jesuiten Orden wurde aufgehoben

20 und Polen geteilt,

21 und die Kaiserin Maria Theresia starb,

22 und der Struensee wurde hingerichtet

23 Amerika wurde frey,

24 und die vereinigte französische und spanische
Macht konnte Gribaltar nicht erobern.

25 Die Türen schloßen den General Stein in der
Veteraner Höle in Ungarn ein,

26 und der Kayser Joseph starb auch.

27 Der König Gustav von Schweden eroberte russisch
Finnland,

28 und die französische Revolution und der lange
Krieg fieng an,

29 und der Kaiser Leopold der zweite gieng auch ins Grab.

30 Napoleon eroberte Preußen,

31 und die Engländer bombardierten Koppenhagen

Vertikale Beschriftungen: „neue und alte Welt" · Einzel-Schicksale · Tod zweier Kaiser · militärische Handlungen · Säkulasations-Bewegung · Tod zweier Kaiser · militärische Handlungen · Zerstörung zweier Hauptstädte

Der Literaturwissenschaftler Carl Pietzcker aus Freiburg schließlich (wo Hebel gern Pfarrer geworden wäre) hat sich seit den 1970er Jahren als Vertreter einer psychoanalytisch orientierten Literaturwissenschaft einen Namen gemacht und wir sind ihm in einem früheren Kapitel schon einmal begegnet. Anders als Steiger, der mit den intertextuellen Bezügen eine bewusste Autorstrategie verfolgt, versteht Pietzcker fiktionale Texte grundsätzlich als *Szenarien der Phantasie,* der weitgehend unbewussten Wünsche und Phantasmen des Autors/der Autorin (und der Leser/innen). In seinem Buch *Einheit, Trennung und Wiedervereinigung* (1996) liest er neben Texten von Shakespeare, Goethe, Brecht u.a. auch Hebels *Unverhofftes Wiedersehen* in diesem Sinne.[65] Er liest es, genauer gesagt,

[65] Carl Pietzcker: Einheit, Trennung und Wiedervereinigung (vgl. oben S. 54, A. 3). Darin: Nachgeholter Abschied. Johann Peter Hebels „Unverhofftes Wiedersehen", S. 137-159.

als symbolische Verarbeitung von Hebels biografischem Trennungstrauma (der hatte sehr früh, achtjährig, und auf dramatische Weise seine Mutter verloren). Diese Mutter-Sohn-Konstellation, so Pietzcker, steht hinter dem Brautpaar der Erzählung, wird aber spiegelbildlich inszeniert: Hebel ließ die Braut altern, als „Mutterfigur weiterleben und den Bräutigam als Sohnesfigur sterben, um beide dann dem Wiedersehn entgegenzuführen. In solch sichernder Verkehrung belebte er das Trennungstrauma und machte es unbewusst wieder gut.“[66]

Narratologisch greift Pietzcker damit nicht auf unsere Zeitanalyse zurück, sondern auf eine primitivere Strukturformel der *histoire*, die er als Dreischritt von „Einheit, Trennung und Wiedervereinigung" umreißt (was wiederum ohne Schwierigkeiten mit dem Abenteuer-Schema nach Vladimir Propp vereinbar wäre.)

Hebel inszeniert, nach Pietzckers Argumentation, im *Unverhofften Wiedersehen* einen Prozess literarischer Trauerarbeit, in dem es möglich wird, „dem Verlorenen noch einmal zu begegnen, um sich dann aus eigenem Willen trauernd zu lösen." Das aber, so Pietzckers psychoanalytische und rezeptionsästhetische Folgerung, ist eine Situation, die wir alle (wenn auch vielleicht in weniger krasser Form) kennen und deshalb, bewusst oder unbewusst mit- und nachvollziehen können und dies, vielleicht in Form der *Rührung*[67], so wie Goethes Lesezirkel im Jahre 1811, von dem eingangs die Rede war, sogar genießen können.

Arbeitsvorschläge

1. Vergleichen Sie die Analysen von Wittmann, Knopf, Steiger und Pietzcker ausführlich.

2. Eine weitere methodisch interessante Analyse hat Karl-Heinz Stierle vorgelegt: Die Struktur narrativer Texte. Am Beispiel von J. P. Hebels Kalendergeschichte „Unverhofftes Wiedersehen". In: Helmut Brackert/ Eberhard Lämmert (Hrsg.): Funk Kolleg Literatur, Bd. 1, Frankfurt a. M.

– Vgl. jetzt auch Carl Pietzcker: „zu Hause, aber daheim nicht". Hebelstudien, Würzburg 2010.

[66]   Pietzcker: Nachgeholter Abschied, S. 153.

[67]   Jochen Vogt: „Gerührt, nicht geschüttelt". Zur Ehrenrettung einer heruntergekommenen Kategorie, in: Gert Theile (Hrsg.): Das Schöne und das Triviale, München 2003, S. 63-78.

1977, S. 210-233. – Versuchen Sie diese Arbeit methodisch zu charakterisieren und einzuordnen.

3. Ein Text aus der deutschen Gegenwartsliteratur zur vergleichenden Lektüre und Diskussion:

Botho Strauß
[**Paare**]
Hundertfünfzig Kilometer östlich steht in Akureyri, der Hafenstadt, eine alte Frau an der Rezeption des Edda-Hotels. Es ist ein Schulgebäude, das im Sommer zur Fremdenherberge umgerüstet wird. In allen Gängen riecht es nach Milchsuppe. Die Frau fragt das Mädchen hinter dem Empfangspult sehr vorsichtig auf deutsch, wie lange sie, sie und ihr Mann, der still die Treppe hinaufgegangen ist mit beiden Koffern, wie lange sie auf dem Zimmer bleiben dürften am nächsten Morgen… Das Mädchen antwortet schwerfällig, kratzt die Worte aus der Kehle: „Äh… bis halb zwölf Uhr." Die alte Frau spricht nun weiter, betulich und behutsam, über die Umstände der morgigen Abreise. Wie lange Frühstück, wie denn hier ein Taxi bekommen? Das Empfangsmädchen krächzt: „Erste Straße links, zweite rechts." Die alte Frau sagt: „Wir sind so glücklich, dieses Zimmer erlangt zu haben." Um Deutlichkeit bemüht, wird ihre Ausdrucksweise aber nur gewählter statt einfacher. Sie faltet die Hände auf dem Pult und redet langsam fort, ein wenig verzückt, doch ohne Heucheltöne, so daß man sagen könnte, sie liegt ihr ganzes Herz in diese überflüssige Unterhaltung. Glücklich seien ihr Mann und sie, da ja schließlich Saison und sie nicht angemeldet – „Saison?" fragt sie nach, unsicher, ob sie auch recht verstanden wurde. Noch einmal bedankt sie sich überschwenglich bei dem isländischen Fräulein, gleichsam als habe dieses ihnen höchstperönlich und selbstlos die Gastfreundschaft gewährt.

Am nächsten Morgen findet man sie und ihren Mann, der am Abend sich nicht blicken ließ und gleich nach der Ankunft die Treppe hinaufstieg, tot nebeneinander, die schmalen Betten zusammengerückt, auf ihrem gelobten Zimmer. Sie hatten beide Gift genommen und lagen noch so wie sie gewartet hatten, Hand in Hand auf dem Rücken. Die kurzen schweren Krämpfe hatten sie ganz in der Mitte ihrer geflochtenen, beinah brechenden Finger ausgehalten. Nach allem anderen stellt sich heraus, daß eine tödliche Krankheit der Frau die beiden Alten zu diesem Schritt getrieben hatte, den endlich zu tun sie zuhause nie gewagt hätten, wo sie mit Tochter, Schwiegersohn und

Enkelkindern unter einem Dach wohnten. So sterben sie auswärts, am Ende einer Islandfahrt, und hinterlassen wohlgeordnet Briefe, Gelder und einen ganz genauen Fahrplan ,Nach dem Ablenden'. Der alte Mann, der getreulich Folgende, sprach seit längerem nicht mehr. Es schien ihm nötig, nachdem die Verabredung einmal getroffen war, dem kein Wort mehr hinzuzusetzen und mit dem Schweigen unverzüglich zu beginnen.

Ein Trinker-Ehepaar im Kaufhaus *Quelle* steht in der Schlange vor der Kasse an. Der Mann hält sich grummelnd und zu Boden blickend an der Seite seiner Frau. Diese kneift mehrmals ohne äußere Veranlassung das rechte Auge kräftig zu, als teile sie mit einem Unsichtbaren ein frivoles Geheimnis. Die gestörten Nerven spielen ein kurzes, immer wiederkehrendes Programm. In geringen Abständen wirft sie, von einem automatischen Entsetzen angetrieben, knapp den Kopf herum und lächelt dann ebenso freundlich wie angstverzerrt in eine Richtung, wo gar niemand ist und woher auch kein Anruf an sie erging. Ein flatterhaftes Drama läuft über ihr gerötetes, gedunsenes, schuppiges Gesicht, ausgelöst allein durch das bedrängte Schlangestehen, die enge Stellung unter fremden Menschen. Das Lächeln, die Scherben eines Lächeln scheinen nach allen Seiten hin ein Zuviel der Bedrängung freundlich abzuwehren. Der Mund mit strahlender Grimasse entblößt eine von links nach rechts immer niedriger und löchriger werdende Zahnstummelreihe. Sie hat einen sehr großen zitronengelben Wecker eingekauft. Wozu sich wecken? Zum ersten Schluck? Ich stand vor dem Hauptausgang neben der Glastür und wartete mit einem unhandlichen Gartenmöbel auf einen Freund, der die übrigen Stücke brachte. Das Trinker-Paar kam eben heraus, als wir unsere Fracht zum Nachhausetragen uns aufluden. Da machte die Frau zu ihrem Mann die Bemerkung, daß es freilich besonders geschickt von uns sei, so dicht beim Ausgang herumzupacken. Obschon wir ihnen nicht unmittelbar im Weg waren, schien es ihr ausgesprochen wohlzutun, sich selber in der Ordnung und uns als Störung zu empfinden und dies auch festzustellen. Der Freund knurrte sie rüde an: „Halts Maul, alte Kuh." Als ich dies hörte, war mir, als trete jemand einem Unfallopfer obendrein in den Bauch. Denn ich hatte mir ihren Schicksalsstreifen ja eine Weile angesehen und konnte nichts als Anteilnahme für sie empfinden. Als wir die beiden auf der Straße überholten, hielt die Frau ihren Mann an und sagte leise, als ginge da je-

mand Berühmtes vorbei: „Sagt der einfach alte Kuh zu mir!" „Wer?"
fragte der Mann. „Na der da", sagte die Frau und nickte zu uns hin.
Nun hatte sie mit soviel vorbeugendem Lächeln und geisterhaftem
Verbindlichtun alles um sich herum zu bannen versucht, was sie ver-
letzen könnte, und dann hatte es sie am Ende doch noch schwer getroffen. Wirklich beschwert, nicht aufgebracht blieb sie stehen und
wiederholte sich den Schimpf, und er kam ihr noch unerhörter vor.

Aus: Botho Strauß: Paare. Passanten, München 1981, S. 30-33.

7. Geschichte in Geschichten

„Zwei Denkmäler" (1965) – eine autobiographische Skizze von Anna Seghers und ihre Fortschreibungen

In diesem Kapitel geht es zunächst um die Grenze zwischen faktualen und fiktionalen Texten und um die Möglichkeit, sie zu überschreiten oder zu verwischen. Auch die Erzählerposition und die auffällige Zeitgestaltung des Beispieltextes werden unsere Aufmerksamkeit erfordern. Grundsätzlich will ich daran zeigen, dass und wie die exakte narratologische Analyse eines Textes zu einer Interpretation hinführen kann, die historische und kulturelle Kontexte einbezieht und damit erst ein vertieftes Verständnis des Textes möglich macht. Ganz nebenbei können wir auch (wieder) bemerken, dass scheinbar schlichte Texte es manchmal „in sich haben", das heißt raffinierter gebaut sind und mehr Deutungsmöglichkeiten enthalten als der erste Blick vermuten lässt. Dies lässt sich schließlich durch ein produktionsorientiertes didaktisches Verfahren, das ich „Fortschreibung" nenne, anschaulich machen.

Ein Gelegenheitstext

Die Schriftstellerin Anna Seghers, geboren 1900 und wohnhaft in Ostberlin, hat im Jahr 1965 auf Anfrage des Westberliner Verlegers Klaus Wagenbach einen kurzen Erinnerungstext über ihre Heimatstadt Mainz geschrieben, ihm den Titel *Zwei Denkmäler* gegeben und ihn in der Anthologie *Atlas. Zusammengestellt von deutschen Autoren* publizieren lassen. Bald darauf fand er in Wagenbachs *Lesebuch. Literatur der sechziger Jahre* weite Verbreitung und von dort aus den Weg in zahlreiche Textbücher für den Literaturunterricht an Schulen oder auch das Germanistikstudium im Ausland.[68] Es handelt sich also um einen inzwischen halbwegs verbreiteten Text, den die Seghers-Forschung allerdings nur selten erwähnt hat. Ich präsentiere ihn hier wiederum mit einer Satzzählung, die für einen späteren Analyseschritt hilfreich sein wird.

---

[68] Atlas zusammengestellt von deutschen Autoren. Berlin: Klaus Wagenbach 1965, S. 221f. – Lesebuch. Deutsche Literatur der sechziger Jahre. Hrsg. v. Klaus Wagenbach. Berlin 1968 u. ö., S. 18f. – Vgl. auch: Vom Nullpunkt zur Wende. Deutschsprachige Literatur nach 1945. Ein Lesebuch für die Sekundarstufe. Hrsg. v. Hannes Krauss u. Andreas Erb. 3. Aufl. Essen 2003 (Klartext) 3, S. 12f.

Zwei Denkmäler

(1) In der Emigration begann ich eine Erzählung, die der Krieg unterbrochen hat. (2) Ihr Anfang ist mir noch in Erinnerung. (3) Nicht Wort für Wort, aber dem Sinn nach. (4) Was mich damals erregt hat, geht mir auch heute noch nicht aus dem Kopf. (5) Ich erinnere mich an eine Erinnerung.

(6) In meiner Heimatstadt, in Mainz am Rhein, gab es zwei Denkmäler, die ich niemals vergessen konnte, in Freude und Angst auf Schiffen, in fernen Städten. (7) Eins ist der Dom. – (8) Wie ich als Schulkind zu meinem Erstaunen sah, ist er auf Pfeilern gebaut, die tief wie der Dom hochragt. (9) Ihre Risse sind auszementiert worden, sagte man, in vergangener Zeit, da wo das Grundwasser Unheil stiftete. (10) Ich weiß nicht, ob es stimmt, was uns ein Lehrer erzählte: Die romanischen und gotischen Pfeiler seien haltbarer als die jüngeren.

(11) Dieser Dom über der Rheinebene wäre mir in all seiner Macht und Größe im Gedächtnis geblieben, wenn ich ihn auch nie wiedergesehen hätte. (12) Aber ebensowenig kann ich ein anderes Denkmal in meiner Heimatstadt vergessen. (13) Es bestand nur aus einem einzigen flachen Stein, den man in das Pflaster einer Straße gesetzt hat. (14) Hieß die Straße Bonifaziusstraße? (15) Hieß sie Frauenlobstraße? (16) Das weiß ich nicht mehr. (17) Ich weiß nur, daß der Stein zum Gedächtnis einer Frau eingeführt wurde, die im ersten Weltkrieg durch Bombensplitter umkam, als sie Milch für ihr Kind holen wollte. (18) Wenn ich mich recht erinnere, war sie die Frau des jüdischen Weinhändlers Eppstein. – (19) Menschenfresserisch, grausam war der erste Weltkrieg, man begann aber erst an seinem Ende mit Luftangriffen auf Städte und Menschen.

(20) Darum hat man zum Gedächtnis der Frau den Stein gesetzt, flach wie das Pflaster, und ihren Namen eingraviert. – (21) Der Dom hat die Luftangriffe des zweiten Weltkriegs irgendwie überstanden, wie auch die Stadt zerstört worden ist. (22) Er ragt über Fluß und Ebene. (23) Ob der kleine flache Gedenkstein noch da ist, das weiß ich nicht. (24) Bei meinem Besuch hab ich ihn nicht mehr gefunden.

(25) In der Erzählung, die ich vor dem zweiten Weltkrieg zu schreiben begann und im Krieg verlor, ist die Rede von dem Kind, dem die Mutter Milch holen wollte, aber nicht heimbringen konnte. (26) Ich hatte die Absicht, in dem Buch zu erzählen, was aus dem Mädchen geworden ist.

Ich beginne meine erzähltechnische Analyse, indem ich verschiedene unserer bewährten Kategorien an diesen Text anlege, und zwar zunächst mit der (für den Einstieg in eine Analyse oft besonders nützlichen) Frage:

Wer erzählt hier eigentlich?

Nun, im Fall von *Zwei Denkmäler* ist es offenbar wirklich die *Autorin* selbst, keine von ihr konstruierte Erzählerfigur, denn es gibt keinen (logischen) Grund dafür, den Autorennamen Anna Seghers, das erzählende Ich und die erinnerte Ich-Figur *nicht* identisch zu setzen. Wenn wir aber so die Gleichung A=E=F aufstellen können, sagt der Erzählforscher Philippe Lejeune, dann gilt der „autobiographische Pakt". Anders formuliert: *Zwei Denkmäler* ist eine faktuale (nicht-fiktionale) Erzählung, die wir auch auf Grund des Publikationskontexts (es wurden von Wagenbach „persönliche" Texte erbeten) und nach ihrem Inhalt als eine Art *autobiographische Skizze* bestimmen und benennen können.

In ihr treten die Zäsuren und Perioden deutscher Geschichte im 20. Jahrhundert klar hervor: Kaiserreich, Erster Weltkrieg, Weimarer Zeit und Exil nach 1933, Zweiter Weltkrieg, das geteilte Nachkriegsdeutschland sind durch bestimmte, teils verschlüsselte Hinweise markiert und erkennbar. Die Erzählung verknüpft also schon auf der *histoire*-Ebene „Zeitgeschichte" und „Lebensgeschichte" (der Autorin). Das „Ich" der Erzählung umfasst somit neben dem „erzählenden Ich" im „Heute" gleich mehrere frühere, erinnerte Ich-Stufen, die verschiedenen Lebensaltern der Autorin von der Schulzeit um 1910 bis zur Schreibgegenwart 1965 entsprechen. Man kann sich dies (etwa auch an einer Tafel) verdeutlichen, wenn man diese erwähnten Zeitstufen als Abschnitte linear auf einen Zeitstrahl abbildet, der dann von ca. 1910 bis 1965 verläuft.

Im Text sind diese Zeitstufen allerdings nicht linear, sondern nach einem anderen Prinzip angeordnet. Vom Zeitpunkt der Niederschrift greift die Erinnerung auf verschiedene Ebenen der Vergangenheit zurück, um immer wieder in die Gegenwart zurückzukehren. Das habe ich an anderer Stelle[69] schon in einer Satz-für-Satz-Analyse deutlich gemacht, die ich hier noch einmal einfügen will:

---

[69] Vgl. Vogt: Aspekte erzählender Prosa, S. 133.

(1) Nach 1933, 1939-45

(2,3) Schreibgegenwart: 1965

(4) 1933-39 / 1965 („heute")

(5) 1965 / vor 1939 / unbestimmt zurückgreifend

(6) unbestimmte Vergangenheit (Kinderjahre?) / andauernd bis heute („niemals vergessen")

(7) unbestimmt / überdauernd

(8) um 1910 / unbestimmt / überdauernd / um 1910

(9) um 1910 / unbestimmt zurückgreifend: „in vergangener Zeit"

(10) 1965 / um 1910

(11) überdauernd: 1910 bis 1965

(12) 1965

(13-15) um 1920

(16) 1965

(17) 1965 / um 1920 / 1917-18

(18) 1965 / vor 1917-18

(19) 1914-18

(20) um 1920 (21) 1944 / 45

(22) überdauernd / 1965

(23) 1965

(24) zwischen 1947 und 1965

(25) vor 1939 / vor 1945 / 1917-18

(26) vor 1939 / nach 1917-18…

Fassen wir hier nur zusammen, dass der Text *Zwei Denkmäler* eine relativ regelmäßige Pendelbewegung zwischen der Schreibgegenwart und mehreren Stufen der erinnerten Vergangenheit beschreibt, ein regelrechtes *Zickzack der Erinnerung*.[70] Methodisch sehen wir dabei, dass die bloße Relation von Erzählzeit (hier: eineinhalb Seiten) und erzählter Zeit (ein halbes Jahrhundert) für einen kurzen autobiographischen Text zwar plausibel und naheliegend, analytisch aber nicht besonders hilfreich ist. (Man müsste zumindest die Verhältnisse im Rahmen und in der Binnengeschichte differenzieren.) Sehr viel interessanter sind die Aspekte, die Genette „Dauer" und „Ordnung" nennt. Dabei kontrastieren die *iterative* Tendenz des Rahmens und die *singulative* Erzählweise der Binnengeschichte, während die chronologischen Umstellungen erst die oben dargestellte Zickzackbewegung hervorbringen.

---

[70] Vgl. Genette: Die Erzählung, S. 25.

Verbunden mit dieser Zeitstruktur ist – wohlgemerkt im faktualen Bereich! – eine *dezentrierte Ich-Erzählsituation*: Die Autorin/Erzählerin erscheint zwar als Figur ihrer Geschichte, aber nicht als Hauptfigur. Im Grunde ist ihre Biographie nur der *Rahmen* für die *Binnengeschichte* oder Kernepisode vom Tod der Mutter und dem ungewissen Schicksal der Tochter Eppstein. Diese Variante der Ich-Erzählung wird üblicherweise „I as a witness" genannt: Die Autorin/Erzählerin ist „Zeugin" – und zwar hier im Doppelsinn von Augenzeugin und Zeitzeugin. Die dargestellte *Zeitschichtung* ist jedenfalls die *erste* von drei narrativen Strukturen, die zusammen eine unverwechselbare Erzählstrategie ausmachen.

Die *zweite* wichtige Erzählstruktur ist aus dem abstrakten „Konzept der Geschichte" abgeleitet (ein Begriff von Karl-Heinz Stierle), in diesem Fall aus der *Opposition von Groß und Klein*, von Oben und Unten, von Macht und Ohnmacht. Dieser Gegensatz ist ja schon im Titel angelegt, wirkt stark rezeptionslenkend und wird vor allem auf der Ebene der Dingsymbole (Dom vs. Gedenkstein) realisiert und variiert. Man kann dies Verfahren als eine strukturelle Symbolisierung von Anna Seghers' marxistisch begründeter, aber auch mit christlichen Einsprengseln versehener Weltsicht und Geschichtsdeutung verstehen (im gleichen Jahr 1965 publiziert sie z. B. einen Erzählungsband mit dem Titel *Die Kraft der Schwachen*[71]). Jedenfalls verknüpft diese paradigmatische Struktur der Opposition von Groß und Klein den Rahmen und die Binnengeschichte unseres Textes. Sie fordert aber, weil sie ja nicht weiter erläutert wird, auch zu (unterschiedlichen) Deutungen auf – und leitet insofern über zum *dritten* und wirkungsästhetisch wichtigsten narrativen Strukturelement.

Es handelt sich um die beiden *Leer- oder Unbestimmtheitsstellen*, die dem Text seinen eigentümlich offenen Doppelschluss geben. Mit diesen Begriffen beziehen wir uns auf eine zentrale Kategorie der so genannten Rezeptionsästhetik. Fehlende, ausgesparte, unbestimmte, rätselhafte Textelemente verschiedener Art, so die vor allem von Wolfgang Iser entwickelte Argumentation, geben den Leser/inne/n die Möglichkeit, nein – fordern sie geradezu auf, jene Leerstellen zu ergänzen und zu präzisieren, die Lücken „auszufüllen" und so an der Sinngebung des Textes, gewissermaßen als Ko-Autor/inn/en, mitzuwirken.

Welches sind nun die (auffälligen) Unbestimmtheitsstellen in unserem Text? Schon die eben erwähnten Symbole können – in bestimmten

---

[71] Die Formulierung dürfte dem Zweiten Brief des Paulus an die Korinther, Kap. 12, V. 9, entnommen sein. Vgl. Die Bibel. Einheitsübersetzung, S. 1686.

Grenzen – unterschiedlich bestimmt und „ausgelegt" werden. Vor allem aber fallen zwei „Leerstellen" im wörtlichen Sinne auf, und zwar schon typografisch: die Leerzeile (frz. *le blanc*) vor dem letzten Absatz und das lakonisch-offene Ende des Textes. Sie drängen uns zwei inhaltliche Fragen geradezu auf: *Was geschah mit dem zweiten Denkmal?* Und: *Was ist aus dem Mädchen geworden?* Mit diesen Fragen lässt die Autorin/Erzählerin ihre Leser und Leserinnen vorerst zurück. Ratlos? Nicht unbedingt. „Sie erzählt", so notierte schon 1938 der Kritiker Walter Benjamin über einen anderen Text der Seghers, „mit Pausen wie einer, der auf die berufenen Zuhörer im Stillen wartet und, um Zeit zu gewinnen, manchmal innehält."[72] Warum sollen wir uns nicht selbst als diese „berufenen" Zuhörer/innen oder Leser/innen begreifen, deren Aufgabe es nun sein kann, die Lücken zu schließen, in den Pausen mitzusprechen, oder wie der Erzähler Heinrich Böll gern gesagt hat, die Geschichte „*fortzuschreiben*"? Davon soll noch ausführlich die Rede sein. Zunächst aber wollen wir die faktuale Qualität unseres Textes noch einmal näher überprüfen und fragen deshalb:

Was ist wirklich geschehen?

Die historischen und persönlichen Fakten, die Anna Seghers für ihren Text, genauer gesagt: für die Binnengeschichte verwendet, lassen sich aus historischen Dokumenten ziemlich genau erschließen. So wird in der örtlichen Presse in Mainz eine „Verlautbarung des Polizeiamts vom 10. März 1918" zitiert, „Betreffend: Fliegerangriff auf Mainz am 9. März 1918: gestern Nachmittag gegen 1 1/2 Uhr wurden in M a i n z und Umgebung von einem feindlichen, vermutlich englischen Fliegergeschwader eine größere Anzahl Bomben abgeworfen, die neben bedeutendem Sachschaden, auch vielfach leichte und schwere Verletzungen von Personen sowie leider auch den Tod von 4 Militärpersonen und 7 Zivilpersonen herbeigeführt haben. Unter den getöteten Zivilpersonen befinden sich 2 männliche und 4 weibliche Erwachsene sowie ein Knabe." Namentlich aufgeführt werden dann in ebenso bemerkenswerter wie zeittypischer Reihenfolge: „Karl Codini, Wirt; Heinrich Wolf, Steuermann; Adam Hofmann [14 Jahre], Sohn eines Tagelöhners; Meta

---

[72] Vgl. Walter Benjamin: Eine Chronik der deutschen Arbeitslosen. Über Anna Seghers Roman „Die Rettung". In: W. B.: Schriften III. Frankfurt a. M. 1972, S. 530ff.

Cahn, Ehefrau; Maria Willmuth, Ehefrau; Maria Mappes und Katharina Winsiffer, beide Dienstmädchen".

In unserem Zusammenhang muss besonders Frau Meta Cahn interessieren. Sie stammte aus Karlsruhe, hieß mit Mädchennamen Altmann und war mit Jacob Cahn verheiratet, der von seinem Vater Herz Cahn eine Druckerei und Papiergroßhandlung geerbt hatte. Der Familienname Cahn war im deutschen, aber etwa auch im französischen Judentum weit verbreitet. Die Familie Cahn wohnte, wenige Minuten vom Ort des Fliegerangriffs entfernt, in der Schulstraße, einer gründerzeitlich-gutbürgerlichen Wohngegend. Sie waren ähnlich wohlhabend und sozial bestens integriert wie die Familie des Kunsthändlers Isidor Reiling, die in der parallel verlaufenden Kaiserstraße Nr. 34 wohnte und mit den Cahns gut bekannt war. (Die einzige Tochter der Reilings, mit Geburtsnamen Netty, nahm bereits als junge Frau den Künstlernamen *Anna Seghers* an!)

Die öffentliche Reaktion nach Meta Cahns Tod zeugt von allgemeiner Wertschätzung, wie ein Zeitungsbericht vom 12. März ergibt: „Die erste Beisetzung der Opfer, der Frau Meta Cahn, erfolgte gestern Nachmittag. Herr Oberbürgermeister Dr. Göttelmann gab seiner Teilnahme in ergreifenden Worten Ausdruck. Die ganze Stadt vereinigte sich in der Trauer, da ja jeder getroffen werden könne. Rabbiner Dr. Bondi widmete dem

Die Schulstraße nach dem Bombenangriff

Kind seiner Gemeinde einen tränenerfüllten Nachruf." – Und sogar der Landesherr, der Großherzog von Hessen-Darmstadt schickte ein Beileidstelegramm. Das Grab von Meta Cahn kann man übrigens heute noch auf dem jüdischen Friedhof in Mainz finden.

Der Witwer Jacob Cahn konnte zwei Jahrzehnte später, 1939, trotz massiver Repressalien der Nationalsozialisten nach Israel gelangen, wo er 1975 im Alter von 92 Jahren verstarb. Seine eigenen Erinnerungen an jenen Schicksalstag 1918 hat er kurz vor dem Tode noch schriftlich mitgeteilt:

> Ich war mit meiner Frau an diesem Samstag auf dem Weg von meinen auf dem Bonifaziusplatz wohnenden Eltern zu unserer Wohnung auf der Schulstraße, als die erste Bombe fiel. […] Wir hielten es erst für Fliegeralarm, aber es war schon ernst (angeblich sei bei der Alarmstelle Mittagspause gewesen) und meine Frau rief: ‚Ich lauf zu den Kindern', als auch schon die zweite Bombe niederging, an der Ecke zum Bonifaziusplatz, und sie tödlich traf. Ich war nur etwa 10 Meter hinter ihr, konnte ich nicht schnell genug folgen, und blieb unverletzt. Wir hatten zwei Kinder, ein Junge von noch nicht vier und ein Mädel von einhalb Jahren. […] An dem Stein, den man in das beschädigte Pflaster der Unglücksstelle eingesetzt hat, bin ich jahrelang […] auf meinem täglichen Weg in meine Geschäft auf dem Bonifaziusplatz vorbeigegangen, es war eine ovale Platte aus kleinen hellen und dunklen Steinen zusammengesetzt, aber ein Name war nicht darauf angebracht.

Aber auch seine Tochter, das kleine „Mädel", geboren 1916, hat überlebt, sich verheiratet und als Margarete Oppenheimer, geb. Cahn, in Buenos Aires (Argentinien) gelebt. Noch im Jahr 1993 erinnert sie sich in einem Brief nach Mainz unter anderem an ihre Schule, das Realgymnasium in der dortigen Schulstraße.

Damit sind einige Fragen beantwortet, die das von Seghers verarbeitete historische Tatsachenmaterial betreffen. Zugleich aber stellen sich neue, eher literarische bzw. technische Fragen, die nun die *narrative Verarbeitung* dieses Materials selbst betreffen: Trug der Gedenkstein einen Namen (wie der Text behauptet) oder nicht (wie Cahn erinnert)? Warum heißt Frau Cahn im Text Frau Eppstein? Warum kann die Autorin/Erzählerin sich nicht an den Namen der Straße erinnern und bei ihren späteren Besuchen (also nach 1945) den Stein nicht finden? Und warum verschweigt sie uns, was aus dem Mädchen *wirklich* geworden ist? Oder kurz und knapp gefragt:

Wie und warum macht sie das alles?

Was das kleine Denkmal angeht, so hatte man zunächst eine Steinplatte mit einem Kreuz verlegt, um die Opfer in der Schulstraße zu ehren, dann aber – aus Rücksicht auf die jüdische Mitbürgerin – durch das schwarzweiße Mosaik ersetzt, das Jacob Cahn erwähnt und das man in der heutigen Adam-Karrillon-Straße leicht auffinden kann (und – wenn auch noch nicht restauriert – wohl immer finden konnte).

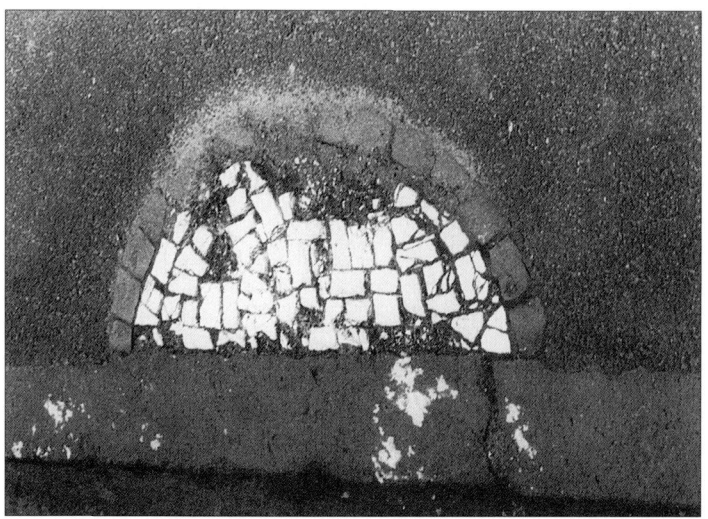

Aufnahme aus den 1970er Jahren

Die Umbenennung der Figur hat Seghers selbst 1969 in einem Brief an Jacob Cahn in Jerusalem erklärt: Sie habe „absichtlich einen beliebigen fremden Namen gewählt, weil [...] gar keine Verwechslung mit Ihrer eigenen Familie hätte vorkommen dürfen" – also mit Diskretion und Schutz der Privatsphäre begründet. Das muss man nicht bestreiten, um dennoch ein weiteres Motiv zu vermuten, das wir gleich ergründen wollen.

Stellen wir zunächst die Arbeitshypothese auf, dass die Autorin Seghers die Binnengeschichte von *Zwei Denkmäler* trotz der Verwendung historisch-faktischen Materials und unbeschadet der autobiographischen, das heißt faktualen Rahmung in Fiktion verwandelt, also *fiktionalisiert*. Die Grenze, die Aristoteles und Genette gezogen haben, ist demnach

einerseits logisch und bedeutsam, sie kann aber durchaus bewusst über-
schritten (oder verletzt?) werden. Wir fragen „warum?" und betrachten
die Einzelheiten nochmals genau.

„Hieß die Straße Bonifaziusstraße? Hieß sie Frauenlobstraße? Das
weiß ich nicht mehr." Die Bonifaziusstraße in Mainz ist die Verlänge-
rung, die Frauenlobstraße eine Parallele zur Schulstraße, deren Namen
Anna Seghers kaum vergessen haben dürfte, verlief sie doch ihrerseits
parallel zur Kaiserstraße, in der die Reilings selbst wohnten. Dass die
Autorin sich hier als „unreliable narrator", als *unzuverlässige Erzählerin*
darstellt, halte ich für einen Kunstgriff, ein Ausweichmannöver (rheto-
risch gesprochen: eine Metonymie oder Verschiebung). Es ermöglicht
eine *semantische* und *symbolische Aufladung* der genannten Straßenna-
men, die dann auf die gesamte Erzählung zurückwirkt. Bonifazius, der
irische Missionar der Deutschen, war von 745 bis 750 Bischof von Mainz
und ist mit dem ersten Denkmal unseres Textes, dem mächtigen Dom
verbunden. Eppstein – der Name also, der das allzu jüdische „Cahn"
ersetzt, ist ein Familienname aus dem Mainzer Judentum, aber auch der
Name einer rheinhessischen Stadt auf der anderen Rheinseite. Fünf Mal
zwischen 1060 und 1305 hielten die Grafen von Eppstein den Posten des
Mainzer Erzbischofs besetzt.

Das bedeutet: Durch die Umbenennung der Frau Cahn in die Frau
des „jüdischen Weinhändlers Eppstein" wird also gerade *keine* Opposition, sondern eine Art Symbiose zwischen Christentum und Judentum
hergestellt. Die Frauenlobstraße spricht, im Rahmen unserer Erzählung,
symbolisch für sich selbst, auch wenn sie historisch nicht an eine liebevolle Mutter, sondern an den Minnesänger Heinrich von Meißen, genannt Frauenlob, erinnert, der 1318 in Mainz verstarb. Das „Frauenlob"
ist jedenfalls mit dem zweiten, dem kleinen oder verschwundenen Denkmal zu assoziieren. Wir können zusammenfassen: Die Umbenennung,
die Seghers unter dem Vorwand von Erinnerungslücken vornimmt, bin-
det das exemplarisch und archetypisch ausgestaltete Lob der Mutter
(und ihres Opfertodes) in die Beschwörung heimatlicher und überraschender Weise *christlicher* Traditionen ein.

Narratologisch ist das Fazit zu ziehen, dass Seghers uns unter dem
Vorwand einer autobiographischen Reminiszenz zunächst in einen faktualen Erzählrahmen hineinzieht, der dann eine Binnengeschichte um-
schließt, die von faktischem Material ausgeht, aber an einigen entscheidenden Stellen fiktionalisiert wird. Diese Ablösung vom Faktischen dient
der poetischen Aufladung und Universalisierung des Erzählten, die Ver-

wischung historischer Einzelheiten und Fakten einer bestimmten Wirkungsabsicht und rezeptionsästhetischen Strategie, insbesondere der
Aktivierung der Leser/inn/en.

Diese Erzählstrategie lässt sich auch in eine erweiterte, eine kultur-
wissenschaftliche Perspektive integrieren. Die Erforschung des topographischen „Gedächtnisses", also der Gedenk- und Gedächtnisorte (die oft
genug auch „Tatorte" sind) und ihrer materiellen Zeichen (also der
„Denkmäler") ist seit einigen Jahrzehnten ein wichtiges Themenfeld der
Kulturwissenschaft – auch wegen der besonderen Last der deutschen
Geschichte. In diesem Kontext finden auch das unscheinbare Meister-
werk der Seghers und ein produktiver Umgang mit ihm, wie wir ihn
vorschlagen wollen, ihren Platz. *Zwei Denkmäler* ist eine narrative Miniatur über Monumente und Monumentalität und zugleich ein Modell
individueller und dialogischer Erinnerungsarbeit. Deshalb realisiert es
sich – als Text des Eingedenkens – ganz buchstäblich erst im Gebrauch,
den wir von ihm machen.

Das *zweite* Denkmal, der verschwundene Stein, droht ebenso stumm
zu bleiben wie das *erste*, das Monument der Macht – und auch ein *drittes* Denkmal, die einst geplante Geschichte des Mädchens, fällt der Gewalt zum Opfer. Ein *viertes* Denkmal wäre dann der Text, den wir vor
uns haben, und der uns ganz zwanglos zu *weiteren* Denkmälern oder
besser doch: *Geschichten* führt.

Fortschreibungen: Geschichte, Märchen, Mythos – und Missverständnis

Die methodische Erschließung des Textes in Schule oder Studium kann
unmittelbar an diese strukturellen Beobachtungen anschließen. Auf die
gemeinsame Lektüre – *Vorlesen* bringt den quasi-mündlichen Erzähl-
duktus zur Geltung – folgt ein an *Leitfragen* orientiertes Unterrichts-
gespräch. Zunächst könnten wir fragen: Was erfahren wir über die Autorin?
Und was über die deutsche Geschichte, die sie durchlebt? Die historischen Zäsuren 1914-18, 1933 und 1945 könnten auf einer *Zeitleiste* im
Tafelbild erscheinen und gegebenenfalls mit den entsprechenden Le-
bensabschnitten und Aufenthaltsorten der Autorin (Mainz, Frankreich–
Mexiko, Berlin–Mainz) ergänzt werden. In einer weiteren Spalte könnten
die entsprechenden Angaben über Mutter und Tochter Eppstein eingetragen werden – wobei das Schicksal der Tochter als Leerstelle („???")
erscheint.

Sodann sollte die *Symbolstruktur* des Textes, die Opposition der zwei Denkmäler „Dom" und „kleiner flacher Gedenkstein" diskutiert werden (auch dies lässt sich an der Tafel visualisieren) und zu der Frage führen, was denn nun aus dem Stein geworden ist: Haben ihn die Nazis entfernt? Wurde er unter Kriegstrümmern verschüttet? Hat man ihn im Wirtschaftswunder zubetoniert? Oder hat ihn die Autorin nur nicht gefunden? Mit all diesen Fragen, die sich auf die Leerstelle im Text beziehen, sind faktische historische Möglichkeiten benannt, – die dann schließlich zu der *schriftlichen Aufgabe* führen: *„Was ist aus dem Mädchen geworden?"*

Die Aufgabe, die Geschichte (d. h. die Lebensgeschichte des Mädchens mit Namen Eppstein) zu erzählen, die Anna Seghers „im Krieg verlor" oder aus anderen Gründen nicht beendete und auch jetzt nicht erzählt, gibt die Möglichkeit, historisches Wissen und individuelle Phantasie kreativ zu verbinden und die verschiedenen Deutungen dann weiterführend zu vergleichen und zu diskutieren.

Dabei gibt es erfahrungsgemäß eine große Bandbreite möglicher Erzählungen; es lassen sich aber *drei vorherrschende Grundmuster* oder narrative Transformationsmodelle unterscheiden, die in Variationen immer wiederkehren und vor allem vom Stand des historischen Wissens, aber auch von der jeweiligen individuellen, kulturellen und nationalen Erfahrung wie auch von Generations- und Geschlechtszugehörigkeit geprägt sind. Naheliegenderweise ist das Identifikationspotenzial bei Leser*innen* besonders groß. Einige typische Beispiele sollen hier zitiert und kurz kommentiert werden.

(1) Es ist anzunehmen, daß das Mädchen zur Zeit des 2. Weltkriegs etwa 19-20 Jahre alt war. Sein Schicksal war ganz bestimmt kein leichtes, weil es ein jüdisches Mädchen war. Vielleicht war sie in den grausamen Jahren des Faschismus ums Leben gekommen – in einem KZ oder in der Kristallnacht. (Deutschlehrerin, 37, aus der Sowjetunion)

Diese Erzählung lehnt sich eng an die geschichtliche und „statistische" Wahrscheinlichkeit an, anders gesagt: an unser historisches Wissen von der Verfolgung und Vernichtung der deutschen und europäischen Juden durch den Nationalsozialismus. Ich nenne sie typisierend die *Holocaust-Geschichte*. Solche Geschichten folgten dem Muster *historischer Narration*, sind zumeist aber wenig individualisiert. Andererseits verwendet die russische Lehrerin bezeichnenderweise die präzisen historischen Begriffe. Anders das nächste Beispiel:

(2a) Die Mutter ist nie wieder heimgekommen, aber es dauerte nicht lange, bis eine jüdische Familie sie gefunden hat – einige Tage oder so. Die Familie war auf dem Weg, nach den USA mit einem Schiff zu fahren, weil sie Angst hatten. Das Kind ist mit ihnen gefahren. Dort, in Connecticut, ist sie aufgewachsen bei der jüdischen Familie, und im Jahr 1960 sind sie und ihr Mann nach Deutschland zurückgeflogen, um den Grabstein auf den Platz hinzulegen. (Die Familie hat ihr erzählt, wo sie das Mädchen gefunden haben.) Obwohl das Mädchen nie wußte, warum ihre Mutter nicht zurückgekommen ist, wußte sie in ihrem Herz, daß sie sie nicht einfach verlassen hatte. Sie war beruhigt. (Studentin, 22, University of Wisconsin, USA)

Solche *Rettungsgeschichten* sind teils realistisch, teils *märchenhaft* ausgestaltet, verwenden typischerweise die Motive von Flucht, Versteck, Helfer(inne)n, Ankunft im Exil und Akkulturation in der „neuen Heimat" und gipfeln häufig in einem privaten *Happy End*, aber auch in moralisch begründetem Engagement der geretteten jungen Frau (z. B. Fürsorge für Flüchtlingskinder). Diese Variante ist bei der jüngeren Generation sehr beliebt und dominiert, aus historisch-perspektivischen Gründen, ganz eindeutig bei anglo-amerikanischen Studierenden. Wir dürfen allerdings auch vermuten, dass diese Variante nahe bei der ursprünglichen Absicht Seghers' liegt, die sie in der „verlorenen" Geschichte ausführen wollte. (Tatsächlich hat Seghers in der Exilzeit in Mexiko eine Erzählung mit dem Titel *Mariage Blanc* geplant und 1945 sogar als Fragment publiziert.) Dies wird jedenfalls auch von der frühesten Fortschreibung nahegelegt, die auf einem persönlichen Gespräch der Verfasserin, in diesem Fall der Schriftstellerin Christa Wolf, mit Frau Seghers beruhen dürfte und ebenfalls die Motive von Rettung und Heirat verknüpft:

(2b) [Das Mädchen feiert] eine jener vorgetäuschten Hochzeiten, die, nicht so selten, zum Schein geschlossen wurden, zum Beispiel kann die Braut bestimmte Papiere brauchen, um zu ihrem richtigen Bräutigam zu gelangen, Papiere, die sie allerdings nur als verheiratete Frau bekommt. Die geplante wirkliche Hochzeit aber wird niemals begangen, dagegen erweist sich die falsche als ernst und dauerhaft. [73]

Das dritte typische Beispiel nenne ich *Wiederholungsgeschichte*:

(3) Das Mädchen ist nach dem Ersten Weltkrieg bei seiner Tante aufgewachsen, hat die Schule besucht. Als junge Frau hat sie dann geheiratet und eine

---

[73] Christa Wolf: Glauben an Irdisches. In: C. W.: Lesen und Schreiben. Neue Sammlung. Darmstadt/Neuwied 1980, S. 128.

Familie gegründet. Das Kind, das sie bekam, war ein Mädchen. Dann kam der Zweite Weltkrieg. Der Mann mußte an die Front. Als er nach dem Krieg zurückkam zu seiner Familie, hatte er keine mehr. Nur seine kleine Tochter fand er bei seiner Schwester wieder. Seine Frau war von einem Bombensplitter getötet worden, als sie ihrem Kind etwas zu essen holen wollte. (Studentin, 19, Universität Leipzig)

Wie unter *mythischem* Zwang folgt der Zweite auf den Ersten Weltkrieg, das katastrophale Schicksal der Mutter wiederholt sich scheinbar unvermeidlich in dem der Tochter. Die Wiederholungsgeschichte erlaubt allerdings als einziges Erzählmuster (auch im hier zitierten Text), von der *jüdischen* Identität des Mädchens und deren Auswirkungen abzusehen (anders gesagt: das schicksalbestimmende Adjektiv *jüdisch* zu überlesen). Ganz ähnlich wie auch in den allermeisten Werken der deutschen Nachkriegsliteratur seit 1947 überlagert der Schrecken des Krieges den Horror des Holocaust.

Alle drei Geschichten bzw. Modelle liegen im Rahmen des historisch Möglichen und durchaus auch im Spektrum individueller Schicksale, wie Anna Seghers sie in anderen Werken, gebündelt etwa in ihrer berühmten Erzählung *Der Ausflug der toten Mädchen* (1946) selbst beschrieben hat. Und „Geschichte, Märchen, Mythos" nennt Christa Wolf als die drei konstitutiven Elemente von Seghers' Erzählkunst.[74] (Man kann auch noch an einen Typus *Widerstandsgeschichten* denken, wie sie im Werk von Anna Seghers aus historischen wie persönlichen Gründen bekanntlich eine große Rolle spielen, sich zum Teil aber mit den erwähnten Grundtypen überschneiden.)

Es kann also, wie der Semiotiker Umberto Eco sagt, hier wie bei jeder Interpretation nicht um die „einzig richtige" oder „gute" Deutung oder Fortschreibung gehen – was nicht heißt, dass es keine „schlechte" oder „falsche Interpretation" geben könnte.[75] Das zeigt ein weiteres Beispiel:

(4) Das Mädchen wurde in Mainz am Rhein erwachsen. 1933 ist sie nach Mexico geflogen, aber zwischen dem Ersten Weltkrieg und 1933 ist sie in die kommunistische Partei hineingezogen worden. 1945 ist sie zurück nach Ost-Deutschland gezogen. Dann 1965 würde sie eine Geschichte über ihre Heimat schreiben und sie würde in ‚Zwei Denkmäler' ihren Standpunkt ausdrücken. (Studentin, 18, Oxford University)

---

[74] Christa Wolf: Zeitschichten. Nachwort in: Anna Seghers: Ausgewählte Erzählungen. Darmstadt/Neuwied 1983, S. 363ff.

[75] Vgl. Umberto Eco: Die Grenzen der Interpretation. München 1992, S. 51ff.

Hier ist die Rettungsgeschichte mit einer – erzähllogisch unzulässigen – *Identifizierung von Autorin* (Seghers) *und Figur* (Eppstein) verbunden. Diese Fehldeutung ist allerdings so häufig, dass man sie fast schon systematisch nennen kann. Dabei ist nicht immer zu entscheiden ist, ob sie naiv – als Missverständnis der Figurenkonstellation – zustande kommt oder bewusst, gewissermaßen metafiktional vorgenommen wird. In beiden Fällen wäre aber zu vermuten, dass die Verfasser(innen) auf die symbolische Aufladung der Konstellation Mutter-Tochter Eppstein reagieren.

Die Varianten, die hier vorgestellt wurden und in jeder Klasse oder Arbeitsgruppe ähnlich erzeugt werden können, bieten ausreichend Stoff und Motivation für ein nachfolgendes Gespräch, einen „Wettstreit der Interpretationen", in dem dann auch der ganze Problemkreis von Nationalsozialismus, Judenverfolgung und Holocaust mit allen Ambivalenzen und Widersprüchen diskursiv ausgeleuchtet und aufgearbeitet werden kann. Das *Erzählen des Nichterzählten*, der hypothetischen Biographie – oder, mit Aristoteles, dessen „was geschehen könnte" – löst also, bildlich gesprochen, die „Denkmäler" aus ihrer Versteinerung, gibt dem topographischen Monument die zeitliche Dimension zurück, aktiviert das kulturelle Gedächtnis in Form individueller und gewissermaßen „halbfiktionaler" Erzählung. Damit wird ein didaktisches Prinzip realisiert, das der Geschichtsdidaktiker Bodo von Borries unter dem Begriff „Imaginierte Geschichte"[76] gefasst hat und das verstärkt auch für die Literaturdidaktik produktiv gemacht werden sollte.

Arbeitsvorschlag

Wie schon kurz erwähnt wurde, existiert eine frühere, kürzere und ‚einfachere' Fassung des Textes mit dem gleichen Titel. Anna Seghers hat sie am 1. August 1945 während ihres Exils in der deutschsprachigen Zeitschrift „Demokratische Post" in Mexico City veröffentlicht. Dabei handelt es sich um die Anfangspartie einer längeren Erzählung mit dem Titel *Mariage Blanc* (im Sinne von Scheinheirat, Eheschließung nur auf dem Papier), an der Seghers seit 1940 gearbeitet, die sie aber nach eigener Auskunft „verloren" oder nicht abgeschlossen, jedenfalls nie veröffentlicht hat. Die mexikanische Publikation fällt in den Zeitraum, in dem

---

[76]   Bodo von Borries: Imaginierte Geschichte. Die biografische Bedeutung historischer Fiktionen und Phantasien,   Köln u.a. 1996.

𝕫𝔴𝔢𝔦 𝔇𝔢𝔫𝔨𝔪𝔞𝔢𝔩𝔢𝔯

Aus einer unveroeffentlichten Novelle "Mariage Blanc"
VON ANNA SEGHERS

Zwei Denkmaeler meiner Vaterstadt, die vielleicht bis auf den Grund zerstoert worden ist, sind so fest in mein Gedaechtnis gepflanzt, dass sie keiner Zerstoerung anheimfallen koennen.

Eines dieser Denkmaeler ist der Dom, den man ueber die weite Ebene sieht und von den fernen Huegeln auf dem rechten Rhein-

Zeichnung von Xavier Guerrero

ufer. Seine Pfaehle reichen bergwerkartig beinahe so tief in die Erde wie seine Tuerme in den Himmel. Das ganze Volk hat an dem Dom laenger als ein Jahrtausend gebaut. Unter seinem Gewoelbe liegen die Erzbischoefe, die des Heiligen Roemischen Reiches Deutscher Nation Erzkanzler waren.

Das andere Denkmal ist so unansehnlich, so klein und so flach, dass es vielleicht noch unbeschaedigt in dem Schutt und Geroell versteckt ist. Es war einem nur aufgefallen, wenn man genau gewusst hatte, wo es lag. Es war ein blank gehobelter mit einer Jahreszahl versehener Stein, der sich kaum von den uebrigen Pflastersteinen abhob. Der Magistrat der Stadt hatte diesen Stein im ersten Weltkrieg in die stille Strasse einfuegen lassen zur Erinnerung an eine Frau, die an dieser Stelle von einer Bombe erschlagen worden war. Die Frau war trotz des Fliegeralarms ueber die Strasse gelaufen, um Milch fuer ihre Kinder zu holen. Ihr Tod war damals noch etwas so sonderbares und seltenes, dass die Stadtverwaltung beschloss, ihn fuer immer den Mitbuergern einzupraegen.

Sie war die **Frau des juedischen Weinhaendlers Gebhardt.**

Seghers endgültig Gewissheit darüber erhielt, dass ihre Mutter Hedwig Reiling 1942 mit mehreren hundert jüdischen Männern und Frauen aus Hessen ins polnische Ghetto Piaski deportiert worden war und entweder dort zugrunde ging oder in einem Vernichtungslager ermordet wurde. Ein genauer Textvergleich ist sowohl für die Entstehungsgeschichte wie auch für die narrative Struktur (Erzählerposition, Zeitgestaltung, Symbolik u. a. m.) wie auch schließlich für die Interpretation von *Zwei Denkmäler* außerordentlich aufschlussreich.[77]

---

[77] Jochen Vogt: Was aus dem Mädchen geworden ist. Kleine Archäologie eines Gelegenheitstextes von Anna Seghers, in Argonautenschiff. Jahrbuch der Anna-Seghers-Gesellschaft 6 (1997), S.121-136.

8. Momentaufnahmen aus dem falschen Leben

Moderne Kurzgeschichten – Gabriele Wohmann: „Verjährt" (1965) und Hans Joachim Schädlich: „Versuchte Nähe" (1977)

In diesem Kapitel wenden wir uns einer narrativen Kurzform zu, die in der deutschen Literatur nach 1945 einen erstaunlichen Aufstieg erlebte und vor allem auch im Unterricht beliebt war und ist: der Kurzgeschichte. Neben einigen gattungstypischen Merkmalen, wie etwa dem Ausschnittcharakter des Erzählten und den Techniken der indirekten Charakterisierung soll an den beiden ausgewählten Texten auch ein spezieller thematischer Aspekt untersucht werden: die Verknüpfung von privaten und politischen Themen. Dabei kontrastiere ich zwei Texte, die auf die Realität der westdeutschen und der ostdeutschen Gesellschaft vor 1989 bezogen sind.

Deutsche Tradition und amerikanischer Import

Im Gegensatz zu anderen kurzen, den so genannten „einfachen" Erzählformen wie Märchen, Sage, Fabel u.a., die in einer viele Jahrhunderte oder Jahrtausende alten Tradition stehen, ist die *Kurzgeschichte* tatsächlich eine „moderne" Form. Ihre Entstehung, ihren Aufschwung und ihre Verbreitung in verschiedenen Sprachen und Literaturen verdankt sie wesentlich der modernen Massenkommunikation, genauer gesagt: der Presse, die seit Beginn des 19. Jahrhunderts in Europa und den USA eine stürmische Entwicklung durchmachte.

Wie Michail Bachtin mit Recht bemerkt hat, kam die epochale Neuerung des Buchdrucks zu Beginn der Neuzeit in erster Linie der Großform der Prosa-Erzählung, also dem *Roman* zugute, der über kurz oder lang zum dominierenden Genre des Literaturbetriebs wurde und dies heute mehr denn je ist. Aber die aufblühenden Zeitungen und Zeitschriften boten auch Platz für neue k*urze Formen*, schufen und befriedigten (und verstärkten damit wiederum) die Nachfrage eines neuen, breiteren Lesepublikums nach ebenso neuen, aufregenden oder unterhaltsamen Geschichten.

Dies gilt, narratologisch gesprochen, sowohl für den *faktualen* Sektor mit den verschiedenen Formen und Formaten des *Berichts,* von der *Nachricht* bis zur literarisch anspruchsvollen Form der *Reportage;* wie auch für die fiktionalen *Erzählungen* kürzeren und mittleren Umfangs, vom (ursprünglichen mündlichen) *Witz* bis zur *Novelle* und – zumindest zeitweise ein wichtiger Sonderfall – zum *Fortsetzungsroman* (die epische Großform in Tagesrationen!). Sie befriedigen die Wünsche ihrer Leserinnen und Lesern einesteils durch Geschichten aus ihrer eigenen vertrauten Lebenswelt, andernteils aber auch dadurch, dass sie sie in die Fremde, in die Vergangenheit oder das Reich der Phantasie „entführen"; manchmal auch, wie etwa bei der Kriminalgeschichte, durch eine Mischung aus Realitätsbezug und Erfindung.

In Europa war dieser Prozess, analog zur historischen Entwicklung überhaupt, in Frankreich und Großbritannien am weitesten fortgeschritten. Für die Kurzgeschichte im engeren Sinne werden aber vor allem die Vereinigten Staaten von Amerika mit ihrem wachsenden Massenpublikum und ihren neuen Massenblättern und Magazinen maßgebend. Große und Maßstäbe setzende Autoren der jungen amerikanischen Literatur wie Edgar Allan Poe, Mark Twain und viele andere erproben, mit mehr oder weniger Erfolg, seit der Mitte des 19. Jahrhunderts die Spielräume, welche die damals „neuen" Medien dem Erzählen boten. Später popularisieren andere Autoren die Form, die dann *short story* heißt. Um 1900 ist es besonders der New Yorker Journalist und Erzähler mit dem Pseudonym O. Henry (bürgerlich William S. Porter), dessen Alltagserzählungen im Wochenrhythmus in Familienzeitschriften erscheinen und, zwischen Alltagsrealismus und Märchenton pendelnd, ein Millionenpublikum finden.[78]

Mit einiger Verzögerung findet diese Form dann ihren Weg in die weite Welt, große französische und russische Erzähler greifen sie auf und machen sie zu einem Instrument der psychologischen Analyse und der (oftmals unausgesprochenen) Sozialkritik. In Deutschland gab es seit etwa 1800 eine Tradition *novellistischen* Erzählens, die von den Romantikern, aber auch von Goethe gepflegt wurde; vereinzelt fanden sich aber auch schon echte Kurzformen: Heinrich von Kleists Anekdoten in den *Berliner Abendblättern*, Johann Peter Hebels Kalendergeschichten aus dem *Rheinischen Hausfreund* sind aber nur sehr begrenzt traditionsstiftend. Im poetischen Realismus der zweiten Jahrhunderthälfte dominieren der Roman und wiederum die Novelle, gelegentlich auch als Novellenzyklus (z. B. Gottfried Keller: *Die Leute von Seldwyla*). *Kurze* Prosaformen findet man dann, mit unterschiedlichen Zielen und Be-

---

[78] Nähere Informationen zu O. Henry und eine exemplarische Analyse seiner berühmtesten Kurzgeschichte finden Sie bei Jochen Vogt: Einladung zur Literaturwissenschaft, 6. Aufl. München 2008, S. 124-138.

gründungen, im Naturalismus um 1890, im Expressionismus nach 1910, besonders markant bei Autoren wie Franz Kafka, Alfred Döblin und Bertolt Brecht.

Auf breiter Front kam die Kurzgeschichte aber erst nach 1945, im Kulturgepäck der amerikanischen Besatzungsmacht nach Deutschland. Es waren nun zeitgenössische *short story*-Schreiber wie Ernest Hemingway und William Faulkner, an denen sich die ganz jungen deutschen und österreichischen Nachkriegsautoren und -autorinnen wie wie Ilse Aichinger, Ingeborg Bachmann, Heinrich Böll, Wolfgang Borchert, Wolfdietrich Schnurre, Siegfried Lenz und viele andere inspirierten und schulten. Dass er „mit Kurzgeschichten zu schreiben angefangen habe, das hat sehr viele Gründe, natürlich auch die, sagen wir, Kurzatmigkeit der Epoche", resümiert Böll später.[79] Besonders der Ausschnittcharakter dieser Texte, die viel zitierte literarische „Momentaufnahme", faszinierte die jungen Menschen, die aus Krieg, Gefangenschaft, Bombennächten und Ruinen nur bruchstückhafte, chaotische Erfahrungen mitbrachten und sie kaum in einen Zusammenhang oder Erzählrahmen fügen konnten. Auch das weitgehende Ausblenden von Reflexion, die (scheinbare) Beschränkung auf bloße Beschreibung, und die betont unheroischen Figuren fügten sich in dieses Konzept. Schließlich schien die knappe Form auch besonders geeignet, um nach dem Kulturbruch von 1933/1945 eine „neue", unbelastete Sprache zu entwickeln. Dies war ein wichtiges Ziel jener Generation, die sich in Westdeutschland in der „Gruppe 47" zusammenfand. Wenn die „deutsche Nachkriegsliteratur als Ganzes eine Literatur der Sprachfindung gewesen ist", wie Böll[80] rückblickend betont, dann gilt dies für die Kurzgeschichte in besonderem Maße. Damit gewinnt diese Form auch in der neuen deutschen Literatur eine besondere Bedeutung.

Seit den fünfziger Jahren erweitert sie ihr thematisches und formales Spektrum und wird quantitativ wie qualitativ zu einer wichtigen, ja dominierenden literarischen Form. Dreißig Jahre nach Franz Kafkas Tod wirken seine Texte aus ihrem amerikanischen Exil zurück auf junge deutsche Autoren wie Martin Walser, und regen sie zu grotesken und parabolischen Versuchen und Varianten an. Auch mit der aus Frankreich

---

[79] „Ich habe nichts über den Krieg aufgeschrieben". Ein Gespräch mit Heinrich Böll und Hermann Lenz, in: N. Born/J. Manthey (Hrsg.): Nachkriegsliteratur, Reinbek 1977, S. 69.

[80] Heinrich Böll: Frankfurter Vorlesungen, in: Heinrich Böll Werke. Kölner Ausgabe, Bd. 14, Köln 2002, S. 168.

importierten existentialistischen Zeitstimmung verträgt sich diese kurze Form bestens, wenn es darum geht, Situationen der Entscheidung, die Verknüpfung von Zufall und Schicksal, oder das Gefühl des Absurden auszudrücken. Schließlich werden auch die pädagogischen Möglichkeiten, die der begrenzte Umfang der Kurzgeschichte, ihre überschaubaren Strukturen und symbolischen Mehrdeutigkeiten bieten, bald erkannt und im Literaturunterricht intensiv genutzt.

Und die nächste, nachrückende Autor/inn/engeneration lernt schnell, noch sehr viel reflektierter und effektbewusster mit der Form umzugehen und ihre Mittel kalkuliert einzusetzen. Sie entdeckt und perfektioniert die Kurzgeschichte oder auch „Kurzprosa" als Instrument der (sprachlich meist nur angedeuteten oder indirekt formulierten) kritischen Darstellung von sozialen Situationen, Lebensstilen und Mentalitäten. Sie zielt auf die Verfremdung und Aufdeckung von „verkehrten" Zuständen im „falschen Leben" (wie der Philosoph Theodor W. Adorno damals gern formulierte). Dabei verschränkt sie oftmals individuelle und kollektive, private und politische Aspekte. Die Kurzgeschichte wird damit zur typischen Form einer subtilen Gesellschaftskritik, die wegen ihrer Aussparungstechniken und generellen Indirektheit auch erhebliche „rezeptionsästhetische" Ansprüche an ihre Leser und Leserinnen stellt. Zwei Beispiele dieses Typus, eines aus der Bundesrepublik der 1960er und eines aus der DDR der 1970er Jahre, werden nachfolgend exemplarisch analysiert. Dabei soll es vor allem darum gehen, die genannten „kritischen" Intentionen und Botschaften aus der Einsicht in ihre erzähltechnische Konstruktion zu erschließen und zu entfalten.

Gabriele Wohmann: „Verjährt" (1965)

„Das Triste, Verfahrene menschlicher, vorwiegend familiärer Beziehungen, von Eltern, Geschwistern, Kindern, von Verwandtschaft oder von Mann und Frau, wird registriert und in einer zuweilen überwachen, Zusammenhänge beobachtenden und scheinbar kaltherzig aufdeckenden Prosa fixiert: eine Prosa der kleinen Widerhaken, die in wahrnehmenden Sätzen sich verfestigen, Sätzen, die plötzlich die ganze Misere von Zusammenleben und In-Beziehungen-Stehen freigeben."[81] So cha-

---

[81]   Karl Krolow: „Vielen ist lebend nicht wohl" (1968), in: Klaus Siblewski (Hrsg.): Gabriele Wohmann: Auskunft für Leser, Darmstadt/Neuwied 1982, S. 55.

rakterisiert der Literaturkritiker und Lyriker Karl Krolow im Jahr 1968 Gabriele Wohmanns Erzählungsband *Ländliches Fest* insgesamt und die darin enthaltene, schon 1965 verfasste Kurzgeschichte *Verjährt* im besonderen.[82] Sie ist exemplarisch für die Thematik und Schreibweise, die Wohmann in fast all ihren Romanen und Erzählungen bevorzugt. Aber dieser Text folgt auch sehr genau den Genreregeln der klassisch-modernen Kurzgeschichte, indem er eine ausschnitthafte, alltägliche Situation, ja einen „Augenblick" als „Summe eines Lebens" modelliert. Dies wiederum zwingt „zur besonderen Ökonomie der Mittel", wie ein anderer Kritiker im Blick auf Wohmanns Kurzgeschichten festgehalten hat. [83]So müssen etwa die Charaktere der Figuren, ihre Beziehungen zu- und ihre Konflikte miteinander, aber auch die sozialen und historischen Umstände wie nebenbei aus der knapp skizzierten Situation „herausgelesen" werden. Eine sinnerschließende Lektüre dieses Textes kann sich also an der (scheinbar nur) *erzähltechnischen* Frage orientieren, wie diese Kontexte aufgebaut werden und welche Erzähldynamik sich dabei entwickelt.

Die Erzählung setzt im Duktus der Alltagsrede ein, ohne vorgegebene und erkennbare Sprechsituation: mit zwei prädikatlos konstatierenden Sätzen und einer eher nichtssagenden Charakterisierung der „Nachbarn in der Strandhütte rechts", die bis ans Ende namenlos bleiben. Es sind „[n]ette Leute", „[r]uhige Leute" (S. 42) – zwei Schlüsselwörter, die mehrfach wiederholt werden, deren konventionelle Positivität aber vor allem das Fehlen ausgeprägter Charakterzüge oder starker Empfindungen verschleiert.

Wer aber spricht hier? Eine persönliche, wenn auch namenlos bleibende ErzählerIn, wie uns schnell deutlich wird, denn sie spricht zu „Reinhard", den wir uns als Ehemann vorstellen dürfen, obgleich erst drei Seiten später das „wir beide" fällt und auch die „Nachbarn" erst jetzt explizit als „Mann" und „Frau" bezeichnet werden (S. 44). Er wird noch mehrfach angesprochen, zum Teil in Form rhetorischer Fragen („Findest du nicht, Reinhard?", S. 42), bleibt aber durchweg stumm, er könnte eben so gut abwesend sein. Es handelt sich also um eine konsequent durchge-

---

[82] Im Folgenden zitiert nach der Erstausgabe: Gabriele Wohmann: Verjährt, in: G. W.: Ländliches Fest und andere Erzählungen, Darmstadt 1968, S. 42-47. Der Text findet sich u.a. auch in den folgenden Anthologien: Vom Nullpunkt zur Wende. Deutschsprachige Literatur nach 1945. Ein Lesebuch für die Sekundarstufe. Hrsg. v. Andreas Erb u. Hannes Krauss, 3. Aufl. Essen 2003; Deutsche Kurzprosa der Gegenwart. Hrsg. v. Werner Bellmann u. Christine Hummel, Stuttgart 2005.

[83] Marcel Reich-Ranicki: Bitterkeit ohne Zorn (1967), ebda., S. 63, 61.

führte *Monologerzählung*[84], allerdings nicht in der klassischen Form des
„inneren Monologs", sondern als Hälfte eines gesprochenen Dialogs,
dessen anderer Teil ausfällt: eine etwas künstliche narrative Struktur,
deren kommunikative Asymmetrie allerdings schon die Beziehungs-
struktur der beiden Figuren abbildet.

Die Situation wird in wenigen Andeutungen markiert und dann mit
Details angereichert. Epische „Handlung" fehlt völlig bzw. wird nur
durch die Wahrnehmung und Erinnerung der Erzählerin vermittelt. Sie
selbst und die Figuren, von denen sie spricht, genießen einen Sommer-
urlaub an der See, im herkömmlich bürgerlichen Stil, in einem Milieu
bescheidenen Wohlstands. Der Name des Hotels JULIANA könnte auf
die holländische Nordseeküste deuten; der begrenzte Raum zwischen
„Leuchtturm", „Abschlußdamm", „Hafenort" und „Hauptort der Insel"
(S. 42) lässt beispielsweise an eine der westfriesischen Inseln denken.

Das ist aber unwichtig, denn es geht in Raum und Zeit vor allem um
die Begrenztheit; herausgestellt wird Gleichförmigkeit, die Wiederholung der Abläufe im Großen wie im Kleinen. Dem dient die spezifische
Erzählweise des *ersten* und des *zweiten* Abschnitts der Kurzgeschichte,
die auffällig *iterativ* (im Sinne von Lämmert oder Genette) gestaltet sind:
Eine Mehrzahl von analogen Situationen und Ereignissen verschmilzt zu
einem typischen Erinnerungsbild. Das zeigt überdeutlich die Häufung
von iterativen Temporaladverbien und Konstruktionen: „jeden Sommer", „auch letztes Jahr", „wie im Jahr zuvor oder danach", „öfter",
„[w]iedermal", „vier Mittwochnachmittage", „stets", „immer", „meistens",
„auch vor drei Jahren, beispielsweise" (S. 42f.) u.a.m. Auch Reihungen, die
den immer gleichen Tagesablauf resümieren, wie „Der Pudel, das Wetter,
der Badewärter" usw. (S. 43), oder die Erzählerreflexion über das im
Wechsel identisch erscheinende Hotelpersonal sind iterative Stilmittel und
bekräftigen die ausdrücklich erwünschte „Übereinstimmung": „je mehr
die Ferien sich gleichen, desto besser die Erholung." (S. 42)

Der *dritte* Absatz vertieft diesen Eindruck, macht aber auch deutlich,
dass die leitmotivisch beschworene „Ruhe" ihren Preis hat, das Resultat
einer anstrengenden ‚Beziehungsarbeit' ist. Die Intimbeziehung der
Nachbarn wird anhand eines Details psychologisch vertieft, bleibt aber
ambivalent: Ist es Diskretion oder Gleichgültigkeit, wenn sie sich beim
Umkleiden „rücksichtsvoll" (S. 44) aus dem Wege gehen? Zuvor schon
lenkt die Erzählerin, zunehmend *pseudo-auktorial,* den Blick zurück auf

---

[84]   Vgl. Vogt: Aspekte erzählender Prosa, S. 179ff. und besonders S. 188ff.

eine (inhaltlich unbestimmte) Vorgeschichte „vor ungefähr fünfzehn Jahren" (S. 43) und lässt durchblicken, dass der heutige „Frieden" ein fauler sein könnte: „Das Erreichte scheint sie manchmal fast zu lähmen." (S. 43) Schließlich deutet dieser Abschnitt schon auf einen Spiegeleffekt voraus, der später die überraschende Pointe der Kurzgeschichte ausmachen wird. Zunächst aber geht eine lange, erneut iterativ resümierende Skizze des nachbarlichen „Normaltages" wie aus Versehen in den ausdrücklichen „Wunsch" der Erzählerin über, „wir beide, Reinhard, könnten es eines Tages genau so angenehm haben –" (S. 44)

Der unabgeschlossene Satz, der Kommunikationsbruch, in dem sich das sonst Verschwiegene vergeblich zu Wort meldet, veranlasst die Erzählerin selbst zu einer *metanarrativen Reflexion,* zu einer Erklärung, die als kurzer *vierter* Absatz herausgehoben wird, und ihrerseits das Prinzip der Iteration, der Wiederkehr und Austauschbarkeit zuspitzt: Nicht nur „Jahre", auch „Leute" kann man „miteinander verwechseln". (S. 44) Dies ist auffällig genug, um als Vorausdeutung gelesen zu werden.

Zunächst aber exponiert der *fünfte* Absatz die „Aufregungen", die wir nach so penetrant-trügerischer Ruhe längst erwarten: freilich auch jetzt nicht als gegenwärtige Handlung, sondern nur „erinnert". (S. 44) Genauer gesagt berichtet uns die Erzählerin, woran die Nachbarn sich eben *nicht* erinnern (wollen), das was „unterbleibt". (Dies wirft nicht zum ersten Mal die Frage auf, woher sie – als vorgeblich nur *beobachtende* Strandnachbarin – ihre unbezweifelten und detailgenauen, und insofern *auktorialen* Informationen auch über die Gedanken und Gefühle der anderen Figuren bezieht?) Jedenfalls ist „Aufregungen" ein verharmlosendes Wort für das vergangene Geschehen: „Vor Jahren hat der Mann ein Kind überfahren, es war jedoch nicht seine Schuld, sondern die des Kindes." (S. 44)

Die *Frage nach der Schuld* vergiftet und beschädigt auch das Verhältnis zwischen Mann und Frau, was aber erst im nächsten, dem *sechsten* Abschnitt plausibel wird, als wir (ganz nebenbei und wie eingewickelt in eine Bemerkung über den Pudel) erfahren, dass das Opfer jenes Unfalls eben nicht irgend „ein Kind", sondern ihrer beider „kleine, vom Vater überfahrene Tochter" (S. 45) war. Die einleitende, wiederum prädikatlose Feststellung „Jetzt vergessen" (oder ist es eher eine Aufforderung?) wird vom Text konterkariert, der die mögliche Mitschuld der Mutter und eine nachfolgende Verstrickung der Ehepartner in Schuldzuweisungen und Hassgefühl erwähnt, allerdings auch in eine scheinbar abgeschlossene Vergangenheit zurückdatiert. Das Heute scheint hingegen vom Vergessen geprägt: „Jetzt am Strand, wird keinem Anlaß für Zorn mehr nachgesonnen. Alles ist verjährt, scheint es nicht so?" (S. 46)

Damit wird relativ unauffällig der Titel der Story, vielleicht als ein Fingerzeig zur Interpretation, zitiert – und zwar in Form einer rhetorischen Frage oder einer Behauptung, die sich allerdings durch eben dieses „scheint" selbst dementiert, und sogleich, in einer durch die Ähnlichkeit zweier Personen ausgelösten Erinnerung, in eine weitere Schuldverstrickung (es geht um den Selbstmord der früheren Geliebten des Ehemannes) hineinleitet, wobei auf die Differenz von juristischer und moralischer Schuld[85] angespielt wird.

Man könnte sich vorstellen, dass die Kurzgeschichte hier schon endete und eine Bewertung offen bliebe: Wird da eine gemeinsame Lebenslüge erbarmungslos aufgedeckt, oder vielleicht doch die Überwindung einer existentiellen Krise protokolliert? Eine müßige Frage, denn die Kurzgeschichte nimmt im *siebten* Abschnitt eine überraschende, zuvor nur kurz angedeutete Wendung. Einigermaßen abrupt, aus der Reglosigkeit heraus – „Man selbst liegt still. Kein Wort mehr" (S. 46) – und ausgelöst vom „Streit" der „jungen Leute nebenan" (also einer dritten Figurengruppe) spricht die Erzählerin nun *von sich selbst,* von „früher" (S.46), von eigenem Streit und eigener Schuld, in denen sich die Geschichte der älteren Nachbarn auf verblüffende (oder vielleicht doch allzu konstruierte?) Art und Weise *spiegelt.* Auch die Erzählerin hat einst den „tödlichen Unfall unseres Kindes" verschuldet, den Ehemann mit einem Geliebten verlassen; einen außerehelichen Sohn mochte, nach der Rückkehr der Erzählerin in ihre Ehe, der Gatte Reinhard nicht „in unserem Haus [...] dulden" (S. 46). Und weitere unangenehme Erinnerungen, diesmal im Verhältnis zur Elterngeneration, drängen ins Bewusstsein bzw. zur Sprache: „das gebrochene Versprechen" an die sterbende Mutter, den alten Vater zu versorgen, der „drei Monate später in einem sehr ordentlichen Altersheim" (S. 46f.) verstarb, wie es beschwichtigend heißt.

Nach alldem resümiert der kurze *achte* (und letzte) Abschnitt die Überlebensstrategie *beider* Paare (zu denen sich, wer weiß, in einer ferneren Zukunft auch die jungen Leute von nebenan gesellen könnten): „[W]enig miteinander reden", also das Vergangene beschweigen, Kon-

---

[85]   Verschiedene Kategorien der Schuld hat schon 1945/46 der Philosoph Karl Jaspers in seinen Vorlesungen über die „Schuldfrage" entwickelt. Vgl. Jochen Vogt: „Von der ersten zur zweiten Schuld", in: J. V.: „Erinnerung ist unsere Aufgabe". Über Literatur, Moral und Politik 1945-1990, Wiesbaden 1991, S. 9ff.

zentration auf die gesunde „Ernährung", harmlose Ablenkung mit dem „Pudel", Genuß der Natur mit einem kleinen „Widerhaken" („Das Meer ist fast schön"), die Vermeidung heikler Situationen, welche die Gefühlspanzerung lockern könnten (keine „Promenaden bei Vollmond", S. 47, vgl. schon S. 42), und schließlich und immer wieder „viel Ruhe" (S. 47). Nicht zufällig erinnert das allerletzte Wort der Geschichte an eine Grabaufschrift.

Andererseits zeigt sich im Monolog selbst, dass die Vergangenheit eben *nicht* restlos zum Schweigen gebracht werden kann, dass sie zur Sprache drängt, auch wenn sich die Ich-Erzählerin sofort und systematisch wieder um Eindämmung bemüht.

Alles in allem bestätigt sich Krolows eingangs zitierte Charakteristik: Erzählt wird von der jeweiligen Schuldverstrickung zweier Paare und von ihren Versuchen, sich durch die Tabuisierung des Geschehenen, durch den Verzicht auf konflikthafte Aussprache und schmerzende Erinnerung ein äußerlich normales Weiterleben zu sichern. Das Sozialmilieu ist die westdeutsche Mittelschicht der späten fünfziger oder frühen sechziger Jahre. Aber ist das wichtig? Geht es hier nicht um schicksalhafte Verstrickungen, wie sie überall und jederzeit geschehen können (auch dies ein typisches Merkmal der klassischen Kurzgeschichte)?

Verschiedentlich hat man diesen Text allerdings dezidiert historisch-politisch gelesen, als eine Art Parabel auf „das Verhalten jener neudeutschen Spießer [...], die die Leichen im Keller der Vergangenheit, die politischen und moralischen Vergehen ihres vorangegangenen Lebens, so geschickt verborgen hatten, dass der Anschein von friedlicher Harmonie entstehen konnte. [...] Kein Zweifel, Gabriele Wohmann analysiert hier die mentale Verfassung eines Jahrzehnts, das dabei war, im wiedererworbenen materiellen Wohlstand die Wunden und Narben der Vergangenheit zu vergessen. Verdrängung ist das Sedativ, das die bohrenden Gewissenszweifel bis zur Unkenntlichkeit betäubt und eine behagliche Szenerie des friedlichen Alltags vortäuscht, der die Vergangenheit nicht mehr sehen will."[86]

Diese Deutung Manfred Durzaks zielt in letzter Instanz auf die Verbrechen des Nationalsozialismus, auf Weltkrieg und Holocaust, sowie die individuelle und kollektive Abwehr von Schuld und Erinnerung, also die vielzitierte „unbewältigte Vergangenheit" in der frühen Bundesrepu-

---

[86] Manfred Durzak: Die deutsche Kurzgeschichte der Gegenwart. Autorenporträts, Werkstattgespräche, Interpretationen. 3. Aufl. Würzburg 2002, S. 389f.

blik der Adenauer-Ära. Aber ist eine solche Parallelsetzung von privater und kollektiver Schuld, von Kurzgeschichte und Zeitgeschichte begründet? Tatsächlich enthält die Handlung von Wohmanns Erzählung (narratologisch: ihre *histoire*) keine expliziten historischen Verweise (etwa auf die NS-Vergangenheit einer Figur), wie sie sonst in der westdeutschen Nachkriegsliteratur sehr beliebt waren.

Anders auf der Ebene der Erzählrede *(des discours)* selbst: Da wird aus der Immanenz der erzählten Situation eine Reihe von Begriffen entwickelt, die in den frühen sechziger Jahren *Schlüsselwörter* jener Auseinandersetzung mit der nationalsozialistischen Vergangenheit sind, die nun in Politik und Justiz, in Wissenschaft und Schule, in der Literatur und im Theater[87] allmählich in Gang kommt: *Erinnerung, Schuld, Trauer, Vergessen* (vgl. im Text besonders S. 43f.). Der Philosoph Theodor W. Adorno hatte kurz zuvor in seinem richtungweisenden Aufsatz *Was bedeutet: Aufarbeitung der Vergangenheit* (1959/1963) auf die herrschende Tendenz zur Leugnung der „Schuld", zur „Tilgung der Erinnerung", zum forcierten „Vergessen des Vergangenen" hingewiesen, er betont die Funktionalität dieses Verhaltens in der Wohlstandsgesellschaft und konstatiert, dass an Stelle der „vielzitierten Aufarbeitung der Vergangenheit" bislang nur ein „leere[s] und kalte[s] Vergessen" getreten sei.[88] Der kritischen Zeitgenossin und ehemaligen Frankfurter Studentin Gabriele Wohmann sind solche Überlegungen selbstverständlich ebenso vertraut wie der methodische Grundzug von Adornos kritischer Theorie, auch und gerade das scheinbar Private aus den „objektiven gesellschaftlichen Umständen"[89] zu erklären.

Der entscheidende „kleine Widerhaken" dieser Erzählung, der dann auch eine Verknüpfung von privater und politischer Geschichte nahelegt, ist allerdings ihr *Titel*. Im Jahr 1965, als Wohmann sie niederschreibt, verhandelte der Deutsche Bundestag über die zwanzig Jahre nach Kriegsende drohende juristische *Verjährung* aller Nazi-Morde – ein Problem,

---

[87]   Zu erinnern ist u. a. an den ersten so genannten Auschwitz-Prozesse 1963 bis 1965, an die Kontroversen um Theaterstücke von Rolf Hochhuth (*Der Stellvertreter,* 1963) und Peter Weiss (*Die Ermittlung,* 1965), an das Thema der NS-Vergangenheit in Romanen von Günter Grass, Heinrich Böll u.a., aber etwa auch an die allmählich einsetzende Faschismusforschung in der Politik- und Geschichtswissenschaft wie in der Sozialpsychologie.

[88]   Theodor W. Adorno: „Was bedeutet: Aufarbeitung der Vergangenheit", in: T. W. A.: Eingriffe. Neun kritische Modelle, Frankfurt a.M. 1963, S. 128f., 139.

[89]   Ebda., S. 139.

dessen Dringlichkeit der Auschwitz-Prozess in Frankfurt am Main soeben bekräftigt hatte, und eine „hochsymbolische", äußerst niveauvolle Debatte mit intensiver Auswirkung auf die politische Kultur der Bundesrepublik.[90]

In diesem Kontext ist es dann allerdings höchst signifikant, dass Wohmann ihre scheinbar ganz private Schuld-und-Verdrängungs-Geschichte nicht etwa mit einem psychologisch-alltagssprachlichen Begriff wie *Vergessen* überschreibt (vom *Vergeben* ganz zu schweigen), sondern mit dem juristischen Fachterminus *Verjährt,* und ihn dann im Text noch einmal aufnimmt. Als Chiffre für eine bloß äußerliche, bürokratische „Bewältigung" vergangener Schuld zielt sie auf die private Familiengeschichte wie auf die deutsche Zeitgeschichte. Und so wie die bundesdeutsche Legislative im Jahr 1965 die Verjährung der Nazi-Verbrechen suspendiert und schließlich aufhebt, also die bürokratische Bewältigung für unzureichend erklärt und durch eine Gesetzesänderung aufhebt, so wirkt auch die Literatur dem „kalten und leeren Vergessen" entgegen, von dem Adorno spricht. Für Wohmanns Kurzgeschichte, die diese Parallele zieht bzw. uns auf diese Parallele stoßen lässt, spricht trotz einiger handwerklicher Schwächen in der Erzähltechnik, auf die ich oben hingewiesen habe, am Ende doch, dass sie die Verschränkung des Privaten und des Politischen interdiskursiv andeutet, ohne sie uns parabolisch, allegorisch oder gar kommentierend aufzuzwingen.

Hans Joachim Schädlich: „Versuchte Nähe" (1977)

Dies ist die Titelgeschichte eines Bandes mit 25 kurzen Prosastücken, der im Herbst 1977 im Rowohlt Verlag erschien und einen zuvor völlig unbekannten Autor aus der DDR (der dort allerdings nur sprachwissenschaftliche Untersuchungen publiziert hatte) in der Bundesrepublik mit einem Schlag bekannt machte. Und mehr als das: Dem Urteil von Fritz J. Raddatz, dieser Band sei die „seit langem wichtigste Prosa aus der DDR", stimmte die westdeutsche Literaturkritik so gut wie geschlossen zu.[91] Einige Zeit lang führte *Versuchte Nähe* sogar die anspruchsvolleren Bestenlisten an. Dabei stand der ausgesprochen kritische Bezug dieser

---

[90]   Vgl. Dietrich Thränhardt: Geschichte der Bundesrepublik Deutschland, Frankfurt a. M. 1986, S. 158f.

[91]   Fritz J. Raddatz: Die seit langem wichtigste Prosa aus der DDR. In: Die Zeit, 19. 8. 1977.

Texte auf das politische System und den Alltag eben jener DDR für alle
Leser im Vordergrund. Seit Uwe Johnsons erstem Roman *Mutmaßungen
über Jakob* (1959) – so etwa Günter Grass – seien „nicht mehr so ein-
dringlich, aus der Sache heraus, die Wirklichkeiten der DDR angenom-
men und auf literarischem Niveau umgesetzt worden".[92] Schädlich selbst
musste/durfte wenige Monate nach der Publikation in die Bundesrepublik ausreisen: Sein Buch hatte ihn nun endgültig in die Rolle des
„Staatsfeindes"[93] gerückt, nachdem er schon zuvor literarisch nicht publizieren durfte und (nach seinem Protest gegen die Ausbürgerung des
Dichters und Sängers Wolf Biermann im Jahr 1976) seine Anstellung als
Linguist an der Akademie der Wissenschaften in Ostberlin verloren hatte. So konnte er auch jenes „sachkundige" Publikum nicht erreichen, das
seinen durchgehenden, wenn auch verschlüsselten Bezug auf die DDR-
Realität am allermeisten hätte schätzen können. „,Versuchte Nähe' zeigt
das Paradox der DDR-Literatur von Rang: sowenig, wie sie außerhalb
der DDR hätte geschrieben werden können, genauso wenig konnte sie
innerhalb der DDR erscheinen."[94]

Sieht man von diesem kritischen Realitätsbezug aber zunächst einmal
ab, so ist nach der *narrativen Strategie* und den Erzählverfahren zu fragen, welche die spezifische Wirkung des Textes erst hervorbringen. „,Ver-
suchte Nähe' ist eines der eindringlichsten, genauesten Bücher über die
DDR-Wirklichkeit, dabei von bloßer Faktographie weit entfernt. Schädlichs Blick ist hartnäckig auf die Versteinerungen und Rituale der Gesellschaft seines Herkunftslandes gerichtet, die er mit einer manchmal bewusst manierierten, ja verschrobenen Sprache in höchst kunstvollen,
ästhetisch genau kalkulierten Arrangements bloßlegt. Seine ‚Parabeln
vom gezwungenen Leben' (Nicolas Born) verfremden das scheinbar Vertraute, Normale und enthüllen es als unmenschliche Anomalie." Der
Literaturwissenschaftler Wolfgang Emmerich[95] lenkt damit unseren
Blick auf diese besonderen „Arrangements", und er stellt mit dem Begriff

---

[92] Zitiert nach Theo Buck: Hans Joachim Schädlich, in: Kritisches Lexikon zur deutsch-
      sprachigen Gegenwartsliteratur, S. 2.

[93] Vgl. Hans Joachim Schädlich: Antrittsrede. In: Deutsche Akademie für Sprache und
      Dichtung. Jahrbuch 1992, Darmstadt 1993, S. 152.

[94] Yaak Karsunke: Benennungsverbote. Hans Joachim Schädlich: „Versuchte Nähe". In:
      Karl Deiritz/Hannes Krauss (Hrsg.):Verrat an der Kunst? Rückblicke auf die DDR-Li-
      teratur, Berlin 1993, S. 187.

[95] Wolfgang Emmerich: Kleine Literaturgeschichte der DDR. Erweiterte Neuausgabe
      Berlin 2000, S. 426

der „*Verfremdung*" (aus der Tradition Brechts stammend) auch die zentrale Kategorie für die Analyse des Textes bereit. Wie also *verfremdet* Schädlich das erzählte Geschehen? Vor allem mit *linguistischen* und *erzähltechnischen* Mitteln. Das beginnt ganz unauffällig. Zwar ist die *Handlung* dieser Titelgeschichte aus der großen Politik gegriffen, doch keineswegs spektakulär oder dramatisch: Auf zehn Seiten[96] wird lediglich der Ablauf eines Morgens an einem „Feiertag" (S. 7) beschrieben, an dem die Haupt- und Perspektivfigur der Erzählung von ihrem „Podest" aus, „welches die Passanten und Zuschauer mehrfach überragt" (S. 9), den feierlichen „Vorbeizug" (vgl. S. 9) des Militärs sowie verschiedener Berufs- und Bevölkerungsgruppen beobachtet und die Vorbeiziehenden begrüßt. Diese Figur wird weder mit Namen noch mit ihrem Rang benannt (wie es im ganzen Text keinerlei Personen- oder Ortsnamen gibt). Wir erfahren lediglich, das „er [...] später als sonst zu seinem Platz gefahren" wird (S. 7), dass er „Kollegen" hat und über „Personal" verfügt (S. 8), dass er ein „Amt" ausübt (S. 15). Dennoch wird uns die Situation sehr schnell deutlich, denn sie erinnert an vielfach bekannte Bilder von Paraden und Vorbeimärschen vor der Tribüne von Partei- und Staatsführung, wie sie besonders in den sozialistischen Staaten üblich gewesen sind. Dabei nun an die Deutsche Demokratische Republik und an den 1. Mai[97] als Feiertag der Arbeiterklasse zu denken, und schließlich an Erich Honecker, den Ersten Sekretär des Zentralkomitees der SED von 1971 bis zu ihrem Ende 1989, ist im Blick auf die Biographie des Autors naheliegend und lässt sich auch mit punktuellen Anspielungen im Text begründen: die in der DDR so exklusive und kostbare „Apfelsine", der von ‚Erich' bekanntlich bevorzugte „helle Anzug" (S. 7); dies ist aber keinesfalls zwingend oder für das Textverständnis notwendig.

Denn der Text verzichtet nicht nur darauf, Namen oder Rang des Amtsträgers zu nennen, sondern auf jede spezifische Begrifflichkeit, die das Geschehen geographisch bzw. historisch-politisch eindeutig verorten würde.[98] Verwendet werden vielmehr – als Verfremdung des *Wort-*

---

[96] Hier zitiert nach der Erstausgabe: Hans Joachim Schädlich: Versuchte Nähe. Prosa, Reinbek 1977, S.7-16. Der Text ist auch in den Anthologien von Erb/Krauss bzw. Bellmann/Hummel enthalten (vgl. Anm. 5).

[97] Eher unwahrscheinlich, aufgrund des sommerlichen Wetters (S. 8) und Anzugs, wäre der Gründungstag der DDR am 7. Dezember.

[98] Man könnte vielleicht sagen, dass Schädlich das von der Obrigkeit verhängte „Benennungsverbot" für Zu- und Missstände mit einer eigenen Strategie der ‚Benennungsverweigerung' im Bezug auf die offizielle Sprache und ihre Parolen konterkariert.

schatzes bzw. der *Semantik* – allgemeinere Ausdrücke (oft mit leicht ver-
altetem, euphemistischem, oder bürokratischem Beiklang), die das
Geschehen *enthistorisieren*, fast ‚mythisieren'.[99] Die politische Führung der
Partei (konkret: das Politbüro des ZK der SED) erscheint als der „engste
Kreis" (S. 10); Gäste aus anderen Staaten sind „Fremdländer"; der sozialistische Traditionsbegriff „Werktätige" (für: Arbeiter) wird nochmals
verkürzt und mythisiert zu „Tätige"; die Wissenschaftler sind „Gelehrte";
es wimmelt von „Jünglingen" und „Boten"; die „Schüler des Generals"
präsentieren stolz ihr „Kampfgerät" (also wohl doch ziemlich moderne
Panzer, Flugzeuge, Raketen usw.). Doch die verschleiernde Sprache lässt
immer wieder das Gemeinte durchscheinen: Das „Personal", das in Uni-
form „zum Schutz dient und auch wie Schmuck ist", oder in Zivilkleidung
„zahlreich unter die Zuschauer gemischt" ist" (S. 9) und die Veranstaltung
zugleich ‚sichert' und ‚überwacht', ist natürlich ein euphemistisch-ironi-
sches Kürzel für die paramilitärischen Einsatzkräfte und die Agenten des
Ministeriums für Staatssicherheit („Stasi"). Und wenn sich im Zug „hoch
über den Köpfen die Porträts bärtiger Männer" (also von Marx, Engels
und Lenin) nähern, so schlägt die pseudonaive Deskription für alle nur
halbwegs Informierten ins Ironisch-Groteske um.

Verfremdet wird weiterhin die *Syntax,* vor allem durch Abweichungen
von der korrekten oder üblichen *Satzstellung* des Deutschen, die nicht
nur Bedeutungsakzente verschieben, sondern die Aufmerksamkeit der
Leser auf die sprachliche Darstellung selbst und ihr Verhältnis zum Dar-
gestellten lenken. (An dieser Stelle ist Schädlichs Nähe zum zitierten Uwe
Johnson, der dieses Stilmittel perfektioniert hatte, besonders deutlich.)

Grammatisch auffällig ist auch das durchgängige *Erzähltempus Präsens,* das nur punktuell durch Perfekt/Präteritum ergänzt wird. Es bewirkt eine zeitliche und fast auch räumliche „Nähe" zum Geschehen,
andererseits betont es aber dessen Statik. Auf den ersten Blick erinnert
die Erzählung an eine *Bildbeschreibung* (gr. *ekphrasis*), eine Art soziali-
stisches Feiertags-Stilleben, oder an einen Film in Zeitlupe. Der genauere
Blick zeigt allerdings, dass auch die deskriptiven Passagen einen Handlungskern haben. Auch wenn alles in Zeitlupe abläuft, so *vergeht* doch
Zeit, es wird mit Mitteln der Beschreibung eine Geschichte *erzählt:* Sie

---

[99] Wir dürfen ruhig einmal versuchen, den Text als Beschreibung eines antiken Triumph-
zugs zu lesen: Es sind vergleichsweise wenige, meist technische Begriffe, die diese
Lesart verbieten: „telefonieren", „Mikrofone", „Lack, Blech, Gummi" (S. 9f.), oder auch
„Blutdruck" (S. 7) usw.

ist allerdings ebenso langsam/langwierig/langweilig wie die Parade selbst. Die narrative *Zeitordnung* folgt der Chronologie der Ereignisse und wird nur durch ganz diskrete Rückwendungen („Nie hat man ihn … telefonieren sehen", S. 8) oder Vorausdeutungen („Gäste aus dem Landesinnern und Fremdländer werden erwartet" usw., S. 7) unterbrochen. All dies bewirkt, dass wir uns lesend dem Geschehen sehr „nahe" fühlen. Tatsächlich wird der Verlauf von „drei Stunden, vier" (S. 8) auf zehn Seiten, also durchaus gerafft wiedergegeben. Dennoch entsteht der Eindruck eines langsamen, tendenziell *zeitdeckenden* Erzählens, wobei Ellipsen („wenig später", S. 15), aufzählende Redeberichte („Gespräche, in denen er, schnell wechselnd, anordnet, wünscht, empfiehlt, unterrichtet wird", S. 7) und iterative Raffungen („Meist kann er zurückgrüßen", S. 8) den Erzählfluss nicht spürbar unterbrechen. Wieder einmal hat der *Iterativ* – „So ist es immer an diesem Tag" (S. 8) – neben der raffenden Funktion auch einen präzise semantisierenden, also Bedeutung stiftenden Effekt: das Immergleiche als politisches Ritual und Schauspiel zu entlarven.

Wir *sehen* das erzählte Geschehen weitgehend durch die Augen der Hauptfigur, des politischen Führers auf dem Podest. Der namenlose Erzähler weiß so viel und so wenig wie er, kennt seine Gedanken, Wünsche und Ängste, kommentiert und bewertet sie aber nicht. Es ist also von „personaler Erzählsituation" (nach Franz K. Stanzel) oder „interner Fokalisierung" (nach Gérard Genette) zu sprechen.[100] Diese *interne* und fast vollständig *feste*[101] *Fokalisierung* steht im Dienste einer bestimmten Wirkungsabsicht: Sie zeugt von der Einsamkeit und Gebrechlichkeit des Mannes auf dem Podest, der nicht nur ins politische Ritual, in sein Amt, sondern auch in seine eigene Person eingesperrt erscheint; der mit anderen nur in rituellen Formeln und Gesten kommunizieren kann, der sich wünscht „daß er eins wäre" mit einem, der „dort geht" (S. 13), der die „Nähe" sucht und in seiner Vorstellung „versucht": „Er möchte die Hand auf ihre Schultern legen: Ihr, meine Festen." (S. 10)

Die seltene Kombination von Präsens und interner Fokalisierung wirkt sich auch auf die *Figurenrede* aus. Direkte Rede fehlt völlig: laut gesprochen wird kein einziges Wort (die zitierte Anrede „Ihr, meine Festen" ist imaginiert). Auch das verstärkt den visuellen Charakter des Ganzen, lässt

---

[100] Vgl. Vogt: Aspekte erzählender Prosa, S. 49ff.; Genette: Die Erzählung, S. 121ff.
[101] Minimale Abweichungen – „auch dem Fahrer gefallen diese Fahrten" (S. 7) – fallen nicht ins Gewicht.

fast an einen Stummfilm denken. Aber auch „stumm" spricht der Mann nicht in direkter Rede (Innerer Monolog, 1. Pers. Singular), sondern in einer seltenen *Variante der erlebten Rede*[102] (mit dem Präsens als Tempus sowohl der Figuren- wie der Erzählerrede): „Warum sagt ihm niemand, *fragt er* [ein *verbum dicendi* des Erzählers], wie es ist, wenn einer dort geht und ihn sieht." (S. 12) Hieraus resultiert ein einigermaßen befremdlicher oder eben *verfremdender* Effekt: Wir sind als Leser „nahe dran" am Geschehen, aufgrund des Präsens, der szenischen Präsentation usw. Zugleich hält uns der Erzähler jedoch auf Distanz, wenn er die Hauptfigur nicht zu Worte kommen lässt und stattdessen Rede- und Gedankenbericht einsetzt. Aber auch wenn die Hauptfigur selbst (meist in erlebter Rede) ihre Gedanken und Gefühle artikuliert, so ist dies nur selten spontaner Ausdruck einer Emotion. Es dominieren *passivische* und indirekte „*es*"-*Formeln*, die jede subjektive Regung immer schon als beobachtet, reglementiert und zensiert erscheinen lassen.[103]

Die verschiedenen narrativen Techniken dienen auf einsichtige Weise der vom Autor selbst erläuterten Absicht, „Dinge, die uns gewissermaßen vertraut erscheinen, durch die Suche von Worten oder Konstruktionen fremder zu machen, als sie uns erscheinen, nämlich so fremd, wie sie in Wirklichkeit sind, obgleich sie uns vertraut sind." Und im Rahmen eines solchen Programms ist es dann auch legitim, *Versuchte Nähe* (wie andere Texte Schädlichs) auf die ihm und seinen Leser/inn/en mehr oder weniger vertrauten „gesellschaftlichen Realitäten und Umstände" der Deutschen Demokratischen Republik zu beziehen (was eine Übertragung auf andere Fälle und Situationen ja nicht ausschließt).

Was also wird offengelegt durch die „Schürfarbeit"[104] des Textes? Zunächst die Persönlichkeit, die Psychostruktur der Hauptfigur, der ja nicht als bösartiger Willkürherrscher erscheint, sondern in gutem Glauben an sich und seine Mission, gegen Müdigkeit und Schwächen kämpfend, seine Pflicht erfüllt, sich in seine Rolle und ihre Vorschriften fügt.[105]

---

[102] Vgl. Vogt: Aspekte erzählender Prosa, S. 162ff., besonders S. 174f.

[103] Z.B.: „Der Gedanke ... kann nicht gedacht werden" (S. 8); „Willkommen in solcher Lage ist der Anblick von Festwagen" (S. 14); „Jetzt stört es ihn ..."; „Sehr kurze Zeit will er denken..." (S. 16) und viele weitere Beispiele.

[104] Hans Joachim Schädlich: Über Dreck, Politik und Literatur. Aufsätze, Reden, Gespräche, Kurzprosa, Berlin 1992, S. 120, 119, 56.

[105] Darin reflektieren sich wohl auch die mit Honeckers Machtübernahme verbundenen – und bald enttäuschten – Hoffnungen auf eine größere Dynamik und Liberalität im politischen und kulturellen Leben der DDR.

Der sich den Massen, die an ihm vorbeiziehen, verbunden fühlt, auch wenn er zunehmend die Distanz verspürt, die sie trennt, und in Tagträumen ihrer Überwindung schwelgt. Damit aber wird das politische System selbst als widersprüchlich, als Täuschung durchsichtig. Der höchste Repräsentant verspürt das Scheitern des Systems, ohne es reflektieren oder artikulieren zu können. Das „große Vorhaben" (S. 10), die sozialistische Utopie einer klassenlosen Gesellschaft, wird pervertiert zur „trennenden Ordnung" (S. 10), einem streng reglementierten, von Überwachung und Gewaltandrohung zusammengehaltenen politischen Körper.[106] Regierende und Regierte überbrücken ihre Distanz nur scheinbar mit ritualisierten Zeichen wie dem leitmotivischen „Winken" (S. 12, 13, 14, 16) – ob in gutem Glauben oder nur noch aus Opportunismus, steht dahin. Die Schlusspointe, die Schädlichs oft verkannter Neigung zu „schwarzem Humor" Raum gibt, spitzt diese Problematik zu: „aus den Lautsprechern" (also von oben) klingt das abschließende Lied, also die Nationalhymne, „wer kann, singt mit" (was heißt denn: wer kann?), „ausgenommen das Personal auf den Dächern" (S. 16). Höchste Paradoxie: Wenn alle gemeinsam sängen, also auch die Scharfschützen dort oben, würde offenbar, dass die Gemeinschaft nur Fassade, wenn nicht Betrug ist.

Das lässt noch einmal den *Titel* der Erzählung bedenken, der ja unverkennbar eine rezeptionslenkende, deutende, in gewisser Weise auktoriale Qualität hat (und insofern mit dem „Verjährt" von Gabriele Wohmann verglichen werden darf). „Versuchte", auch gewünschte, aber nie erreichte oder erreichbare „Nähe": das ist, wie angedeutet, *zunächst* auf *psychologischer* Ebene die Disposition und Haltung der Hauptfigur, die sich zu den anderen hingezogen fühlt, sie jedoch – über die inneren wie die äußeren Barrieren hinweg – niemals erreichen kann. *Zugleich* ist damit ein Grundwiderspruch des *politischen* Systems bezeichnet, das seine Legitimation aus der angestrebten Überwindung von sozialen Grenzen bezieht, tatsächlich aber ein ganzes Geflecht solcher Trennungen neu geschaffen hat und darin erstarrt, ja vom Untergang bedroht ist. *Schließlich* kann die „versuchte Nähe" auch als *ästhetisches* Programm des Textes, und damit im narrativen Kontext als eine selbstreferenzielle oder metafiktionale Schleife verstanden werden. Die vom Autor verwendeten narrativen Techniken führen uns in der Lektüre, wie gezeigt, ei-

---

[106] Bertolt Brecht entwickelt in den geschichtsphilosophischen Parabeln seines *Me-ti. Buch der Wendungen* eine ähnliche Begriffsdialektik von „Großer Methode" und „Großer Ordnung".

nerseits ganz nahe an das Geschehen heran, bremsen eine mögliche Identifikation andererseits aber durch vielfältige Verfremdungseffekte ab. Eine der ersten Rezensionen des Bandes fasst dies Verfahren in die treffende Formel „Entlarvung durch Mimikry"[107], das heißt Entlarvung durch eine nachahmende Angleichung an das Objekt. Und an diesem Punkt wird die „Deutung" des Textes, auch nach der Überzeugung des Autors, ganz zur „Sache des Lesers".[108]

Arbeitsvorschlag

Zwei weitere Kurzgeschichten – oder besser vielleicht Kürzestgeschichten? – aus der westdeutschen Literatur der späten 1980er Jahre können zur Erprobung des textanalytischen Instrumentariums genutzt werden. Auch hier dürfte der Zugang über die Formen der Personenrede bzw. der Bewusstseinwiedergabe sinnvoll sein. Zu diskutieren wäre vielleicht auch, ob hier noch – wie bei den zuvor analysierten Texten – von einer Doppelbödigkeit bzw. einem Ineinander von Politischem und Privatem die Rede sein kann?

Alexander Kluge
Kälte ist keine Energie
Kälte ist keine Energie und kann deshalb auch nicht zurückgestrahlt werden … Das war interessanter, als sie gedacht hatte, denn sie war hier nur hereingeschneit, weil es für den Englisch-Kurs der Volkshochschule, ein Stockwerk tiefer, zu spät war. Sie hatte die S-Bahn um eine Viertelminute verpaßt, 10 Sekunden früher, und sie hätte sich noch durch die automatische Tür hineingezwängt. Dann wollte sie nicht durch die Tür hinter dem Vortragenden in den Unterrichtssaal eintreten und (auf englisch oder deutsch?) eine Entschuldigung murmeln, sich zu einen [sic!] Platz durchzwängen, alle Augen auf sich gerichtet, auf ihr Gesäß, ihren Hals. Deshalb war sie panikartig ein Stockwerk höher in den Saal 109 geeilt, der frontal zum Vortragenden betreten werden kann. Sie saß unauffällig auf einem der Plätze neben der Tür und dachte hinsichtlich der Kälte, welche nicht die Kraft hat

---

[107] Hans Christoph Buch: Entlarvung durch Mimikry. In: Süddeutsche Zeitung, 20./21. 8. 1977.
[108] Schädlich: Über Dreck, Politik und Literatur, S. 52.

zurückzustrahlen, ja überhaupt keine Kraft, sondern ein Zustand ist, an das Unvermögen Achims, zu bemerken, wann sie ihm kalt oder erhitzt gegenüberstand. Er war nicht in der Lage, irgend etwas, was er empfing, zurückzustrahlen.

In Florenz aber, in einem der lebendigsten Jahrhunderte der Stadt, bauten Gelehrte (Rhetoriker) vor dem Herzog, einem der Medici-Bankiers, eine Reihe von Geräten auf: einen Eisblock (wie Achim, müde), verbunden mit einem Spiegel; der Strahl oder die Reflexion des Eises sollte eine heiße Suppe in einem Topf kühlen. Dieses Experiment (an einem Frühlingstag) gelang nicht sofort eindeutig, da die Suppe an der Luft auch ohne Einwirkung der Eisstrahlen kühlte. Irgendwie wurde dann aber bewiesen, daß Eis *nicht* strahlt, während ein neben dem Eisblock befestigtes Licht (als Wärmequelle), auf komplizierte Weise gespiegelt, nicht mechanisch, Pünktchen für Pünktchen, aber doch, wie man heute weiß, in Intervallen an bestimmten erogenen Stellen der Materie die Kraft, die in ihm steckt, weitergibt, bis nichts mehr übrig ist. Es wurde eine schöne Dreiviertelstunde, für den Kurs hatte Gerda nicht bezahlt. Sie beschloß, sich von Achim zu trennen, führte den Beschluß am Abend aber nicht aus, weil sie noch in Eile war.

„Fifi"
– Liebst du mich?

Sie druckste.
– Ich habe etwas gefragt …, beharrte er.
– Ich hab's gehört.
– Und?

Sie wollte nicht antworten. Nach einer Weile brachte Fred das Gespräch erneut auf das Thema.

– Würdest du sagen, daß du mich liebst?
– Was muß ich jetzt sagen?
– Du sollst etwas etwas dazu sagen. Wozu sind wir zusammen, wenn du zu dem Kern der Angelegenheit nicht beträgst …
– Aber sagen?
– Liebst du mich oder nicht?
– Daß ich dich *nicht* liebe, würde ich ja nicht zugeben, so wie wir hier zusammen sind …

– Das ist keine Antwort. Ja oder nein?
– Eine klare Antwort?
Sie wollte Zeit gewinnen, schälte ihm einen Apfel und reichte ihm Stück für Stück. Die Frage lag ihr nicht.
– Liebst du mich? Sag?

Sie hätte ihn gern ironisch abgefertigt und überhörte die Frage, die durch Wiederholung zweifellos nicht gewann. Da er aber ernsthaft blieb, nach einer Antwort dringlich verlangte, äußerte sie sich so:

– Ich kann sagen, daß ich es lieber habe, wenn du da bist, als wenn du weg bist.
– Wo weg?
– Aus meiner Umgebung weg.
– Wie ein Hund?
– Von dem würde ich das so nicht sagen.
– Aber irgendwie anders? „Ich habe Fifi lieber da, als daß er weg wäre?"
– So ähnlich.

Fred war innerlich verletzt. Sie aber konnte sich nicht anders äußern. Auf eine Unwahrheit mehr oder weniger wäre es ihr in diesem Leben nicht angekommen. Aber das Wort *Ich liebe dich* hat eine magische Qualität. Man kann es im Leben, dachte sie, nur *einmal* sagen, und bei dieser Gelegenheit würde ich – da ich ja gar nicht „man" bin, – fügte sie hinzu – sicherlich aus Aberglauben gar nichts sagen, schon um das bißchen Liebe, das es gibt, nicht zu verscheuchen.

Aus: Alexander Kluge: Das Labyrinth der zärtlichen Kraft. 166 Liebesgeschichten, Frankfurt a. M. 2009, S. 300f., 301f.

9. Ein unerhörtes Ereignis – aber welches?

Uwe Timms Novelle „Die Entdeckung der Currywurst" (1993)

Auf die moderne Kurzgeschichte folgt nun eine sehr viel traditionsreichere Erzählform, die ihren angestammten Platz nicht nur im Kanon der deutschen Literaturgeschichte behauptet, sondern – zu Freud und Leid von Lehrkräften und Zöglingen – seit langem und bis heute auch im Literaturunterricht der Sekundarstufen. Unser Beispiel könnte aber durchaus als Beleg für das Spaßpotential, wo nicht des Unterrichts selber, so doch zumindest dieser erzählerischen Gattung herangezogen werden.

Warum überhaupt „Novelle"?

Das schmale Buch aus dem Jahr 1993, dem sein Autor Uwe Timm den Titel *Die Entdeckung der Currywurst* gegeben hat, trägt in gleicher Schriftgröße auf dem Umschlag (sowie im Innentitel auf S. 3) als Untertitel die Gattungsbezeichnung „Novelle".[109] Das ist an sich nicht ungewöhnlich, aber heutzutage auch nicht mehr ganz selbstverständlich. Gerade bei Erzähltexten von mittlerer Länge (hier: 180 Taschenbuchseiten) verzichten neuere Autoren und Autorinnen/inn/en gern auf eine eindeutige und „einengende" Gattungsdefinition im Paratext[110] und nutzen statt dessen den Freiraum *zwischen* herkömmlichen Erzählgenres (insbesondere „Erzählung", Bericht, Brief, Tagebuch, Novelle, Roman, Autobiographie) und damit auch zwischen fiktionalem und faktualem Erzählen. Auch in unserem Fall spielt dieser Gegensatz eine gewisse Rolle, aber Timm stellt die traditionsreiche fiktionale Gattungsbezeichnung doch unübersehbar und pointiert heraus. Warum eigentlich?

Die Form der *Novelle* hat, wie man leicht nachlesen[111] kann, kulturgeschichtlich ihren Ursprung in der italienischen Renaissance und markiert medienhistorisch einen Übergang vom mündlich-geselligen Erzählen (das in den Rahmenkonstruktionen einzelner Novellen und ganzer Novellenzyklen oft noch inszeniert wird) zur schriftlichen Erzählliteratur. Giovanni Boccacios Zyklus von zehn mal zehn solcher Novellen, das

---

109 Ich zitiere nach der 12. Auflage der Taschenbuchausgabe (dtv 12839), München 2007.
110 Zum Begriff vgl. Gérard Genette: Paratexte, hier besonders S. 9ff., 94ff.
111 Vgl. etwa Hugos Aust: Novelle, 4. Aufl. Stuttgart/Weimar 2006; Winfried Freund: Novelle, Stuttgart 2000.

Decamerone (um 1350) ist keineswegs die einzige und auch nicht die allererste, aber wirkungsgeschichtlich – nicht nur in Italien, sondern in ganz Europa – die meistgelesene und vielfach nachgeahmte, alles in allem die wirkungsstärkste solcher Sammlungen.

In der deutschen Literaturgeschichte wird die Novelle ganz überwiegend als Errungenschaft des 19. Jahrhunderts verstanden und gefeiert – von Goethe und Heinrich von Kleist über die Romantiker bis zu den realistischen Erzählern Storm und Stifter, Keller und Fontane. Von Goethe stammt nicht nur eine sehr symbolträchtige Erzählung mit dem täuschend schlichten Titel *Novelle*, sondern auch eine beiläufige Gattungscharakteristik, die sich im kulturellen Allgemeinwissen festgesetzt hat: Eine Novelle sei nichts anderes als eine „sich ereignete unerhörte Begebenheit" (Gespräche mit Eckermann, 29. Januar 1827). Für unsere Zwecke dürfen wir das ein wenig modifizieren und sagen: Novellen sind Erzählungen von mittlerer Länge, die um ein überraschendes, oft auch unglaubliches Ereignis zentriert sind und dabei sehr häufig die Kategorien „Zufall" und „Schicksal" miteinander verknüpfen. Sie haben ihren Ursprung im anekdotischen Erzählen und behaupten zumindest Authentizität; die oftmals starke Rolle des Erzählers und die häufigen Rahmenkonstruktionen sollen diesen Anspruch verbürgen, können aber auch die Fiktionalität und Doppelbödigkeit des Geschehens herausstellen.

Es ist nicht überraschend, dass die Novelle eine ausgeprägte Affinität zu periodischen Publikationsmedien wie Zeitung, Zeitschrift, Almanach zeigte und in einem Konkurrenzverhältnis zum Roman stand, der zunehmend auf dem Buchmarkt dominierte und sich in der Variante des Fortsetzungsromans, vor allem in der zweiten Hälfte des 19. Jahrhunderts, sogar in den Zeitschriften und Zeitungen breit machte. Jedenfalls ist die novellistische Form schon um 1900 auf dem Rückzug; in der Zwischenkriegs- und Nachkriegszeit, und auch in der deutschsprachigen Gegenwartsliteratur wird sie von jungen wie etablierten Prosaautor/inn/en immer wieder einmal benutzt (mit und ohne ausdrückliche Gattungsbezeichnung), doch meist als Ausnahme von der Regel des Romanschreibens, als Fingerübung oder Virtuosenstück – und eben deshalb oft sehr reflektiert, was die Regeln und Möglichkeiten dieser Form angeht. Bekannte Beispiele, zum Teil längst Klassiker des Literaturunterrichts, sind aus dieser Zeit etwa *Katz und Maus* von Günter Grass (1961), *Ende einer Dienstfahrt* (1967) oder *Die verlorene Ehre der Katharina Blum* (1974) von Heinrich Böll. Bei anderen Texten, wie *Ein fliehendes Pferd* von Martin Walser (1978), sind die Grenzen zwischen Novelle und kurzem Roman eher fließend.

Die anregendste Studie von Seiten der Literaturwissenschaft stammt von Hannelore Schlaffer und heißt *Poetik der Novelle*. Im Rückblick auf die Ursprünge der Gattung betont die Autorin, die Novelle (ital. *novella*, „Neuigkeit"; und keinesfalls mit dem englischen *novel*, „Roman" zu verwechseln) sei eine literarische Form „von unten", also aus dem Alltag der Menschen, gesättigt mit dem Stoff dieses oftmals komischen, bisweilen auch katastrophischen Lebens; sie habe deshalb – im Gegensatz zu den „hohen" Gattungen wie Epos und Tragödie – auch keine expliziten Gattungsregeln. Eben dies hat sie allerdings auch und gerade mit dem Roman gemeinsam. Insofern ist sie nicht nur eine konkurrierende Form, sondern auch eine Vorläuferin oder Verwandte des Romans.

Die Geschichte der europäischen Novelle, schreibt Hannelore Schlaffer, sei im Grunde die Wirkungsgeschichte Boccacios: „Die Novelle ist die Gattung, die nach seinem Vorbild, nicht aber nach einer festgeschriebenen Regel entstanden ist." Sie ist im „schlichten", ja „im niedersten nur denkbaren Stil, im Dialekt" verfasst; ihre Stoffe nähren sich aus mündlichen Erzählen, aus Klatsch und Tratsch, und dienen der Unterhaltung und Neugier." Die Novelle „ist die Gattung, deren Nutzen die Unterhaltung ist."

Es ist bekannt, dass Boccaccio seinen Novellenzyklus arbeitsteilig von einer Gruppe hochgestellter junger Damen und Herren erzählen lässt, die vor der Katastrophe einer Pestepidemie in Florenz aufs Land geflohen sind und sich nun dort die Zeit (und die uneingestandenen Ängste) vertreiben (müssen). Man darf also die „Katastrophe als den Ursprung seines Werkes" nicht vergessen, sagt Schlaffer, und nicht als bloßes „Vergnügen" missverstehen, „was die Ausgeburt einer existentiellen Not ist: Novellen erzählen heißt, sich um den Tod herumreden, Novellen hören oder lesen, das Leben verzetteln." Und an anderer Stelle: „der vorrangige Stoff der Novelle ist die Anarchie", die von der „Liebesleidenschaft [ge]stiftet" werde. Und noch etwas konkreter: „Kern der Novellenhandlung ist das sexuelle Vergehen von Personen, denen Sexualität gesellschaftlich nicht erlaubt ist [...]. Strukturell ist die Novellenliebe immer die Verletzung des sechsten Gebots [...]."[112]

Es könnte nun spannend sein, zu überprüfen, ob diese sehr apodiktisch klingende Thesen der Gattungstheoretikerin aus ihrem Buch von

---

[112]   Hannelore Schlaffer: Poetik der Novelle, Stuttgart/Weimar 1993, S. 12, 19, 27.

1993 sich an der Erzählung von der *Entdeckung der Currywurst* verifizieren lässt, die der Schriftsteller Uwe Timm im gleichen Jahr 1993 veröffentlicht hat und die nach wie vor sein populärstes Buch für Erwachsene sein dürfte.[113]

Wieder einmal die Schlüsselfrage: Wer erzählt?

Der Erzählanfang wirkt auf den ersten Blick ganz unauffällig, scheinbar unliterarisch, – und bietet doch ein prägnantes Beispiel für einen wohldosierten Informationsfluss, den schrittweisen Aufbau einer erzählten Welt. Der erste Satz beginnt so beiläufig wie auch eine mündliche Erzählung anfangen kann: mit einer Zeitangabe, die uns der Handlung schrittweise näher bringt und zugleich das Thema der folgenden Erzählung benennt: „Vor gut zwölf Jahren habe ich zum letzten Mal eine Currywurst an der Bude von Frau Brücker gegessen." (S. 7) Sodann folgt eine topographische Situierung, die ein zunehmend klareres Bild ergibt: Der Großneumarkt könnte ebenso wie ein Hafenviertel noch zu irgendeiner Stadt gehören, die Michaeliskirche ist aber schon ein bekanntes Monument jener deutschen Großstadt, die dann im zweiten Absatz definitiv benannt wird: Hamburg. Auch das Erzähler-Ich wird jetzt Schritt für Schritt situiert und profiliert: zunächst in der Gegenwart, in der er seine Geschichte erzählt, dann in der Vergangenheit vor „gut zwölf Jahren" (im Perfekt: mündliche Berichtform), als die Bude noch „stand" (Imperfekt: bezeichnet die Dauer), da wo heute „die Penner [...] algerischen Rotwein trinken"; weiter zurück in die Zeit „während des Krieges" und die Nachkriegszeit, als der Erzähler als Hamburger Kind seine Tante in eben diesem Viertel besuchte. Und schließlich wieder vorwärts: „später", als der erwachsene Erzähler offenbar nur noch „auf Besuch nach Hamburg" reist, aber „jedesmal" zu seiner Currywurst kommt: „Hallo, sagte Frau Brücker, als sei ich erst gestern dagewesen" – und nun folgt, szenisch und bis zu den Dialekt-Einsprengseln wortgetreu erzählt, ein Gespräch, das erst nach mehr als einer Seite noch einmal als iteratives (d. h. oftmals wiederholtes) charakterisiert wird und dann in den Erzählerbericht einmündet: „Aber in dem darauf folgenden Jahr war ihr Stand verschwunden." (S. 9)

Damit ist die *erste Erzählphase* abgeschlossen. Die folgende Passage hat überleitenden Charakter, sie fasst gesellige Diskussionen und Kindheits-

---

[113]   Vgl. Martin Hielscher: Uwe Timm, München 2007, S. 154.

erinnerungen des Erzählers zusammen und endet im Gespräch mit der Mutter wieder in Hamburg. In dieser Passage wird auf indirekte Weise das *Erzählprojekt* des Erzählers begründet und dessen überraschendes oder doch ausgefallenes Thema begründet und entwickelt. Es geht, wie es da ziemlich unvermittelt heißt, um den „Entstehungsort und das Entstehungsdatum der Currywurst" (S. 9), und zwar in einem Gespräch unter Kennern, das wir uns in einer Kneipe vorstellen dürfen, auf einer Party oder eben an einer Imbissbude. Im Gegensatz zu der verbreiteten Meinung, nach der die Currywurst eine (west)berliner Errungenschaft der späten 1950er Jahre sei, glaubt sich der Erzähler im Besitz einer anderen, der ‚wirklichen' Wahrheit: Diese kulinarische Köstlichkeit sei vielmehr eine individuelle Leistung, sie ist wie eine technische Neuerung „erfunden" worden, eine ganz neue und überraschende „Verbindung, die einer Entdeckung gleichkam, [sie] stammt von Frau Brücker und wurde irgendwann Mitte der vierziger Jahre gemacht."[114] Weil dies alles aber nur auf einer undeutlichen Kindheitserinnerung an die „Küche [s]einer Tante" und Frau Brückers Erzählungen beruht, beschließt der Erzähler, ohne dies ausdrücklich zu sagen oder zu begründen, eine Überprüfung seiner „Erinnerung und [beginnt] nachzuforschen. Er begibt sich auf eine Recherche, auf die Suche nach der verlorenen Zeit: „Am nächsten Morgen fuhr ich zur Brüderstraße." (S. 11)

Er findet Frau Brücker, seine Gewährsfrau und Zeitzeugin, aber nicht in ihrem alten Viertel nahe der Stadtmitte, wo längst die Mechanismen der Immobilienspekulation gegriffen haben, sondern – eine plausible soziale Konturierung! – in einem städtischen Altenheim in der traditionsreichen Arbeitervorstadt Hamburg-Harburg.

Er will sie „nur etwas fragen" – sie dagegen macht daraus *ihr* persönliches Erzählprojekt. Es entspringt nicht nur aus dem Wunsch, etwas *anderes* zu erzählen als das Gewünschte, nicht so sehr aus der besonderen *Bedeutsamkeit* des Erzählten, sondern aus dem Verlangen, überhaupt *zu erzählen* – man könnte wohl auch sagen: aus dem Bedürfnis der alten Dame nach zuhörender Gesellschaft (einschließlich Kaffee und Torte),

---

[114] Ob es sich nun tatsächlich um eine Erfindung wie in der Technik, oder um eine *création* wie in Gastronomie und Mode handelt, oder doch eher um eine Entdeckung wie in den Naturwissenschaften, der Geographie oder Archäologie, diese Frage lassen Erzähler und Autor klugerweise unentschieden. Vielleicht stellt man sich die Currywurst am besten als eine der platonischen Ideen vor, die ewig und wahr sind, auch wenn sie sich in unserer schattenhaften Welt nur zufällig und disparat manifestieren: in Hamburg, in Berlin, oder vielleicht sogar im Ruhrgebiet?

und verweist damit nicht nur auf die Novellentradition, sondern auf die soziale, sinnliche und Gemeinschaft stiftende Qualität des Erzählens schlechthin.

> Ja, sagte sie, ich hab die Currywurst entdeckt.
> Und wie?
> Is ne lange Geschichte, sagte sie. Mußte schon n bisschen Zeit haben.
> Hab ich.
> Vielleicht, sagte sie, kannste nächstes Mal n Stück Torte mitbringen. Ich mach uns n Kaffee. (S. 15)

Damit wird nun die alte Frau Brücker selbst zur (zweiten) Erzählerin – und ihre Geschichte bzw. die Geschichte von der Entstehung/Erfindung/Entdeckung der Currywurst zu einer Narration zweiten Grades (nach Genette), oder in traditioneller Ausdrucksweise zur *Binnenerzählung* in einem *Erzählrahmen*. Das ist – wie gesagt – ein sehr übliches und bewährtes Modell gerade des novellistischen Erzählens, weil es strukturell noch die kommunikative Situation mündlichen Erzählens suggeriert; dies wiederum ist im kürzeren Format plausibler als im Roman, der dann leicht künstlich anmutet.[115] Zwei wichtige Varianten des Modells sind die retrospektive Erzählung durch eine ehemals beteiligte *Figur* der Handlung (intradiegetisch: Ich-ich) und die Erzählung (retrospektiv oder nicht) durch einen außenstehenden, aber oftmals personalisierten *Erzähler* (extradiegetisch). In unserem Fall kommt es zu einer Art von Arbeitsteilung oder Teamwork: der *extradiegetische Erzähler*, den wir vom ersten Satz an vernehmen, hört, notiert, diskutiert, bearbeitet und „ediert" die mündlichen Erzählungen der *intradiegetischen Erzählerin*.[116] Dazu gibt er sogar einen narratologisch-selbstreferenziellen Kommentar ab:

> Das alles erzählt sie stückchenweise, das Ende hinausschiebend, in kühnen Vor- und Rückgriffen, so daß ich hier auswählen, begradigen, verknüpfen und kürzen muß. Ich lasse die Geschichte am 29. April 1945, an einem Sonntag beginnen. (S. 16)

---

[115]   Ein älteres Beispiel hierfür ist Anna Seghers' Roman *Transit* aus dem Jahr 1944; neuere wären die „Brenner"-Romane von Wolf Haas, die sich aber wegen ihrer eindeutig grotesken Anlage ohnehin alle erzähltechnischen Freiheiten nehmen dürfen.

[116]   Im ganz großen Roman-Format hat Uwe Johnson in seiner Roman-Tetralogie *Jahrestage. Aus dem Leben von Gesine Cresspahl* (1970-1983) dieses Modell benutzt und in dem zugespitzten Minidialog zwischen Erzähler und Hauptfigur metanarrativ kommentiert: „Wer erzählt denn hier, Gesine? /Wir beide, das hörst du doch, Johnson."

Es folgt nun aber weder eine vom Erzähler redigierte, durchgängige Erzählung aus Frau Brückers Mund noch eine vom Erzähler referierte Figurenrede; die beiden wechseln sich vielmehr ab, was zu einem bunten Wechsel der Redeformen (direkt/indirekt/"erlebt") und Darbietungsweisen (Bericht/Szene/Dialog usw.) und einem fast *dialogischen* Gesamteindruck führt. Zugleich findet in zeitlicher Hinsicht ein ständiger Wechsel, ein Hin-und-Her zwischen den Zeitebene der vergangenen Erlebnisse von Frau Brücker und ihrer bzw. des Erzählers gegenwärtiger Erzählung statt. Die einfache Rahmenstruktur wird also in Richtung einer *Zweischichtenerzählung* weiterentwickelt, wobei die inhaltliche Dominanz der Binnengeschichte/der Vergangenheitsebene allerdings nie in Frage gestellt wird.

Der namenlose Ich-Erzähler präsentiert sein Erzählprojekt als eine aus privater Neugier motivierte Recherche und Reise in die Vergangenheit. Das wird dadurch bestärkt, dass er dem Schriftsteller Uwe Timm nach Generationszugehörigkeit, Herkunft, Wohnort und Lebensumständen sehr nahe steht, wenn nicht gar mit ihm identisch scheint.[117] Die historische Verankerung der Vergangenheitsschicht in den letzten Monaten des Zweiten Weltkriegs und der frühen Nachkriegszeit sowie die topographische Platzierung in einem bestimmten Hamburger Viertel und Milieu ist lebensweltlich plausibel, führt zu einem detailreichen Realismus und eröffnet die Möglichkeit, breitere zeitgeschichtliche Themen anzusprechen. Darauf wird auch deshalb zu achten sein, weil das *explizite Thema der Erzählung*, das klar und deutlich benannt wird, ja eher skurril ist und vielleicht wirklich nur „unter Kennern" Interesse findet. (Der Wert dieser Erzählstrategie müsste sich insofern an Leserinnen und Lesern wie mir erweisen, die partout keine Currywurst mögen, aber das Buch dennoch schätzen!)

Zeitgeschichtlich fundiert und zugleich anschaulich wird diese Erzählung nun vor allem dadurch, dass der namenlose Erzähler aus München – „Weißwurst, grausam, und dann noch süßer Senf. Das *veddelt*[118]

---

[117]   Vgl. dazu die Angaben bei Martin Hielscher: Uwe Timm, München 2007.

[118]   Dieser offensichtlich dialektale Ausdruck, den man im Kontext ja ungefähr mit „das ekelt einen", „das schüttelt einen" übersetzen müsste, findet sich nicht im Niederdeutschen Wörterbuch. Aus meiner Hamburger Studienzeit Anfang der 1960er Jahre ist er mir nicht erinnerlich (obwohl das dortige Mensaessen reichlich Verwendungssituationen geboten hätte). Auch einigen befreundeten Muttersprachlern, in Hamburg wie in Bremen, ist er unbekannt. Natürlich erinnert er phonologisch und morphologisch an das Hamburger Hafenviertel Die Veddel (nicht allzu weit vom Novellenschauplatz ent-

einen doch", sagt Frau Brücker (S. 8) – sich zunächst zum Zuhörer, sodann zum Redaktor der mündlichen Erzählung wandelt, mit der er in der Folge ebenso souverän wie leserfreundlich umgeht. In der Erzählkonstruktion, die hier zu Anfang deutlich gezeigt, ja geradezu erläutert wird, werden also alltägliches, *lebensgeschichtliches Erzählen* (subjektive Erinnerung) und *literarische Struktur* (Novellenschema) zusammengeschlossen: Sie wirkt zeitgeschichtlich authentisch und dennoch kunstvoll komponiert. Und das alles unter der Oberfläche einer alltäglich unangestrengten Erzählsprache, die unauffällig zwischen verschiedenen Zeitstufen, Erzählperspektiven und Sprachebenen changiert und ihre bemerkenswerte Literarizität zunächst verbirgt.

Erzählte Zeit: Lebensgeschichte und Zeitgeschichte

Versuchen wir nun die Binnen-Handlung zu skizzieren, wie sie im Rahmen von sieben Erzähl-und-Zuhör- bzw. Kaffee-und-Kuchen-Nachmittagen, und an der Textoberfläche in sieben nummerierten Kapitel, entfaltet wird. (Dabei ist wichtig, dass Nachmittage und Kapitel nicht völlig synchronisiert sind; das wäre vermutlich zu schematisch!)

Kapitel 1 (S. 7 – 39): Lena Brücker, eine verheiratete, aber unter den Umständen des Krieges allein lebende Frau jenseits der Vierzig, arbeitet in den letzten Monaten des Zweiten Weltkriegs als Leiterin einer Behördenkantine. Am 29. April 1945, während die britische Armee Hamburg einschließt, trifft sie in der Warteschlange vor einem Kino einen deutlich jüngeren Marinesoldaten, der am nächsten Morgen zu einer der letzten Verteidigungseinheiten stoßen soll. Die Filmvorführung wird von einem Bombenangriff unterbrochen, das Paar flüchtet in einen benachbarten Luftschutzkeller, danach in Lenas Wohnung im Dachgeschoss eines Mietshauses. Nach einem kuscheligen Abend und einer ersten Liebes-

---

fernt, wenn auch jenseits der Elbe]. Aus dieser sprachgeographischen Verlegenheit rettet uns vielleicht der italienische Übersetzer der Werke von Uwe Timm, den ich zur Zeit der FIFA-Weltmeisterschaft 2010 am Comer See traf, und der mir am Rande eines (besonders für ihn) nicht sehr erquicklichen Fußball- und Fernsehabends erzählte, der Autor, also Herr Timm, habe ihm, also dem Übersetzer, auf seine Nachfrage bezüglich dieses rätselhaften Phraseologismus erzählt, dass und wie er diese so authentisch klingende Redewendung frei erfunden habe. Das erzähle ich Ihnen jetzt weiter, ohne die Frage *faktual* oder *fiktional* auch nur ansatzweise entscheiden zu wollen. Oder wie die Italiener sagen: *Si non é vero, é ben trovato.*

nacht bleibt der junge Soldat, Hermann Bremer, auf Lenas Angebot hin „ganz" bei ihr. Faktisch ist er damit desertiert und steht unter akuter Todesdrohung.

Kapitel 2 (S. 40 – 70): Lena geht weiterhin ihrer Arbeit nach, gemeinsam mit dem Kantinenkoch Holzinger, der die Nazis hasst, und unbeeindruckt von den Durchhalteparolen im Radio. Bremer verbirgt sich ängstlich in ihrer Wohnung; am Abend muss er sich vor dem misstrauischen Nazi-Blockwart Lammers verstecken, den Lena in ein politisches Streitgespräch verwickelt. (Dabei wird rückgreifend auch dessen Lebensgeschichte seit dem Ersten Weltkrieg und seine Rolle als Aufpasser im Haus und in der Nachbarschaft skizziert; sowie die Episode vom kommunistischen Schiffsbauer Wehrs, der wegen nazifeindlicher Reden nach 1933 verhaftet und misshandelt wird und sich vermutlich umbringt.)

Kapitel 3 (S. 71 – 85): Bremer langweilt sich in seinem Versteck, während Lena zur Arbeit geht. Er löst Kreuzworträtsel und stöbert neugierig in Lenas Fotoalbum, muss sich wieder vor Lammers verstecken. Lena wird beim Nachhausekommen von einer Nachbarin wegen „nächtlicher Geräusche" zur Rede gestellt; daraufhin siedelt das Paar nächtens vom Ehebett auf ein Lager „aus zusammengeschobenen Matratzen" in der Küche über. Vorher hat Bremer ihr erzählt, wie ihn der Curry in Indien vom Hitzeausschlag geheilt hatte; und Lena hat einen verstohlenen Blick auf ein Foto geworfen, auf dem eine junge Frau und ein kleines Kind zu sehen sind – auf Lenas Frage leugnet er aber, verheiratet zu sein.

Kapitel 4 (S. 86 – 108): Eine zeitgeschichtlich wichtige Datierung: 1. Mai 1945, der Tag von Hitlers Selbstmord im Berliner Bunker; am Tag darauf kommt es zur kampflosen „Übergabe der Festung Hamburg" durch die örtlichen Kommandanten. Lena Brücker verschweigt ihrem Liebhaber das Kriegsende, möchte ihn nicht so schnell „nach Braunschweig" verlieren. Er kann jedoch durchs Dachfenster die englischen Soldaten sehen und glaubt, die Deutschen würden nun mit Briten und Amerikanern gegen die Sowjetunion weiterkämpfen – wodurch er selbst nach wie vor als Deserteur gefährdet wäre. (Lena erzählt dem Erzähler, wie sie Bremer von ihrer Vorkriegs-Ehe mit dem charmanten und nichtsnutzigen Ehemann, genannt „Gary" erzählt hat– das führt die Handlung in eine Vorvergangenheit, an die später, in der unmittelbaren Nachkriegszeit, wieder angeknüpft wird.) Der Blockwart Lammers hat sich inzwischen im Hausflur erhängt.

Kapitel 5 / „vierte(r) Nachmittag" (S. 109 – 145): Zwei englische Offiziere übernehmen die Kantinen-Aufsicht, Lena ist bei ihnen gut angesehen. Immer mühsamer ist es dagegen, Bremer von der Fortdauer des Krieges zu überzeugen. Er beobachtet den Schwarzmarkt vor dem Haus, sieht englische Militärpolizisten und deutsche Polizisten im gleichen Jeep. Er leidet unter Gefängniskoller und verliert seinen Geschmackssinn. (Der Erzähler recherchiert nun auch unabhängig von Frau Brückers Erzählung: Die alte Frau Eckleben von unten, die das Bett quietschen hörte, wird als die tatsächliche Denunziantin entdeckt, die für den Tod des Kommunisten Wehrs verantwortlich war; Blockwart Lammers, der überzeugte Nationalsozialist, war in dieser Hinsicht unschuldig.) Bremer überrascht Lena zu ihrem Geburtstag mit selbstgebastelten Papierrosen: Sie beschließt ihn noch zwei Tage länger „dazubehalten".

Kapitel 6 (S. 146 – 187): „Aber dann, am nächsten Tag, sah Lena Brücker die Fotos." (S. 146) Zeitungsbilder der Opfer aus befreiten Konzentrationslagern, den ‚Fabriken des Todes', die nicht nur die Atmosphäre in der Kantine verschlechtern, sondern Lena so erschüttern, dass sie das Versteckspiel mit ihrem Gast/Gefangenen nicht mehr weiter spielen kann und ihn unvermittelt mit der Wahrheit konfrontiert. (Hier schiebt die Erzählerin einen erinnernden Rückgriff auf die Deportation jüdischer Hamburger im Jahr 1942 ein.) Sie rennt erregt aus dem Haus; als sie zurückkommt, ist Bremer im grauen Anzug von „Gary" verschwunden, hat aber seine Marineuniform, die Feldplane und sein NS-Reiterabzeichen zurückgelassen. – Ein kleiner Zeitsprung vorwärts in den März 1946: „Gary" kehrt munter und wohlbehalten aus Krieg und Gefangenschaft zurück; auch die Kinder Edith (samt Baby) und Jürgen sind wieder da; Lena verliert ihren Arbeitsplatz, weil der wieder eingesetzte Nazi Dr. Fröhlich sich an ihr rächt; sie fühlt sich zu Hause eingesperrt. Ihr Mann findet einen Job als Fahrer bei den Briten und betrügt seine Frau wie früher. Der fremde Damenschlüpfer in der Wäsche ist für Lena einer zuviel: Sie setzt „Gary" kurz entschlossen vor die Tür; „ohne hochzublicken [...] schlurfte" er aus ihrem Leben. (Auf der Erzählebene unternehmen Erzähler und Erzählerin einen Ausflug zum Großneumarkt, wo es immer noch Frau Brückers ehemalige Bude gibt. Das ist Anlass, deren Geschichte, und die der Currywurst überhaupt, vom Nachkrieg über 1968 bis heute, also bis hin zur Konkurrenz von „McDonald's mit seinen Pappbrötchen" zu erzählen.) Zurück nach 1946: Frau Brücker hat eine noch unklare Geschäftsidee: Sie könnte die Bude pachten und die Feldplane darüber spannen. Aber was soll sie servieren: Vielleicht „Kartoffelpuffer"?

7. Kapitel, S. 165-187 „Am Donnerstag, meinem letzten Tag [...]." In diesem letzten Teil (am siebten Besuchstag) gewinnt die Erzählung noch einmal an Handlungsdynamik und drängt jetzt aufs Ende hin. Zuerst mit der Geschichte eines komplizierten, aber damals nicht untypischen Tauschgeschäfts, das die „eigentliche" Geschichte der Currywurst-Erfindung/Entdeckung erst möglich macht. Lena sichert sich eine Option auf die ständige Lieferung von Kalbswürstchen gegen das Versprechen, die Fleischfabrikantin künftig mit Whisky zu versorgen (immerhin hat sie Kontakte zu den Briten und macht in Bremers umgearbeiteter Marineuniform einen feschen Eindruck!). Sodann tauscht sie sein Reiterabzeichen bei einem englischen Major und passionierten Sammler gegen 24 Festmeter Bauholz, die sie wiederum dem Chefarzt einer Klinik überlässt, der sie mit einer größeren Menge Choloroform versorgt, wofür sie 300 sibirische Fehfelle[119] aus der SBZ erwirbt. Aus denen wird nun ein luxuriöser Mantel für die schöne Frau eines englischen Proviantlagerverwalters („Intendanturrats") gearbeitet – und zwar, eine überraschende Verknüpfung, vom Vater des Erzählers, der sich nach seiner Rückkehr aus dem Krieg mit einer in Trümmern gefundenen Nähmaschine als Kürschner[120] selbständig gemacht hat. Vom Gatten der Schönheit erwartet Lena den Whisky für die Fleischfabrikantin, aber auch Tomatenketchup und Öl (sie will ja Kartoffelpuffer servieren). Beide erzählen jetzt arbeitsteilig vom Vater, seiner mühseligen Kürschnerarbeit und der Anprobe.

Beim großen Tausch gibt es zuletzt eine böse Überraschung: Lena bekommt kein Öl, sondern entweder Speck oder „eine Kilodose Currypowder" (das in der englisch-indischen Küche bevorzugte Gewürz). „Ich nehm den Curry" erinnert sich Frau Brücker an ihren spontanen und wenig vernünftigen Entschluss (wobei wir an die Erzählung von Bremers wunderbarer Heilung zurückdenken dürfen). Beim Heimtransport stolpert sie auf der Treppe, Tomatenketchup und Curry vermischen sich auf dem Boden, Lena „entdeckt" den sagenhaften Geschmack dieser un-

---

[119] „Feh" ist die fachsprachliche Bezeichnung für das graue bzw. weiße Fell der sibirischen Eichhörnchen, das seit dem Mittelalter für besonders kostbare Kleidungsstücke verarbeitet wurde. Für einen modernen Damenmantel werden ca. 100 Felle benötigt. Der Mantel in der Erzählung ist also außerordentlich großzügig geschnitten.

[120] Wie Vater Karl-Heinz Timm, der dieses Handwerk ausgeübt und wie sein fiktionaler Doppelgänger „eine Pelznähmaschine in den Trümmern eines Hauses gefunden hatte" (vgl. S. 173); vgl. Hielscher: Uwe Timm, S. 18. – Uwe Timm selbst hat 1958 eine Kürschnerlehre abgeschlossen. Sogar die Episode mit dem Mantel aus Fehfellen ist der Familiengeschichte des Autors entnommen: Ein Fell bleibt ein Fell, oder auch nicht – würde Genette vielleicht sagen.

wahrscheinlichen Mischung. Am gleichen Abend kreiert sie in ihrer Küche eine bislang unbekannte Sauce, notiert das Rezept auf eine alte Zeitung, und isst „mit Genuss die erste Currywurst" (auch der *Name* für diese Entdeckung muss ja erst erfunden werden). – Wenig später hat sie ihre Bude geöffnet und mit der neuen Delikatesse sofort Erfolg. Monate später kommt sogar Bremer vorbei, der jetzt als Vertreter arbeitet und sich eine Wurst genehmigt. Beide geben vor, sich nicht zu erkennen, aber Bremer findet jetzt endlich (!) und „plötzlich" (S. 185) seinen Geschmackssinn wieder.

Der Erzähler kehrt „nach gut einem halben Jahr" von einem USA-Aufenthalt[121] zurück, erfährt im Altenheim, dass Frau Brücker verstorben ist, erhält ein Paket mit dem Pullover und dem Rezept für die Currywurst auf einem „aus einer Zeitschrift herausgerissenen Stück Papier". (S. 187)

Die Handlung der Novelle *Die Entdeckung der Currywurst* habe ich so ausführlich referiert, um einerseits einen Eindruck von der Feinmaschigkeit des *Erzählgeschehens* zu geben. Andererseits sollte dieser Zusammenfassung auch ihre charakteristische *Erzählstrategie* verdeutlichen: die enge Verflechtung von subjektiver Lebensgeschichte und (deutscher) Zeitgeschichte, von Liebeshandlung und Nachkriegsleben, sowie die kommunikative Aktivierung der Erinnerung als die vorwärts treibende Kraft der Erzählung. Es gelingt Uwe Timm somit sehr gut, zwei verschiedene, ihrem Ursprung nach anekdotische Handlungskerne, die „Liebesgefangenschaft" und die „Entdeckung der Currywurst", miteinander zu verbinden und so auszubalancieren, dass wir uns fragen müssen, welches denn nun wirklich der *novellistische Handlungskern*, oder das „unerhörte Ereignis" sei? Die erotische Idylle? Lenas Verschweigen des Kriegsendes, ihre „Lügengeschichte"?[122] Die zufällige Entdeckung auf der Treppe?[123]

Aber wer sagt denn, dass es nur *einen* solchen Kern geben muss? Man kann die Erzählung ja auch anders, eher romanhaft lesen, denn der Autor bettet all jene Handlungen in eine scheinbar beiläufige, aber detailgenaue Beschreibung der Handlungszeit, der Schauplätze und Milieus,

---

[121]   Nur zur Erinnerung: Der Autor Uwe Timm war 1989 für vier Monate in New York.

[122]   So Martin Hielscher in seiner Biografie, S. 150.

[123]   So – für mich überzeugender – Klaus Meyer-Minnemann, der freilich ein ganze Kette von Zufällen aufspürt: Klaus Meyer-Minnemann: Die Anatomie des Erzählens und das Eintauchen in die Erinnerung. Lesen in „Die Entdeckung der Currywurst", in: Helge Malchow (Hrsg.): Der schöne Überfluss. Texte zu Leben und Werk von Uwe Timm, Köln 2005, S. 50-63.

der Figuren und Episoden ein, die charakteristische Züge der unmittelbaren Nachkriegszeit, aber auch der Nazi-Vergangenheit plastisch, bisweilen bedrohlich, häufig aber auch humoristisch und komisch hervortreten lässt. Das gilt für die politischen, sozialen und kulturellen Phänomene der Zeit, wie etwa das Leben in den Trümmern, den Schwarzhandel mit knappen Gütern, das „Hamstern" auf dem Lande, das Verhältnis zu den Besatzern, das Wiederauftauchen alter Nazis in neuen Positionen, die vielfachen Tricks des alltäglichen Lebens. Besonders die Einzelheiten sind in diesem Sinn charakteristisch: Wie man Ersatzkaffee kocht; dass im halb zerbombten Kino als nächster Film (der dann vermutlich nicht mehr gespielt wird) der Streifen KOLBERG[124] angekündigt ist; oder wie sich englische Brocken, etwa das verräterische „O.K" in Lenas Alltagssprache einschleichen (S. 130).

Und natürlich dient auch die Erzählkonstruktion, die wir ausführlich untersucht haben, dieser Strategie: vor allem durch ihren kommunikativen Charakter und ihre Nähe zu den lebensweltlichen, alltäglichen (faktualen) Erzählungen im Familien- oder Freundeskreis, oder auch zwischen Fremden, die ganz wesentlich zur Gesprächskultur der Nachkriegszeit gehört haben. *Erzählt* wurde damals, vor der Einführung des Fernsehens in beiden Hälften Deutschlands (1952), gern und ausführlich und ganz in der Jahrhunderte alten Tradition der Novellistik: von den alltäglichen Mühen, aber auch den erstaunlichen Vorkommnissen, Zufällen und Schicksalen der Kriegs- und ersten Nachkriegsjahre, auch von überraschenden Rettungen; besonders gern vom „Hamstern" der Städter auf dem Land, schon weniger gern von Krieg und Gefangenschaft, nur ganz selten einmal von der Verfolgung der Juden und der Nazigegner; so gut wie nie von den Gefängnissen, Folterkellern und Vernichtungslagern.

Uwe Timm ist bei weitem nicht der erste literarische Erzähler, der diese Erzähldiskurse aufnimmt und sie fiktional weiter verarbeitet; zu nennen sind Heinrich Böll (*1917), auf den ich im folgenden Kapitel näher eingehen werde, und andere Autoren der Generation der Kriegsheimkehrer, die sich dann in der Gruppe 47 fanden, aber auch etwas jüngere Autoren wie Alexander Kluge oder Walter Kempowski; später auch die Verfasser/innen der sogenannten „Väterbücher" der 1980er

---

[124] KOLBERG (1945) war ein letztes Prestigeprojekt von Propagandaminister Goebbels, ein monumental angelegter historischer „Durchhalte-Film", die letzte Produktion der Ufa und zugleich einer der ersten deutschen Farbfilme (8,5 Millionen RM Produktionskosten)!

Jahre.[125] Aber für Uwe Timm – oder zumindest für dieses Erzählprojekt – scheint jenes Verfahren doch grundlegend zu sein.[126] Man kann vielleicht sagen, dass der literarische Erzähldiskurs in *Die Entdeckung der Currywurst* aus dem zeitspezifisch *alltäglichen Erzählen stammt*, dass der Autor ihm aber eine feste *literarische Form,* eben als Novelle gibt, – und dass dieser Diskurs schließlich, zumindest in der Lektüre-Erfahrung älterer Leser/innen, auch wieder in die lebensweltliche Erinnerung und Erzählpraxis *einmünden* kann. Für beide Seiten dieses Zusammenhangs haben wir aufschlussreiche Texte zur Hand, die eine genauere Lektüre und Diskussion lohnen.[127]

Ein Netz von Bedeutungen

Mein Resümee der Handlungsführung kann der thematischen und atmosphärischen Dichte von Timms Novelle nur unzureichend gerecht werden, die für die unmittelbare Lektüre-Erfahrung so charakteristisch ist. Vielleicht lässt sie sich besser erschließen, wenn wir unser Augenmerk auf solche Elemente des Textes richten, die sich vor allem auf der *discours*-Ebene enfalten, auch wenn sie in der *histoire* wurzeln. Dabei denke ich an die Vielzahl von Symbolen, Themen und Motiven, von Zitaten und intertextuellen Anspielungen, die im Text auftauchen und – jenseits der bloßen Handlung – „Sinn machen", das heißt uns die Möglichkeit geben, verschiedene Assoziationen und Zusammenhänge herzustellen, und in diesem Netz von Beziehungen erst den tatsächlichen Bedeutungsreichtum der Erzählung entfalten. Um dies genau und ausführlich darzulegen, würde man vermutlich mehr als sieben Sitzungen oder Kapitel

---

[125] Vgl. zu Böll: Jochen Vogt: Heinrich Böll, München 1987, besonders S. 109; zu den Väterbüchern: Jochen Vogt: „Er fehlt, er fehlte, er hat gefehlt..." Ein Rückblick auf die sogenannten Väterbücher, in: J. V.: Knapp vorbei, S. 121-136.

[126] Aufschlussreich hierzu Matteo Galli: Vom Denkmal zum Mahnmal: Kommunikatives Gedächtnis bei Uwe Timm, in: Frank Finlay/Ingo Cornils (Hrsg.): „(Un-)erfüllte Wirklichkeit". Neue Studien zu Uwe Timms, Würzburg 2006, S. 162-172.

[127] Über das tägliche Erzählen in der Küche seiner Tante Grete, die nicht ganz zufällig in der Hamburger Brüderstraße wohnte, berichtet Timm in einem Kapitel des Textes „Der Blick über die Schulter oder Notizen zu einer Ästhetik des Alltags", in: Uwe Timm Lesebuch. Die Stimme beim Schreiben. Hrsg. v. Martin Hielscher, München 2005, S. 168-192; Kap. 14: S. 179-189. – Von der „Entdeckung der Currywurst" ausgehend, kommt ein Leser und Jugendfreund Uwe Timms selbst ins Erzählen – Klaus Meyer-Minnemann: Die Anatomie des Erzählens und das Eintauchen in die Erinnerung, S. 50-63.

brauchen. Ich will es deshalb bei exemplarischen Hinweisen auf drei verschiedene Felder solcher Motive, Anspielungen und Bedeutungen belassen, die allerdings auch untereinander vernetzt sind. Es geht dabei ums *Essen*, um die *Liebe* und um die *Literatur*.

Erstens. Beginnen wir mit dem Nächstliegenden, also der *Currywurst* selbst. Mit einer etwas altmodischen, aber durchaus treffenden Bezeichnung könnte man sie als *Dingsymbol*[128] bezeichnen. Sie ist ein Realgegenstand, der auf der *histoire*-Ebene mehrfach (in wechselnder Funktion und Qualität!) auftaucht; zugleich aber wird sie vom Titel und Erzählbeginn fast schon aufdringlich als *thematisches Zentrum* der Erzählung herausgestellt: Sie erscheint schon im ersten Satz, und gleich auf der dritten Textseite wird die Frage aufgeworfen, die den Erzähler angeblich umtreibt und zu seinen Nachfragen bringt, welche ihrerseits in die Erzählung von Frau Brücker münden, die er schließlich, buchstäblich mit dem letzten Wort, zur „Novelle" rundet.

Vorher wird allerdings ausgiebig die Ausnahmestellung der Currywurst unter allen Angeboten eines Imbiss-Standes erörtert. Schon der Name, räsonniert der Erzähler, „verbindet das Fernste mit dem Nächsten, den Curry mit der Wurst. Und diese Verbindung, die einer Entdeckung gleichkam, stammt von Frau Brücker und wurde irgendwann Mitte der vierziger Jahre gemacht." (S. 10) Dies zu belegen ist dann die Aufgabe, die er sich selber stellt. Und der erzählerische Kniff und charmante Witz dieser Novelle liegt eben darin, dass die Befragte statt einer knappen Antwort (gattungspoetisch: einer *Anekdote*[129]) eine längere Erzählung, oder besser: das Material zu einer *Novelle* liefert. Der psychologische Grund dafür ist leicht zu erkennen: Für Frau Brücker ist ihre *Lebens*- und vor allem ihre *Liebesgeschichte* erzählenswert, nicht diese Sache mit der Currywurst, die sie auch gegen das ungeduldige Drängeln des Erzählers immer wieder hinausschiebt und gleich zweimal fast wortgleich abzutun sucht: „War n Zufall. Bin gestolpert. Nix weiter." (S. 151, vgl. in leichter Umstellung schon S. 81).

Aber natürlich ist der *Zufall* das alltagssprachliche Codewort für jenes „unerhörte Ereignis", das die *Novelle* ausmacht. Und auch die Liebesge-

---

[128] Ausführlich, auch zu weiteren Fragen der Intertextualität Julia Schöll: „Chaos und Ordnung zugleich" – Zum intra- und intertextuellen Verweissystem in Uwe Timms Erzähltexten, in: Frank Finlay/Ingo Cornils (Hrsg.): „(Un-)erfüllte Wirklichkeit". Neue Studien zu Uwe Timms Werk, Würzburg 2006, S. 127-139, zum Dingsymbol S. 129ff.

[129] Vgl. zur Theorie und Geschichte dieser Form Sonja Hilzinger: Anekdotisches Erzählen im Zeitalter der Aufklärung, Stuttgart 1991.

schichte, eigentlich nur eine Episode, ist eingebettet in ein breites thematisches Feld, in dem es ums Essen, um die Beschaffung von Lebensmitteln, die Zubereitung und den Verzehr von Mahlzeiten geht. Das ist in der Hunger- und Mangelsituation von Krieg und Nachkrieg sehr naheliegend, eine Überlebensfrage im buchstäblichen Sinn des Wortes. Und die Tortenstücke, die Frau Brücker fast fünfzig Jahre später mit Genuss verzehrt, „siebenmal schwere süßmassive Keile: Prinzregenten, Sacher, Mandarinensahne, Käsesahne" (S. 15), bilden dazu den humoristischen Kontrapunkt!

Rezepte wie die aus Lenas häuslicher Notküche, der Eichelkaffee und die falsche Krebssuppe (S. 30), waren damals mehr oder weniger Allgemeingut; die Improvisationskunst des Kantinenkochs Holzinger hingegen ist schon etwas Außergewöhnliches und der ausdrücklichen erzählerischen Würdigung wert. Dabei kommt den *Gewürzen,* die das Fehlen oder die mangelhafte Qualität der Grundstoffe überspielen können, eine Sonderstellung zu; sie sind eben besonders kostbar. Und sogar ein scheinbar skurriles Detail: dass Holzinger in seiner Zivilkarriere zunächst „zweiter" und dann „erster Saucenkoch" war (S. 52), führt aufs zentrale Thema zurück, denn auch bei der Currywurst geht es vor allem um die Soße!

Am Ende des sechsten, stark retardierenden Kapitels, und im siebten, das wieder energisch Fahrt aufnimmt, kommt es zu einer Engführung des Themas; die Currywurst wird uns in der Rahmenhandlung (an Frau Bückers ehemaliger Bude) eher abstoßend und in so „labberiger" Qualität präsentiert, dass es einen schon wieder *veddeln* könnte (S. 159); in der Binnenerzählung dagegen erscheint sie als Inbegriff des sinnlichen Genusses schlechthin:

> Da, langsam, erfüllte sich die Küche mit einem Duft, einem Duft wie aus Tausendundeiner Nacht. Sie probierte von diesem warmen rötlichbraunen Matsch und schmeckte, das schmeckte, ja, wie schmeckte das? Es war ein kribbeln auf der Zunge, der Gaumen schien sich zu weiten, genau, das war es, was so schwer beschreibbar ist, mit bitter oder süß und schon gar nicht mit scharf, nein, der Gaumen wölbte sich, machte sich und die Zunge spürbar, ein Erstaunen, etwas, das sich auf sich selbst, auf das Schmecken richtete. Ali Baba und die vierzig Räuber, Rose von Stambul, das Paradies. (S. 181)

Das *Paradies* ist, wie bekannt, ein Topos für den „Urzustand des Glücks"[130]; zugleich der Ort, an dem die Menschen ihre Unschuld ver-

---

[130] So erläutert in: Die Bibel. Einheitsübersetzung, Freiburg, Basel, Wien 1980, S. 1431.

lieren und ihre Sexualität entdecken. Und auch die orientalischen Märchen aus *Tausendundeiner Nacht,* die mit „Ali Baba" zitiert werden, verdanken ihre Beliebtheit nicht zuletzt erotischen und sexuellen Motiven.[131] Dies sollte uns jetzt nicht zu einer plumpen Gleichsetzung von Sexualität und Essen führen, aber auf die Affinität der beiden Themen unter der Kategorie „sinnlicher Genuss" darf man doch hinweisen. Wie hatte schon Holzinger gesagt: „Gewürze, das sind auf der Zunge die Erinnerungen an *das Paradies.*" (S. 33; meine Hervorhebung) Und interessant ist dann auch, wie Bremer, inkognito am Wurststand und immer noch ohne Geschmackssinn, das misstrauisch beäugte Gericht mundet: „Und er pickte sich mit dem Holzstäbchen eine Wurstscheibe auf, tunkte sie nochmals in diese rostrote Soße. Und da, plötzlich, schmeckte er, auf seiner Zunge öffnete sich *ein paradiesischer Garten.*" (S. 185; meine Hervorhebung)

Zweitens. Die intertextuellen Anspielungen auf *Bibel* und *Tausendundeine Nacht* haben uns jedenfalls vom Thema „Essen" zum Thema „Liebe" hinübergeführt. Es geht, genauer gesagt um die Liebe in finsteren Kriegszeiten. Auch dieses Thema ist auf der Handlungsebene „realistisch", also zeithistorisch und psychologisch fundiert. Zufallsbegegnungen wie die hier geschilderte gehören durchaus zur Signatur der Zeit: Die meisten Männer sind an der Front, manche gefallen oder vermisst, die Frauen lernen notgedrungen ihre Existenz selbständig zu führen, was Einsamkeit und Zukunftsangst ebenso wenig ausschließt wie sexuelle Bedürfnisse. Alltägliche Bilder und Nachrichten von Tod und Zerstörung, aber auch die beginnende Auflösung sozialer Strukturen mögen eine gewisse Sorglosigkeit des Augenblicks begünstigen. Die drohende Katastrophe liefert, wie schon bei Boccaccio beschrieben und von Frau Schlaffer erläutert, den Hintergrund für die Liebesgeschichte(n). Wobei es in diesem Fall nicht gerade um „Liebesleidenschaft", um „Liebe als Passion" und um existentielle Konflikte geht, sondern „nur" um eine

---

Vgl. Ulrich Marzolph: Tausendundeine Nacht (Alf laila wa-laila), in: Kindlers Literatur Lexikon. 3. Aufl. , Stuttgart/Weimar 2009, Bd. 16.– *Die Rose von Stambul* ist eine populäre Operette von Leo Fall, uraufgeführt in Wien 1916. Die von kitschiger Orientromantik triefende Verfilmung könnte Lena Brücker allerdings erst nach Kriegsende, 1953, gesehen haben. Möglicherweise schreibt die Erzählerin ihrem früheren Ich diese Assoziation nachträglich zu. Andererseits waren die eingängigen Melodien natürlich durch Rundfunk und Schallplatte seit langem bekannt, beispielsweise die Arie mit der auf *Tausend und eine Nacht* bezüglichen Titelzeile: „O Rose von Stambul, nur du allein // Sollst meine Scherezade sein".

„zufällige" Begegnung, eine erotische Episode. Und die wird erst durch die besonderen Umstände: Bremers faktische Desertion (er kann nicht zurück, solange der Krieg dauert) und Lena Brückers Täuschung (sie verschweigt ihm, dass schon Frieden ist), dramatisch bzw. *novellistisch*: nämlich zu einer Liebes-Gefangenschaft. Aus dem „Floß" aus Matratzen, das die beiden ins Reich der Sinne entführt, wird zumindest für ihn ein Gefängnis, eine „Falle". (S. 118f.)

Beide Seiten dieser ambivalenten Situation werden im Text durch Metaphern und intertextuelle Signale konturiert und vertieft. Von der „Insel aus zusammengeschobenen Matratzen" ist erstmals auf S. 85 die Rede, als die beiden eine nicht-quietschende Lagerstatt auf dem Fußboden zusammenschieben und gewissermaßen interaktiv eine zweite passende Metapher dafür erfinden:

> Bremer betrachtete die Matratzen mit einem maritimen Kennerblick: Sieht aus wie ein Floß.
> Darauf lassen wir uns zum Kriegsende treiben, sagte sie, so, jetzt komm mal, mein Held, und zog ihn sich aufs Matratzenfloß. (S. 85)

Die Metapher vom Floß, die ein paar Mal wiederholt und variiert (S. 96, 98, 112), also zum *Leitmotiv* wird, lässt viele Anschlüsse und Rückbezüge[132] zu; es scheint zunächst willkürlich, sie ausgerechnet auf *Odysseus* zu beziehen, der allerdings wirklich auf einem solchen Floß und auf Druck der Götter von der „lieblichen oder „hehren" Nymphe *Kalypso* (Odyssee, 1. Gesang, V. 13ff.) aus siebenjähriger Liebesgefangenschaft[133] entlassen wird (5. Gesang, V. 263ff.). Sie erhält auch bei Timm, im allerletzten Satz der Erzählung, noch ihre namentliche Erwähnung. (S. 187) Odysseus selbst dürfte natürlich keinesfalls liebevoll-ironisch, wie Bremer, als „mein Held" bezeichnet werden; er *ist* vielmehr in der westlichen Kultur das Urbild des abenteuerlichen und listigen *Helden* (man denke an die Eroberung Trojas); aber auch des *Seefahrers* (der im Epos für seine nautischen Künste oft gelobt wird), schließlich auch des *Heimkehrers* aus dem Krieg.[134] (Gerade in der deutschen Nachkriegsli-

---

[132] Vgl. das entsprechende Kapitel bei Volker Klotz: Erzählen, S. 119-192: Erzählen als Navigieren.

[133] Bei Homer befragt Kalypso Odysseus nach dessen Ehefrau, ganz ähnlich wie Lena Brücker ihren Helden Bremer, erhält aber anders als diese eine halbwegs ehrliche Antwort (1. Gesang, V. 212ff.).

[134] Vgl. dazu die weitreichenden thematischen Verbindungen mit anderen Werken und Überlieferungen unter dem Stichwort „Heimkehrgeschichten" bei Uvo Hölscher: Die

teratur war das eine passende und gern genutzte mythologische Vor-
bildfigur). Dem Erdichter seiner Abenteuer aber hat die Überlieferung
einen Namen gegeben, den sogar Bremer an seinem langweiligen ersten
Nachmittag ohne Mühe ins Kreuzworträtsel eintragen kann: *Homer.*

Die Einführung des Kreuzworträtsels ist ein besonders geschickter
Erzählkniff. Dieser Text im Text ermöglicht es, ohne die realistische Situation zu durchbrechen, zumindest symbolisch die ganze Welt und die
ganze Überlieferung in Lenas Wohnküche zu holen: wieder „das Nächste mit dem Fernsten" zu verbinden. Das Kreuzworträtsel ist, anders gesagt, ein intertextuelles Relais.[135] „Griechische Zauberin. Fünf Buchsta-
ben. Erster Buchstabe ein K. Wußte er nicht" (S. 140), obwohl er seiner
eigenen *Kirke* doch längst in die „Falle" gegangen ist (S. 119). Das ist
ironisch genug: Bei Homer verwandelt Kirke ihre Gefangenen in Schweine, auch Odysseus entgeht dem nur knapp (10. Gesang, V. 135-574); in
Bremers Fall müsste man ja eher sagen, dass er durch diese Begegnung
wieder zum *Menschen* (gemacht) wird. Dass er selbst dies alles kommentiert, ohne es zu verstehen, setzt der mythologischen Anspielung noch
ein ironisches Glanzlicht auf: „Du bist ein Schwein, dachte er." (S. 138,
vgl. schon S. 40: „Kameradenschwein").

Wir dürfen also festhalten, dass die namentlichen Verweise auf die
Odyssee sehr deutlich und klar markiert, also zweifellos *intentional* und
um das Thema der Liebe als Gefangenschaft, vielleicht sogar um den
Kampf der Geschlechter zentriert sind. Man kann allerdings auch, *drittens,* einen anderen Faden verfolgen.

Von Homer, dem sagenhaften Erdichter von *Ilias* und *Odyssee,* wissen
wir fast nichts; aber die Nachwelt hat ihn sich meistens *blind* vorgestellt,
um seine dichterische Kraft und die Suggestivität seines Erzählens her-
vorzuheben. Erblindet ist auch Frau Brücker, was sie – durchaus realistisch – weder am Kaffeekochen noch am Stricken hindert. In der *Odyssee*
wird nicht gestrickt, aber Penelope webt Tag für Tag „ein feines und
überaus großes Gewebe" (2, 95), angeblich ein Leichentuch für ihren
Schwiegervater, das sie in der Nacht jedoch wieder auflöst (2, 104f.), –
denn erst nach Beendigung der Arbeit verspricht sie einen der penetran-
ten Freier zu erhören (2, 97f.), die um die vermeintliche Witwe wettei-

---

Odyssee. Epos zwischen Märchen und Roman, München 1988, S.94-102.
[135] Vgl. Hugh Ridley: Intertextuelle Spiele. Das literarische Zitat bei Wilhelm Raabe als
Vorform des Kreuzworträtsels. In: andererseits. Transatlantic German Studies Year-
book 1 (2010), S. 25-34.

fern.[136] Zugleich darf man hier wieder an *Tausendundeine Nacht* denken, die orientalische Novellensammlung mit ihrer „charakteristischen Rahmenerzählung"[137], wo zwar weder gestrickt noch gewebt wird; – wo aber die Prinzessin Schehezerade (Sahrazad) ihr allnächtliches Geschichtenerzählen stets an der spannendsten Stelle unterbricht (heute nennen wir das einen *cliffhanger!*), um den zuhörenden König, ihren jüngst angetrauten Gatten, von seiner erklärten Tötungsabsicht abzubringen. Die so erzeugte Spannung, engl. *suspense,* erweist sich als stark genug, die tödliche Gewalt (um nicht gleich zu sagen: den Serienkiller) aufzuhalten. *Erzählen heißt auch: am Leben bleiben.*

Damit wird das Interesse auf grundsätzliche Weise, wenn auch in einem sehr ungewöhnlichen Fall, zurückgelenkt auf die lebensweltliche und anthropologische Funktion des Erzählens. Und es ist auch nicht allzu sehr an den Haaren herbeigezogen, wenn wir das Tuch, das Penelope spinnt, die Strickerei von Frau Brücker und das Gewebe aus Erzählungen, das Schehezerade produziert, miteinander vergleichen. Das Wort „Text", das in vielen europäischen Sprachen ein komplexes Gefüge von Wörtern und Bedeutungen bezeichnet, ist schließlich vom lateinischen Verbum *tegere* abgeleitet: *textum* heißt Gewebe. *Erzählen ist Stricken mit Wörtern.* Und zugleich erinnertes Leben, das man weitergeben und verschenken kann wie einen Pullover.

Denn was strickt Frau Brücker eigentlich? Einen Pullover für ihren Urenkel, den dann aber der Erzähler erbt und den vermutlich dessen Tochter tragen wird. Jedenfalls eine Hinterlassenschaft für kommende Generationen. Und er ist mit einem symbolischen Bild geschmückt, einer vielfarbigen Landschaft, die mit Frau Brückers Erzählung wächst und sich zum Ende hin auch ihrer Vollendung nähert. Als der Erzähler sich

---

[136] Diese List ist für den Zusammenhang des Werkes so wichtig, dass sie gleich dreifach (also repetitiv!) erzählt wird: erstens vom Erzähler/Sänger (2, 88-110), zweitens von Penelope selbst (ihrem noch unerkannten Ehemann: 19, 138-156); und drittens schließlich, ein außergewöhnliche Erzählsituation, von einem der getöteten Freier im Hades gegenüber dem König Agamemnon (24, 125-146).

[137] Bei genauerer Betrachtung ist zu sehen, dass diese beiden großen Werke der Weltliteratur, die Timm als Prätexte benutzt, ähnliche Erzählkonstruktionen, wenn auch mit unterschiedlicher Gewichtung benutzen wie seine kleine Novelle. In *Tausendundeine Nacht* präsentiert ein Rahmenerzähler die vielen Geschichten einer intradiegetischen Erzählerin, die ihrerseits auch Erzählungen dritter Ebene wiedergibt. In der *Odyssee* bildet die Erzählung des namenlosen Sängers (Buch 1 bis 8 und 13 bis 24) den rahmenden Hauptstrang, in den die intradiegetische Binnenerzählung des Odysseus von seinen vorherigen Abenteuern eingelegt ist (Buch 9 bis 12).

verabschieden muss, ist nur noch wenig zu tun: „Will ma sehn, mit der Wolke, ob ich das noch schaff." (S. 185) Ein halbes Jahr später erhält er die Pullovererbschaft:

> Auf dem Pullover eine Landschaft, hellbraun zwei Hügel, dazwischen ein Tal, auf dem rechten Hügel die Tanne, dunkelgrün, darüber der Himmel, eine knallgelbe Sonne, und dann war da noch *eine kleine weiße Wolke, etwas zerfasert entschwebte sie ins Blaue.* (S. 186f., meine Hervorhebung)

Damit erhält auch das Leitmotiv vom Pullover noch eine deutliche, wenngleich nicht markierte intertextuelle Pointe. Eines der schönsten und bekanntesten frühen Gedichte von Bertolt Brecht gilt einer „stillen bleichen Liebe" und dem lang vergangenen ersten Kuss...

> Und über uns im schönen Sommerhimmel
> War eine Wolke, die ich lange sah
> Sie war sehr weiß und ungeheuer oben
> Und als ich aufsah, war sie nimmer da.

Flüchtiger noch als die Wolke erweist sich jedoch die Erinnerung an die Geliebte selbst:

> Doch ihr Gesicht, das weiß ich wirklich nimmer
> Ich weiß nur mehr: Ich küsste es dereinst.

> Und auch der Kuß, ich hätt ihn längst vergessen
> Wenn nicht die Wolke dagewesen wär
> Die weiß ich noch und werd ich immer wissen
> Sie war sehr weiß und kam von oben her.

Diese weiße Wolke in Bertolt Brechts Gedicht *Erinnerung an die Marie A.* aus dem Jahr 1920

> (…) blühte nur Minuten,
> und als ich aufsah, *schwand sie schon im Wind.*[138]

Der Dichter Brecht, der für die literarische und politische Sozialisation von Uwe Timms Generation in der Bundesrepublik eine eminente Be-

---

[138] Bertolt Brecht: Werke. Gedichte I. Berlin u. Weimar/Frankfurt a. M. 1988, Bd. 11, S. 92f. und viele andere Ausgaben der „Hauspostille". – Zur Interpretation vgl. Jan Knopf: Gelegentlich: Poesie. Ein Essay über die Lyrik Bertolt Brechts, Frankfurt a.M. 1996, S. 71-82. Vgl. auch Jochen Vogt: Damnatio memoriae und Werke von langer Dauer. Zwei ästhetische Grenzwerte in Bertolt Brechts Lyrik, in: Jochen Vogt: Knapp vorbei, S. 37-56, besonders S. 37ff.

deutung hatte, behält aber nicht das letzte Wort. Denn der Zettel, der dem Pullover beiliegt, enthält das Rezept mit den „Zutaten für die Currywurst" (S. 187), das Lena Brücker an jenem Stolperabend notiert hatte (S. 181f.) – auch dies ein Vermächtnis für den Erzähler. Auf der Rückseite aber steht immer noch das Kreuzworträtsel, an dem Bremer sich mit wechselndem Erfolg versucht hatte, und dessen lesbare Einträge sich mehr oder weniger deutlich und selbstreferenziell auf die soeben vollendete Erzählung beziehen. Diese ironisch augenzwinkernde Schlusswendung, die nochmals deren Fiktionalität und Kunstcharakter herausstellt, gipfelt im letzten Wort, mit dem der Text (in Form einer indirekten Anrede an die Leser/innen) zu seiner paratextuellen Ankündigung und Genredefinition zurückkehrt: „ – auch wenn es mir niemand glauben wird – Novelle." (S. 187)

An genau dieser Aufgabe des Kreuzworträtsels war Bremer ja gescheitert, wie man nachlesen kann. Bleibt also über den Erzählschluss hinaus nur die metanarrative Frage: *Wer hat die Lösung eingetragen?*

Arbeitsvorschlag

1. Der nachfolgende Ausschnitt aus Uwe Timms *Autorenvorlesung* an der Universität Paderborn (1993) beleuchtet nicht nur seine eigene Schreibpraxis (gerade auch in der *Entdeckung der Currywurst*). Ziehen Sie für Ihre Diskussion auch andere Beispieltexte dieses Bandes heran, etwa die von Seghers oder Böll.

[Literarisches und alltägliches Erzählen]
Was mich an literarischen Arbeiten, den eigenen wie auch denen anderer Autoren, momentan interessiert – und ich komme damit zu dem Thema der Vorlesung –, ist, wie sehr sie Alltägliches absorbieren, nicht nur inhaltlich, sondern auch in der Form.

Was ist Alltag?

„Alltag, die Lebensverhältnisse und Handlungsformen einzelner Menschen, kleiner und größerer Gruppen und von Gesellschaften, eingebettet in bestimmte religiöse, kulturelle und soziale Traditionen und historische Entwicklungen, so wie sie sich als einmaliges Ereignis, als immer wiederkehrende und wenig beachtete Routinetätigkeit, als Erlebtes und Erlittenes zeigen; dabei werden oft bestimmte Verhaltensmuster und Mentalitäten fest ausgeprägt."

Mein Augenmerk richtet sich auf das „einmaliges Ereignis" und auf die „immer wiederkehrende" sowie die „wenig beachtete Routinetätigkeit". Ich halte diese Definition des Alltags für gut, sie hat auch den Vorteil, daß sie jeder nachlesen kann, im Brockhaus Band I, in der Ausgabe von 1986.

Die Kulturwissenschaftlerin Aleida Assmann hat mit dem Literaturwissenschaftler Dietrich Harth ein Buch mit dem Titel *Kultur als Lebenswelt und Dokument* (Frankfurt 1991) herausgegeben, das eben dieses kulturelle Gegensatzpaar auseinanderlegt: die Lebenswelt, die bestimmt ist durch einen zeitlichen Nahhorizont, durch Dialogizität, durch Alltagssprache, durch Spuren, und das Monument, das betrachterbezogen ist, Botschaften liefert, so das sakrale Werk und das Kunstwerk, das auf einen Fernhorizont geliefert ist, sich an die Nachwelt richtet, sich durch Monologizität und eine durchgestaltete Sprache auszeichnet.

Um es in diesen Kategorien zu sagen: Mich interessiert der Übergang von den alltäglichen Dingen der Lebenswelt zum Monument. Das mündliche Erzählen im Alltag kennt eine Vielzahl ästhetischer Formen, die immer schon über den bloßen Augenblick hinausreichen, die denn auch in der Sprache aufgenommen und tradiert werden. Dieses strukturierte mündliche Erzählen berührt sich mit dem literarischen Erzählen. Die Schrift bildet eine Brücke zwischen dem zeitlichen Nahhorizont und dem Fernhorizont. Sie überliefert aus dem alltäglichen Geschehen sowohl die einmaligen wie auch die sich wiederholenden Ereignisse, die oft unscheinbar sind, schmuddelig, schäbig, voller komischer, kurioser, grotesker, tragischer Momente, aber doch von bewegender Kraft.

Ein wesentlicher Unterschied zum alltäglichen Sprechen, zum alltäglichen Erzählen liegt beim literarischen Erzählen darin, daß sein Interesse sich gerade auf die wenig beachteten, ich will sagen, gesellschaftlich unbewußten Verhaltensmuster konzentriert. Zugleich werden diese Wahrnehmungsmuster durch die Literatur immer wieder erweitert. Literatur liefert neue Wahrnehmungsmodelle für ein anderes Sehen, Hören, Riechen, Fühlen und auch Denken.

Solche Erweiterungen der Wahrnehmung finden auch im Alltag statt, durch neue Wortfindungen, durch die Beschreibung von Erfahrungen, durch Graffitis, Witze, Anekdoten, Wandersagen. Das ist das Geflüster der Generationen. Dieses Geflüster wird nicht schriftlich fixiert, ist aber ebenso von Bedeutung für den Wandel der Mentalitäten wie die Werke der Literatur. Zwischen beiden besteht ein osmotischer Austausch. Der englische Historiker Peter Burke schreibt: „Erinnerungen sind geschmeidig, und wir müssen zu begreifen suchen, wie und von wem sie geformt werden."

Das literarische Erzählen, so spontan es sich auch geben mag, unterscheidet sich von dem alltäglichen grundsätzlich dadurch, daß es immer strukturiert, geordnet und auf Bedeutungen ausgerichtet geschieht; einer dem jeweiligen Werk inhärenten Logik folgend, hat es einen Anfang und findet seinen Schluß. Beide verweisen strukturell aufeinander. Das literarische Erzählen ist eben nicht zufällig, es schafft – durch seine Struktur – neue Bedeutung, die es in der Zerstreutheit des Alltags so nicht gibt.

Aus: Uwe Timm: Erzählen und kein Ende. Versuche zu einer Ästhetik des Alltags, Köln 1993, S. 15-18.

2. Eine Verfilmung der Novelle in der Regie von Ulla Wagner und mit Barbara Sukowa in der Hauptrolle kam 2008 in die Kinos und ist natürlich auch auf DVD erhältlich. Die Urteile der Experten über den Film und seine ästhetische Qualität sind gemischt – vielleicht bilden Sie sich ein eigenes?

10. Lob des einfachen Lebens

Heinrich Bölls Roman „Gruppenbild mit Dame" (1971)

Diesen Roman stelle ich ans Ende meiner textanalytischen Beispielreihe nicht nur, weil er erzähltechnisch interessant und dabei bis heute lesenswert und vergnüglich geblieben ist, oder weil er von vielen Kritikern (zu denen ich auch gehöre) als Bölls ausgereiftester Roman gelobt wurde und wird. Sondern auch, weil er eine Menge erstaunlicher Parallelen zu der soeben diskutierten Novelle Die Entdeckung der Currywurst *von Uwe Timm aufweist, die fast zwanzig Jahre später erscheint. Das beginnt, wie leicht zu sehen ist, bei den Vornamen der weiblichen Hauptfiguren und reicht, über viele thematische Affinitäten hinaus, bis zur Erzählkonstruktion an sich: ein Fall von sehr umgreifender und komplexer Intertextualität, der bislang offensichtlich nicht erkannt oder jedenfalls nicht genauer untersucht wurde.*[139]

Chronist der Bundesrepublik

Zu Anfang der 1970er Jahre steht der Schriftsteller Heinrich Böll auf dem Gipfel seiner literarischen und öffentlich-politischen Geltung, die 1972 durch die Verleihung des Nobelpreises für Literatur auch kultur- und außenpolitisch ratifiziert wird. Seit seinen ersten Publikationen in der unmittelbaren Nachkriegszeit, vor allem seinen Kurzgeschichten aus Krieg und Trümmerjahren, hat er die deutsche Geschichte, oder genauer gesagt: die Geschichte der Bundesrepublik Deutschland, als ein Chronist begleitet, in dessen Erzählungen sich die Lebensumstände und Nöte, die Wünsche und Hoffnungen der Zeitgenossen wiederfanden. Die Resonanz, die er bei einer sehr breiten Leserschaft fand, aber auch die teilweise sehr kontroverse Kritik, der er ausgesetzt war, haben ihn alles in allem zu *dem* repräsentativen Schriftsteller der „alten" Bundesrepublik werden lassen.[140]

---

[139] Um kein Missverständnis aufkommen zu lassen: Die Frage, inwiefern dem Autor Timm diese Relation zwischen beiden Werken bewusst war oder ist, bleibt für unseren strukturellen und inhaltlichen Vergleich unerheblich. Einen vorsichtigen und punktuellen Hinweis auf die Verwandtschaft beider Werke (die überdies im gleichen Verlag erschienen sind) gibt Heinz Gockel: Vom ästhetischen Nutzen der Currywurst, in: Friedhelm Marx (Hrsg.): Erinnern Vergessen Erzählen. Beiträge zum Werk Uwe Timms, Göttingen 2007, S. 225.

[140] Zu Lebensgeschichte und Gesamtwerk Bölls: Heinrich Vormweg: Der andere Deutsche. Heinrich Böll. Eine Biographie, Köln 2000; James H. Reid: Heinrich Böll. Ein Zeuge seiner Zeit, München 1991; Jochen Vogt: Heinrich Böll, München 1987.

In narratologischer Perspektive fällt an seinem umfangreichen Erzählwerk (das durch ein fast ebenso großes essayistisches Werk ergänzt wird) neben der kontinuierlichen Behandlung von Gegenwartsthemen vor allem Bölls Bemühen um immer komplexere Erzählformen auf, das man teilweise durchaus einen Kampf nennen könnte. Es ist beispielsweise leicht zu erkennen, dass Böll erhebliche Mühe hatte, von der Form der *Kurzgeschichte*, die in den allerersten Nachkriegsjahren sein Renommee begründet hatte, zu längeren und komplexeren Erzählformen wie der Novelle und dem Roman zu gelangen, der Ende der 1950er Jahre zweifellos wieder das Leitgenre auch des deutschen Literaturbetriebs war. Bölls erste längere, noch wenig beachtete Texte kann man durchaus als eine „ausgewalzte" Kurzgeschichte (*Der Zug war pünktlich*, 1949) oder als eine Verkoppelung von mehreren verstehen (*Wo warst Du, Adam?*, 1951). Erst mit dem nun schon erfolgreicheren Roman *Und sagte kein einziges Wort* (1953) beginnt Böll charakteristisch romanhafte Erzählstrukturen, wie etwa die Komplementärperspektive zu entwickeln und kommt in der Folge bisweilen zu forciert künstlichen Konstruktionen (*Billard um halb zehn*, 1959), die nicht immer so reizvoll sind wie etwa der Monolog- oder „Telefonroman" *Ansichten eines Clowns* von 1963.

Zwischen dem Erscheinen der klassisch konstruierten Novelle *Ende einer Dienstfahrt* (1966) und dem Abschluss des nächsten größeren Erzählwerks liegt sodann eine produktive Pause des Autors von fünf Jahren, in denen sich allerdings die Bundesrepublik Deutschland durch die Studentenbewegung und die sozialliberale Regierung Willy Brandts in politischer, gesellschaftlicher und kultureller Hinsicht stärker verändern wird als im ganzen Jahrzehnt zuvor. In „vielfältiger und unterschiedlicher Weise" berührte sich damals der politische Protest der so genannten Außerparlamentarischen Opposition auch „mit den Einstellungen von Künstlern und Schriftstellern, die ihre Rolle neu zu definieren versuchten, bis hin zur These vom Ende der Literatur."[141]

Daran will ich hier erinnern, weil Heinrich Böll sich mit zahlreichen publizistischen Interventionen an jenen Definitionsversuchen beteiligt hat – prominent und zuweilen provokativ, immer aber auch persönlich unverwechselbar; und weil die beiden erwähnten Werke, die Novelle von

---

[141]   Wolfgang Thränhardt: Geschichte der Bundesrepublik Deutschland, Frankfurt a. M. 1986, S. 168. Vgl. auch: Jochen Vogt: Gestörte Beziehung. Berührungen und Berührungsängste zwischen Literatur und Studentenbewegung, in: J. V.: „Erinnerung ist unsere Aufgabe", S. 71-88.

1966 und der Roman *Gruppenbild mit Dame* von 1971, sich auf unterschiedliche Art auf diese Veränderungsprozesse beziehen. Vor pauschaler Identifikation mit den Aktionen und teilweise vordergründigen Parolen der Studenten – und mancher seiner jüngere Kollegen auch aus der „Gruppe 47" – war Böll freilich durch seine Generationserfahrung geschützt, also durch jene „Gebundenheit", auf die er sich seit jeher berief.[142]

So konnte er für sich, was damals nicht selbstverständlich war, am engen, aber nicht oberflächlichen *Zusammenhang von Kunst und Politik* festhalten. Wie manche jüngeren Kollegen, Hans Magnus Enzensberger oder Günter Wallraff etwa, hält er das Projekt einer „politischen Alphabetisierung" zwar für dringlich, will sie aber nicht auf Kosten ästhetischer Sensibilisierung betreiben. Schon im Jahr zuvor, als *Ende einer Dienstfahrt* erschienen war, hatte Böll der von ihm beobachteten „Deformierung des Staates" in einer fast bekenntnishaften Rede *Die Freiheit der Kunst* entgegengehalten. Das geschah in Reaktion auf die Große Koalition, die von ihr vorbereiteten Notstandsgesetze und die Manipulationsmacht der Massenmedien einerseits – und auf „gewisse Tendenzen der Kunstfeindlichkeit" in der Protestbewegung selber andererseits.

Ihnen hält er programmatisch entgegen: „die Kunst, dies große, recht hohl klingende Wort, sie bringt nicht nur, sie ist die einzig erkennbare Erscheinungsform der Freiheit auf dieser Erde." Und noch schärfer: „Poesie ist Dynamit für alle Ordnungen dieser Welt" – ein Satz, in dem das Surrealistische wie das Kommunistische Manifest zugleich anklingen.[143]

Gewisse Probleme und Fragestellungen, die von der Studentenbewegung aufgeworfen wurden, trafen beim Autor Böll jedoch durchaus auf eine sehr persönliche und nachhaltige Disposition. So etwa der kritische Blick auf die Manipulationsmacht der Medien, die Zwänge der Konsumgesellschaft, aber auch das Interesse an sozial marginalisierten und verdrängten, im öffentlichen Diskurs nicht repräsentierten Individuen, Gruppen oder Lebensbereichen. Das führte zu der Frage, inwieweit auch und gerade die Literatur „gesellschaftliche Erfahrungen, die durchaus in der Vereinzelung und privat erfolgen können, der Verdrängung, Verzerrung, Kanalisierung oder Umfunktionierung" der gegebenen Öffentlich-

---

[142] Vgl. Heinrich Böll: Frankfurter Vorlesungen, in: Heinrich Böll Werke. Kölner Ausgabe, Bd. 14, Köln 2002, S. 138.

[143] Heinrich Böll: Die Freiheit der Kunst, in: Heinrich Böll Werke. Kölner Ausgabe, Bd. 15, Köln 2005, S. 210, 214.

keit entziehen und sie wortwörtlich „zur Sprache bringen" kann.[144] Böll selbst hatte immerhin schon 1964 in den *Frankfurter Vorlesungen* erklärt, die Literatur könne „offenbar nur zum Gegenstand wählen, was von der Gesellschaft zum Abfall, als abfällig erklärt" werde.[145] Tatsächlich hat sich eine solche „Literatur des Verdrängten" seit den späten sechziger Jahren vor allem in einer dezidiert *dokumentarischen* und *operativen* Form – mit Reportage und Interview als bevorzugten Formaten – herausgebildet. Böll hat dies, wie man an seinen Bemerkungen über Günter Wallraff sehen kann, mit Sympathie beobachtet und begleitet[146]; für ihn selbst kam – schon wegen des zitierten Kunstvorbehaltes – ein ungebrochener *Dokumentarismus* natürlich nicht in Frage.

Sein neuer Roman, der 1971 zunächst in der *Frankfurter Allgemeinen Zeitung* vorabgedruckt wurde, spielt konsequenterweise, wie wir nun genauer sehen werden, mit dem dokumentarischen Diskurs und kombiniert ihn mit anderen – sehr heterogenen – Diskursen zu einem gerade in seiner Unstimmigkeit und scheinbaren Brüchigkeit authentischen und ästhetisch reizvollen Ganzen.

Der Biograph, der „Verf." und der Autor

Nach seiner grundlegenden Erzählkonstruktion dürfen wir den Roman *Gruppenbild mit Dame* einen *Biographenroman* nennen; er erzählt den Lebenslauf einer bestimmten Person auf eine Art und Weise, die auch die Erzählgegenwart sowie den (fiktiven) Erzähler als Figur und in seiner Arbeit anschaulich werden lässt. Dieses Modell entspricht – in romanhafter Vergrößerung sozusagen – der ausführlich analysierten Erzählkonstruktion von Uwe Timms *Entdeckung der Currywurst*. In der Tradition des deutschen Romans kennen wir es etwa aus Thomas Manns

---

[144] Renate und Rolf Wiggershaus: Literatur des Verdrängten. Erwartungen, Hoffnungen und Befürchtungen angesichts der gegenwärtigen deutschen Literatur, in: Frankfurter Hefte 32 (1977), H. 2, S. 58.

[145] Böll: Frankfurter Vorlesungen, S. 179.

[146] Vgl. im Erscheinungsjahr von *Gruppenbild mit Dame* Bölls Rezension *Günther Wallraffs unerwünschte Reportagen* (Heinrich Böll Werke, Bd. 18, Köln 2003, S. 37-40). – Direkt anschließend übrigens der Spiegel-Artikel *Will Ulrike Meinhof Gnade oder freies Geleit?* (S. 41-49), der zu der bisher dahin schärfsten Kontroverse im Kontext des sich entfaltenden linken Terrorismus führte. Zum Zusammenhang vgl. Vogt: Heinrich Böll, S. 122ff.

Roman *Doktor Faustus* (1947) oder aus den von Heinrich Böll schon früh gelesenen Romanen Wilhelm Raabes, beispielsweise *Die Chronik der Sperlingsgasse* oder *Die Akten des Vogelsangs*. All diese Werke besitzen eine doppelte Zeitebene: Die retrospektiv erzählte Biographie und die Schreibgegenwart des Biographen verschränken sich und verschmelzen mehr oder weniger exakt am Ende des Romans. Böll variiert dieses Modell nun auf eine unverwechselbare und sehr ironische Weise: Er installiert einen zunächst außerhalb des Geschehens stehenden, wenn auch nicht neutralen Biographen, den wir uns als eher ältlichen, nach Verhalten und Sprachstil ziemlich umständlichen, ja pedantischen Mann vorstellen dürfen, als „Kettenraucher" (S. 225)[147] mit ausgeprägter Vorliebe für strapazierfähige und bequeme Kleidung. Typologisch ist er also durchaus mit Thomas Manns Erzähler Dr. phil. Serenus Zeitblom oder mit Raabes kauzigen Chronisten und Archivaren verwandt; zugleich ähnelt er in charakteristischen Details der öffentlichen, in den frühen siebziger Jahren auch in den Medien sehr präsenten Person Heinrich Böll. Es wird also von Anfang an und bis zum Ende des Romans mit den Kategorien bzw. Gegensätzen oder Differenzen von Realität und Fiktion, und von Autor und Erzähler gespielt.

Von den Biographen-Erzählern Raabes oder Manns unterscheidet derjenige Bölls sich jedoch insofern, als er sich (mindestens zu Beginn) nicht aus privaten, sondern aus professionellen, wenn auch nicht ganz eindeutig benannten Gründen ans Werk macht – und auch nicht aus der Erinnerung oder auf Grund vorliegender Dokumente und Aufzeichnungen schreibt, sondern ausdrücklich in der „Rolle des Rechercheurs" (S. 277), der das Faktenmaterial für seine Darstellung erst noch *ermitteln* muss. Unklar bleibt, aus welchem Grund und in wessen Auftrag er diese Recherchen unternimmt. Sie erinnern bald an bürokratische Ermittlungen, bald an das „Prinzip der Detektiv-Story" (so Böll selbst in einem Interview) oder die Methode des unerwünschten Reporters, der wie (zu eben dieser Zeit) ein Günter Wallraff „zu verschiedenen verwerflichen Mitteln greifen" muss (S. 14), um seine Informationen zu erhalten, – und schließlich auch an wissenschaftliche oder archivarische Recherchen.

---

[147] Hier zitiert nach der Taschenbuchausgabe München 1996 (dtv). Vgl. jetzt den kritisch geprüften und reich kommentierten Text in Heinrich Böll: Werke. Kölner Ausgabe. Band 17: Gruppenbild mit Dame. Hrsg. v. Ralf Schnell und Jochen Schubert, Köln 2005; besonders auch den interpretierenden Essay von Ralf Schnell: Ästhetik der Moderne: Gruppenbild mit Dame, S. 417-449.

Am Sprachgebrauch des Biographen für die eigene Person wird dieser letzte Aspekt besonders deutlich. Er spricht, obwohl logisch gesehen ein Ich-Erzähler, von sich nur in der 3. Person Singular, gelegentlich als „der Berichterstatter" (S. 62), zumeist aber als „der Verf." (= Verfasser). Damit benutzt er eine vor allem im älteren wissenschaftlichen Schrifttum übliche Sprachkonvention zur Vermeidung des als ungehörig weil subjektiv empfundenen Personalpronomens „ich". Diese umständlich-altmodische Formel trägt – ebenso wie seine Vorliebe für Passiv- und Futurkonstruktionen – wesentlich zur indirekten Charakterisierung des Biographen bei. Als grammatisch-stilistisches Oberflächenphänomen kann sie aber, wie gesagt, nicht darüber hinwegtäuschen, dass wir es in diesem Fall mit einem typischen Ich-Erzähler in Randstellung zum eigentlichen Handlungsgeschehen zu tun haben, der zugleich bestimmte Lizenzen und Sprachkonventionen auktorialen Erzählens, insbesondere die Leseranrede und die Thematisierung der eigenen Erzähltätigkeit nutzt.[148]

Thema und Intention seines Romans hat der Autor Heinrich Böll in einem kurzen, bündigen und oft zitierten Satz benannt: „Ich habe versucht, das Schicksal einer deutschen Frau von etwa Ende Vierzig zu beschreiben oder zu schreiben, die die ganze Last dieser Geschichte zwischen 1922 und 1970 mit und auf sich genommen hat."[149] Das erinnert an frühere Romankonzepte, etwa an *Billard um halbzehn*, wo die deutsche Geschichte in den Geschicken einer Familie gespiegelt und gebrochen wird. Geschichte wird als *erlebte* Geschichte verstanden und erzählerisch rekonstruiert, wobei eine einzelne Figur oder eine Gruppe im Fokus steht. Hier wie dort geschieht dies nicht im chronologisch geschlossenen Bericht, in Form konventioneller Biographie oder Familienchronik, sondern als diskontinuierliche Erzählfolge, gebrochen im Medium verschiedener Dokumente und subjektiver Wahrnehmungen, Erinnerungen, Bewertungen. In *Billard um halbzehn* nimmt der Text deshalb die Form einer kollektiven, mehrperspektivischen und damit auch widersprüchlichen Erinnerungsmontage an, die ohne Erzählerinstanz auskommt, gerade deswegen aber ein artifizielles Moment behält und der Lektüre bisweilen unleugbare Schwierigkeiten macht.[150]

---

[148] Auch unter diesem Aspekt ist er mit dem Erzähler der Currywurst-Novelle vergleichbar.

[149] Gruppenbild mit Dame. Tonbandinterview mit Dieter Wellershoff. In: Heinrich Böll: Werke, Bd. 24, S. 250.

[150] Vgl. Jochen Vogt: Lebst du noch? Und wohnst du schon? Luftkrieg, Wiederaufbau und Architekturkritik bei Heinrich Böll, in: Werner Jung/Jochen Schubert (Hrsg.): „Ich sammle Augenblicke". Heinrich Böll 1917-1985, Bielefeld 2008, S. 183-196.

Den Roman *Gruppenbild mit Dame* können wir dagegen als ein biographisches Dossier verstehen, in dem die diversen mündlichen Auskünfte oder schriftlichen Dokumente gesammelt sind, die der recherchierende „Verf." unter Nutzung aller verfügbaren Aufzeichnungssysteme (Notizbuch, Tonband, Fotokopien) erlangt hat und nun in verschiedenen grammatischen und stilistischen Varianten zitiert, referiert oder nacherzählt. Das heißt zugleich, dass sie von ihm ausgewählt und angeordnet sowie fortlaufend, manchmal auf ziemlich skurrile Weise, kommentiert und bewertet werden. Der gesamte Erzähltext bleibt dadurch gewissermaßen in der Schwebe zwischen einer puren Dokumentation und einer durcherzählten Biographie – was ihm einerseits eine gewisse Plausibilität, den Charakter eines *work in progress*, andererseits ästhetischen, besonders auch humoristischen Reiz verleiht (und uns erneut an die *Currywurst* denken lässt).

Im zweiten Abschnitt des ersten Kapitels, gleich nach der Vorstellung seiner Hauptfigur, erläutert der Erzähler sein Vorgehen:

> „Der Verf. hat keineswegs Einblick in Lenis gesamtes Leibes- Seelen- und Liebesleben, doch ist alles, aber auch alles getan worden, um über Leni das zu bekommen, was man sachliche Information nennt (die Auskunftspersonen werden an entsprechender Stelle sogar namhaft gemacht werden!), und was hier berichtet wird, kann mit an Sicherheit grenzender Wahrscheinlichkeit als zutreffend bezeichnet werden." (S. 9)

Eine Programmatik, die sich – wie am pseudojuristischen Vorbehalt „mit an Sicherheit grenzender Wahrscheinlichkeit!" kenntlich wird – selbst ironisiert: Die verschiedenen und oftmals widersprüchlichen Auskünfte über jene Figur bleiben, trotz aller Deutungs- und Glättungsbemühungen der „Verf.s", alles andere als eindeutig; aber trotz oder gerade wegen dieser verbleibenden Unstimmigkeiten und Unbestimmtheitsstellen erscheint „das Geflecht des fiktiv Biographischen intensiver und, wenn man so will, glaubwürdiger."[151]

Bölls wesentliches Erzählverfahren in *Gruppenbild mit Dame* könnte man demnach als Pseudo-Dokumentarismus oder *poetischen Dokumentarismus* bezeichnen; er spielt mit den Verfahren und Formeln sowohl der Dokumentation als auch des fiktional-auktorialen Erzählens. Gerade weil „sich der ,Verf.' alias Böll als Dokumentarist *verkleidet* und von

---

[151] Heinz Ludwig Arnold: Heinrich Bölls Roman „Gruppenbild mit Dame", in: Text und Kritik 33 (Heinrich Böll), München 1972, S. 43.

‚dieser Niederschrift simpler Fakten' spricht, bringt er sich selbst als Fiktionalist auf das allerstärkste zur Geltung.“[152] Er reflektiert insofern die zeitgenössische Auffassung von einer „Krise des Erzählens", ohne sie zu bekräftigen – und kritisiert zugleich und dagegen, in parodistisch-ironischer Wendung, das ebenso zeittypische Vertrauen in die Aussagekraft der „authentischen" Dokumente.

Die Leistungsfähigkeit von Bölls spezifischer Erzählweise wurde von der aktuellen Literaturkritik und später auch von der Literaturwissenschaft durchaus kontrovers bewertet. Kritikpunkte waren beispielsweise das Fehlen eines einheitlichen „Formprinzips" bzw. eines integrativen „Strukturprinzips"; moniert wurde auch, dass der Roman so ausschließlich aus individuellen „Personengeschichten zusammengesetzt" sei. Tatsächlich ergibt ja die Recherche des „Verf.s" nicht nur eine Biographie der Zentralfigur, sondern ein ganzes Bündel von mehr oder weniger ausführlichen und vollständigen Lebensgeschichten oder auch nur Episoden, die natürlich keinen funktionalen Zusammenhang, wohl aber eine Art von zeithistorischem oder soziologischem Querschnitt ergeben. Zugleich wird durch diese Erzählweise aber auch eine produktiv-kreative Lektüre provoziert. „Durch den Kunstgriff der Erstellung einer Dokumentation wird die Spannung keineswegs gemindert (…). Der Leser wird zum Mitautor, zum Spurensucher" – so urteilte Karl Korn, einer der frühesten Förderer Bölls[153]; und Hans Joachim Bernhard, der führende Böll-Forscher aus der DDR, erläuterte: „Es steigert sich so das Assoziationsangebot an den Leser, der weniger zu direkter Identifizierung mit einer Person oder Personengruppe als zur Stellungnahme gegenüber einem Verhalten aufgefordert wird, das er in seiner Substanz zu erkennen und in seiner Bedeutung für sich gleichsam ‚auszulegen' gehalten ist."[154]

Dieses Argument lässt sich noch vertiefen, wenn man die spezifische Substanz des Romans bedenkt, der eine individuelle *Lebensgeschichte* in die *Zeitgeschichte* einzubetten sucht. Leserinnen und Leser werden eben durch die Unbestimmtheitseffekte des Textes eingeladen, ihre eigenen

---

[152] Kurt Batt: Die Exekution des Erzählers, in: K. B.: Revolte intern. Betrachtungen zur Literatur der Bundesrepublik Deutschland, München 1975, S. 170f.

[153] Karl Korn: Heinrich Bölls Beschreibung einer Epoche, in: Werner Lengning (Hrsg.): Der Schriftsteller Heinrich Böll, 5. Aufl. München 1977, S. 110.

[154] Hans Joachim Bernhard: Es gibt sie nicht und es gibt sie. Zur Stellung der Hauptfigur in der epischen Konzeption des Romans „Gruppenbild mit Dame", in: Renate Matthaei (Hrsg.): Die subversive Madonna. Ein Schlüssel zum Werk Heinrich Bölls, Köln 1975, S. 65.

Geschichtserfahrungen in die Lektüre einzubringen. Die mehrschichtig offene Erzählweise, die von Lücken und Wiederholungen, Brüchen und Widersprüchlichkeiten durchsetzte Erzählform ähnelt strukturell jenen alltäglichen Geschichtserzählungen, die zumindest der älteren Lesergeneration noch aus der Kriegs- und Nachkriegszeit bekannt sind. Indem der Text vielstimmig und episodisch von Schicksalen und Schicksalsbrüchen, von Karrieren und Katastrophen erzählt, von dem was geschah und was *nicht* geschehen konnte, vom gelebten und vom ungelebten, „durch die Militärgeschichte verhindertem" (S. 106) Leben, spricht er die Erfahrung von Generationen an und aus, die in Faschismus, Krieg und Nachkrieg ebensolche Brüche, Hoffnungen und Verluste erlebten und erlitten – und später vielleicht von ihnen erzählt haben.

Leni Pfeiffer geb. Gruyten: Es gibt sie und es gibt sie nicht

Die Hauptfigur, deren Geschichte erst noch zu recherchieren und zu erzählen ist, wird bereits in den ersten Sätzen des Romans vom „Verf." vorgestellt, und zwar in seiner typischen, stets um Genauigkeit bemühten und gerade dadurch oft in irrelevante Einzelheiten, subjektive Anmerkungen und umgangssprachliche Wendungen ausrutschenden Diktion.

> Weibliche Trägerin der Handlung in der ersten Abteilung ist eine Frau von achtundvierzig Jahren, Deutsche; sie ist 1,71 groß, wiegt 68,8 kg (in Hauskleidung), liegt also nur etwa 300-400 Gramm unter dem Idealgewicht; sie hat zwischen Dunkelblau und Schwarz changierenden Augen, leicht ergrautes, sehr dichtes blondes Haar, das lose herabhängt; glatt, helmartig umgibt es ihren Kopf. Die Frau heißt Leni Pfeiffer, ist eine geborene Gruyten, sie hat zweiunddreißig Jahre lang, mit Unterbrechungen versteht sich, jenem merkwürdigen Prozeß unterlegen, den man den Arbeitsprozeß nennt: fünf Jahre lang als ungelernte Hilfskraft im Büro ihres Vaters, siebenundzwanzig Jahre als ungelernte Gärtnereiarbeiterin. Da sie ein erhebliches immobiles Vermögen, ein solides Mietshaus in der Neustadt, das heute gut und gerne vierhunderttausend Mark wert wäre, unter inflationistischen Umständen leichtfertig weggegeben hat, ist sie ziemlich mittellos, seitdem sie ihre Arbeit unbegründet und ohne krank oder alt genug zu sein, aufgegeben hat. Da sie im Jahre 1941 einmal drei Tage lang mit einem Berufsunteroffizier der Deutschen Wehrmacht verheiratet war, bezieht sie eine Kriegerwitwenrente, deren Aufbesserung durch eine Sozialrente noch aussteht. Man kann wohl sagen, daß es Leni im Augenblick – nicht nur in finanzieller Hinsicht – ziemlich dreckig geht, besonders seitdem ihr geliebter Sohn im Gefängnis sitzt. (S. 7)

Das ist nicht sehr viel mehr als eine Art Steckbrief, der Umriss einer Figur, den es erst noch auszumalen und andererseits in einen Kontext – eben ins Zentrum des Gruppenbildes – zu stellen gilt. Dies geschieht, bei aller Lockerheit der Erzählfolge, grob gesagt in drei Schritten: Im *ersten Kapitel* wird als Ergänzung der oben zitierten Passage eine vorläufige Lebens- und Charakterskizze Lenis sowie eine Beschreibung ihres Milieus und ihrer Lebensweise gegeben. Dabei werden auch die verschiedenen „Auskunftspersonen" profiliert, von denen viele selbst eine Rolle in Lenis Leben und Schicksal gespielt haben und nun – wie auch die Verstorbenen, von denen sie erzählt – neben ihr im imaginären Gruppenbild stehen. Zu Beginn des *zweiten Kapitels* erfolgt, nach dem Muster vieler, besonders so genannter realistischer Romane, eine *aufbauende Rückwendung:* „Nun ist Leni natürlich nicht immer achtundvierzig Jahre alt gewesen, und es muß notwendigerweise zurückgeblickt werden" (S. 29), was in den *Kapiteln 2 bis 8,* mit einer Rückwendung auf die „Elf- und Zwölfjährige" (S. 30) und dann im großen und ganzen der Chronologie folgend geschieht. In den *Kapiteln 9 bis 14* wird die *Vorzeithandlung* schließlich mehr und mehr von einer *Gegenwartshandlung* überdeckt, die Leni in Konfrontation und Konflikt mit der – ihr überwiegend feindlich gesinnten – Umwelt zeigt und von den Aktivitäten ihrer Freunde und Sympathisanten berichtet, jenem „Helft-Leni-Komitee", in dem sich nach und nach auch der „Verf." – jetzt als aktive Figur unter anderen Figuren – engagiert. Damit wird schließlich auch auf den Erzählbeginn, Lenis „ziemlich dreckige" Lage, zurückverwiesen.

Auf beiden Handlungsebenen bleibt Leni, die immer nur in den Berichten und Charakteristiken des Verf.s bzw. seiner Auskunftspersonen erscheint und niemals selbst das Wort ergreift, im Fokus des Interesses und der Recherchen. Man könnte sie eine personifizierte *Unbestimmtheitsstelle* nennen. Gleichzeitig – und scheinbar ohne Plan und Absicht – wird dadurch aber das Gruppenbild insgesamt komplettiert und historisch vertieft. Damit entsteht ein soziologischer und historischer Quer- und Längsschnitt zugleich: ein Panorama deutscher Zeitgeschichte vor, im und nach dem Zweiten Weltkrieg. Mit Siegfried Lenz kann man sagen, dass uns Böll „Personal" auch in diesem Roman wieder zu „Teilhabern an einem Erinnerungsfond macht, der uns mehr belastet als freispricht"[155]: kleine und größere Nazis, Opportunisten

---

[155] Siegfried Lenz: Sein Personal, in: Marcel Reich Ranicki (Hrsg.): In Sachen Böll. Ansichten und Einsichten, München 1971, S. 32.

und Karrieristen, Kriegs- und Schwarzmarktgewinner, junge Soldaten, die das Kriegsende nicht mehr erleben, ihre trauernden Geliebten und Mütter, russische Zwangsarbeiter, enttäuschte Altkommunisten, religiöse Würdenträger, sympathisch-sanfte oder schrullige Gelehrte. Figuren und Typen also, wie sie bereits Bölls Romane und Erzählungen der fünfziger Jahre, besonders *Haus ohne Hüter* und *Billard um halbzehn* bevölkern; und selbst eine scheinbar so ausgefallene Figur wie die jüdische Nonne Rachel, Lenis lebenskundige Lehrmeisterin, ist bereits in *Wo warst Du, Adam?* (1951) in der Figur der katholisch getauften ungarisch-jüdischen Lehrerin Ilona vorgebildet.

Böll hält also an seinem programmatischen Erzählprinzip der „*Fortschreibung*"[156] fest, was sein Figurenarsenal sowie einzelne Themen und Episoden, besonders aus der Kriegszeit, angeht. Insofern lebt der Roman vor allem in der Vergangenheitshandlung – als Gestaltung erlebter Geschichte – wesentlich auch von den *Nebenfiguren* und ihren Schicksalen. Die politischen Kräfte, Zäsuren, Konflikte deutscher Geschichte im 20. Jahrhundert sind oft in unscheinbaren Episoden, Charakteristiken, Bemerkungen solcher Nebenfiguren enthalten – etwa die historischen Niederlagen und politischen Fehler der deutschen Arbeiterbewegung, wie sie sich in den Erzählungen von Ilse Kremer oder Grundtsch abzeichnen (S. 188ff., 232ff.).

In deutlichem Kontrast zu solchen Nebenfiguren erscheint die *Hauptfigur* Leni vielfach in die Widersprüche der Zeitgeschichte verstrickt, ihr auf seltsame Weise aber auch entrückt. Im Roman selbst wird diese Ambivalenz mit dem paradoxen Satz charakterisiert: „Ja, es gibt sie, und doch gibt es sie nicht. Es gibt sie nicht, und es gibt sie." (S. 435) Damit ist ironisch auch Bölls Anspruch bezeichnet, eine zugleich realistische und utopische Kunstfigur zu schaffen. Erzähltechnisch wird dies wesentlich durch die schon erwähnte indirekte und multiperspektivische Figurenzeichnung erreicht. Der Verf. selbst muss gestehen, dass seine „Zusammenfassung" von Lenis Eigenschaften und Schicksalen nicht eindeutig oder hinreichend ist. Leni sei

vielleicht ein wenig beschränkt, Mischung aus romantisch, sinnlich und materialistisch, ein bißchen Kleistlektüre, Klavierspiel, eine dilettantische, wenn auch tiefgreifende oder -sitzende Kenntnis gewisser Sekretionsvorgänge; nimmt man sie als (...) verhinderte Liebhaberin, als mißglückte Witwe, zu drei Vierteln Waisenkind (Mutter tot, Vater im Gefängnis): mag man sie für

---

[156] Gruppenbild mit Dame. Tonbandinterview, S. 250.

halb- oder gar kraß ungebildet halten – so erklärt doch keine dieser fraglichen Eigenschaften und nicht deren Komposition die Selbstverständlichkeit ihres Handelns in jenem Augenblick, den wir gemeinsam die ‚Stunde der Tasse Kaffee‘ nennen wollen. (S. 219)

Damit ist nun auf die zentrale Episode der Handlung angespielt, Lenis sogenannte „Wiedergeburt“, ihr „zentrales Erlebnis“ (S. 219), das denn auch ziemlich genau in der Mitte des Textes (Kapitel 6) erzählt wird: ein geradezu novellistisch-unerhörtes Ereignis! Diese Szene „Ende 43/Anfang 44“ spielt in Pelzers Friedhofsgärtnerei; dieser selbst, der (relativ sympathisch gezeichnete) Opportunist und Kriegsgewinnler, erinnert sich an die schicksalhafte Begegnung Lenis mit dem russischen Kriegsgefangenen und Zwangsarbeiter Boris wie folgt:

> Das fing mit einer Tasse Kaffee an, die Leni dem Russen rüberbrachte, bei der Frühstückspause kurz nach neun. (…) Sie schenkte dem Russen aus ihrer Kanne Kaffee in ihre Tasse ein und bringt sie ihm rüber an den Tisch, wo er arbeitete. Das war für Leni eine Selbstverständlichkeit, jemand, der weder ne Tasse noch Kaffee hatte, eine Tasse Kaffee anzubieten – aber glauben Sie, die hat gewußt, wie *politisch* das war. Ich habe gesehen, daß sogar die Ilse Kremer blaß wurde – die wußte nämlich, wie politisch das war: einem Russen eine Tasse 1:3-Kaffee bringen, der mit seinem Duft alle anderen Plempegemische sowieso totschlug. (S. 213f.)

Der *Schlüssel- und Symbolcharakter* dieser Szene wird mehrfach herausgestellt. So, wenn Pelzer selbst die Kaffeetasse in leicht ironischer Absicht mit dem „heiligen Kelch“ des Abendmahls (S. 215) vergleicht; vor allem aber, wenn diese Szene nicht nur von ihm selbst, sondern auch von anderen Augenzeugen und Auskunftspersonen mehrfach (nach Genette: repetitiv) und ausführlich geschildert wird. Die kunstvoll arrangierte Multiperspektivik des Romans hat hier ihr innerstes Zentrum. Leitmotivisch wird Lenis Verhalten von Pelzer wie vom Erzähler als das bezeichnet, was es unter den politischen Bedingungen keinesfalls sein konnte: als „Selbstverständlichkeit“ (S. 217, 219, 220, 221). Die Auskunftsperson Grundtsch sieht darin einerseits, wie Pelzer, und in einer ironischen Verwendung von Nazi-Sprache, Lenis „Entscheidungsschlacht“ (S. 216, 218) für eine menschliche Haltung gegen die politisch ausgegrenzten „Untermenschen“ (S. 218), und andererseits den Ausdruck ihrer „reine(n) naive(n) Menschlichkeit“ – eine fast allzu deutliche Anspielung auf Goethes Iphigenie, die Künderin „reiner" Menschlichkeit[157].

Die fast groteske Verflechtung von militärischem und humanitärem Diskurs verweist auf die Spannung, in der Lenis „unerhörtes" Verhalten steht. Subjektiv bestimmend ist es für sie, das zwischenmenschlich Selbstverständliche auch unter widrigen oder gefährlichen Bedingungen zu tun, gleich ob es dabei um Zuwendung zu anderen oder um die eigenen Bedürfnisse geht. Wenn Pelzer allerdings bemerkt, Lenis Annäherung an Boris sei „erotisch und politisch ne Kühnheit, fast ne Frechheit" gewesen (S. 23), so verweist das auf die objektiven, die historisch-politischen Bedingungen, unter denen jene „Stunde der Tasse Kaffee" sowie die bald darauf folgende (wiederum religiös konnotierte) Szene der „Handauflegung" (S. 222) und schließlich die gesamte Liebesbeziehung zwischen Boris und Leni stehen. Für den Autor Böll stellt sich dabei die Frage, ob und wie seine fiktionale Darstellung die historische Wahrheit von Nazi-Herrschaft und Weltkrieg treffen kann. Auf eine kritische Einwendung antwortete er: „Wenn ich weiß, daß es eine Todesstrafe bedeuten konnte, einem Juden oder einem sowjetischen Kriegsgefangenen eine Zigarette zu schenken, dann weiß ich alles über die Nazizeit. (...) Ich nenne jetzt nur die Zigarette, um 12 Jahre deutscher Geschichte zu illustrieren. Mehr brauch ich eigentlich nicht zu wissen. Da brauch ich nicht über die KZs zu schreiben, denn sie sind da drin, nicht wahr?"[158]

Mit dieser auch andernorts bekräftigten Darstellungsmaxime, das historisch Allgemeine im individuell Besonderen zu zeigen, nähert sich der Romancier einerseits durchaus neueren Betrachtungsweisen der Geschichtsschreibung an, die unter den Begriffen *Alltags- und Mentalitätsgeschichte* firmieren. Andererseits ist leicht zu erkennen, dass und wie Böll ein zentrales Thema seines bisherigen, besonders auch seines früheren Werkes, nämlich die „Liebe im Krieg"[159] weiterführt und fortschreibt. Auch die Ausgestaltung der Szene zu einer fragilen, von außen wie innen bedrohten erotischen oder familiären *Idylle,* hier ironisch das

---

[157] Vgl. in Goethes Schauspiel *Iphigenie auf Tauris* die Verse 1874, 1968 u.ö. sowie das spätere Widmungsgedicht Goethes mit der oft zitierten Wendung „Alle menschlichen Gebrechen / Sühnet reine Menschlichkeit".

[158] Schreiben und Lesen. Gespräch mit Karin Struck am 23. 10. 1973, in: Heinrich Böll Werke, Bd. 24, S. 400f.

[159] Arpád Bernáth: Zur Stellung des Romans „Gruppenbild mit Dame" in Bölls Werk, in Matthaei (Hrsg.): Die subversive Madonna, S. 34.

„Sowjetparadies in den Grüften" genannt (S. 319), ist aus früheren Werken bekannt (und wird noch im Spätwerk wiederholt werden).

Bei aller thematischen und erzählerischen Kontinuität ist aber der ganz unverwechselbare, (selbst-)ironisch spielerische Erzählton von *Gruppenbild mit Dame* nicht zu überhören. Insgesamt nimmt Böll den symbolisch, ja „sakramental" gefärbten Realismus zurück, der in den frühen Nachkriegstexten wurzelte und lange das Bild des Autors geprägt hat. Oder besser gesagt: er bricht und ironisiert diese Schreibweise. Das wird an der Ausgestaltung der abendmahlsähnlichen „Stunde der Tasse Kaffee" ebenso deutlich wie an zahlreichen durchlaufenden, das heißt Vergangenheits- und Gegenwartshandlung verbindenden Motiven zur Charakterisierung Lenis. So wird das früher allzu sakramental eingesetzte Brot-Symbol fortgeführt, zugleich aber humoristisch variiert in jenen „zwei unabdingbaren knackfrischen Brötchen", die für Lenis Frühstück „wichtiger sind als für andere Leute irgendwelche Sakramente" (S. 11, 24). Damit erreicht Böll eine neue Qualität seines Erzählens: Die symbolischen Anspielungen werden ungezwungener aus der Realhandlung entwickelt, wirken nicht mehr so aufgesetzt wie oftmals in den Romanen der mittleren Phase; oder sie werden von Anfang an – durch das Medium des betulichen Erzählers – ironisiert. Mit Recht konnte man insofern die „wohltuende Anstrengungslosigkeit" des Erzählens in diesem Roman loben. Nicht mehr der „bisweilen ein wenig kurzsichtige Milieurealismus" mit aufgesetzten Symbolisierungen dominiere hier, urteilt etwa Kurt Batt, „sondern eine epische Souveränität, die gelassen, auch eulenspiegelhaft, zu Zeiten scheinbar disziplinlos frei fabulierend, die schlechte Wirklichkeit phantasievoll, ja utopisch unterminiert."[160]

Eine Utopie vom einfachen Leben

Worin aber liegt nun die von der Literaturkritik so oft beschworene „subversive" und „utopische" Qualität der Hauptfigur begründet? In allen Bereichen des alltäglichen Lebens verhält Leni sich einerseits bescheiden, andererseits anspruchsvoll. Die Einschränkungen, die sie auf Grund ihrer finanziellen Notlage erdulden muss, treffen auf eine scheinbar anspruchslose Mentalität. Sie verweigert sich dem Zwang der Mode und des Konsums, trägt ihre jahrzehntealte Kleidung und eine unmodi-

---

[160]   Batt: Die Exekution des Erzählers, S. 170.

sche, nach allgemeiner Ansicht für sie ungünstige Frisur. Sie isst wenig, aber sie besteht konsequent auf dem Genuss der „knackfrischen" Frühstücksbrötchen. Durchweg ist die erzwungene oder auch freiwillige Einschränkung, der Konsumverzicht nur die Kehrseite eines besonderen Qualitätsanspruchs. Dies wird an ihren ästhetischen Vorlieben und Gewohnheiten besonders anschaulich. Sie liest nur wenige Autoren von höchstem Rang, immer wieder Kleist, Hölderlin, Kafka, Trakl, Brecht, Tolstoi,

> sieben oder acht Bände, sind auf die honorigste, für die Autoren schmeichelhafteste Weise zerlesen, so sehr, daß sie mit den verschiedensten Klebmitteln und Klebestreifen immer wieder und wenig fachkundig zusammengeflickt worden sind, teilweise einfach durch Gummiband lose zusammengehalten werden. Angebote, ihr Neuausgaben (…) zu schenken, lehnt Leni mit einer fast beleidigenden Entschiedenheit ab. (S. 21f.)

Sie spielt „nur zwei Klavierstücke von Schubert", aber so „meisterhaft", dass noch die jahrzehntelange Wiederholung den Musikexperten Schirtenstein fasziniert (S. 16):

> Da spielte nicht einer Klavier, da – da *geschah* Musik (…) das Moderato aus der a-moll-Sonate und das Allegretto aus der G-Dur-Sonate, so klar, so hart und so tief, wie ich es noch nie gehört habe (…). Das war einfach Weltklasse. (S. 121)

Entsprechendes gilt für den Erfahrungsbereich der Erotik. Leni lebt, unter dem Druck der Umstände wie aus eigener Wahl, weitgehend enthaltsam, sie zehrt offenbar von ihren wenigen lebensgeschichtlichen Glücksmomenten (vgl. S. 10). Auf der anderen Seite vermag sie alltägliche Wahrnehmungen und Empfindungen mit einer „enormen", „fast genialen Sinnlichkeit" (S. 23, 41) aufzuladen; besonders markant in einer offensichtlich vom Romanwerk Marcel Prousts (das auch an anderer Stelle des Roman gerühmt wird) inspirierten Episode[161]:

---

[161] Auf dem Weg zu einem abendlichen Fest tritt dort der Erzähler „unwillkürlich auf die schlecht behauenen Pflastersteine" im Hof des Palais Guermantes. Die dadurch ausgelöste „unwillkürliche" Erinnerung leitet die Schluss-Sequenz des Romanwerks ein, an deren Ende der Erzähler den Plan fasst, seine Memoiren zu schreiben. Vgl. Marcel Proust: Auf der Suche nach der verlorenen Zeit, Bd. 13: Die wiedergefundene Zeit, Frankfurt a.M. 1964, S. 275-518.

morgens, als sie beim Brötchenholen die Straße überquerte, hat ihr rechter
Fuß eine kleine Unebenheit auf dem Straßenpflaster wiedererkannt, die er –
der rechte Fuß – vor vierzig Jahren, als Leni dort mit anderen Mädchen Hüp-
fen spielte, zum letztenmal erfaßt hatt; es handelt sich um eine winzige Bruch-
stelle an einem Basaltpflaststein, der schon, als die Straße angelegt wurde, etwa
im Jahr 1894, vom Pflasterer abgeschlagen worden sein muß. Lenis Fuß gab
die Mitteilung sofort an ihren Hirnstamm weiter, jener vermittelte diesen
Eindruck an sämtliche Sensibilitätsorgane und Gefühlszentren, und da Leni
eine ungeheuer sinnliche Person ist, der sich alles, aber auch alles sofort ins
Erotische umsetzt, erlebte sie vor Entzücken, Wehmut, Erinnerung, totaler
Erregtheit jenen Vorgang, der – womit dort allerdings etwas anderes gemeint
ist – in theologischen Lexika als ‚absolute Seinserfüllung‘ bezeichnet werden
könnte; der von plumpen Erotologen und sexotheologischen Dogmatikern,
auf eine peinliche Weise reduziert, mit Orgasmus bezeichnet wird. (S. 12f.)

Lenis Verweigerung gegenüber Leistungs- und Konsumzwängen, ihre
Autonomie bei der Formulierung und Befriedigung ihrer Bedürfnisse,
schließlich die Sensualisierung des Alltäglichen, all das sind „Züge eines
Menschenbildes, das bewußt der Profitgesellschaft"[162] entgegen gestellt
wird, das Leni als „Figur gewordene Projektion der Hoffnung"[163] auf ein
„richtiges Leben" erscheinen lässt. Das heißt nicht, dass Leni „verein-
samt" (S. 13) wäre; vielmehr entfaltet sich ihr alternatives Lebenskonzept
erst in Wechselwirkung mit einer sozialen Gemeinschaft: eben als „Gruppenbild mit Dame".

Diese Konstellation wird in der Gegenwartshandlung des Romans
entfaltet, die in den Schlusskapiteln ganz im Vordergrund steht. Ausgerechnet ihr geldgieriger Vetter Kurt Hoyser, der die völlige Vertreibung
Lenis und ihrer multikulturellen Untermieterschaft aus dem Hause betreibt, das seine Familie ihr unter fast kriminellen Umständen bereits
abgegaunert hat, macht sich zum Sprecher der Profitgesellschaft, für die
Lenis Lebensweise störend, ja bedrohlich ist:

Tante Leni (…) empfinde er als im wahrsten Sinne des Wortes reaktionär, es
sei inhuman oder, um ein deutsches Wort zu gebrauchen, unmenschlich, wie
sie instinktiv, hartnäckig, unartikuliert, aber konsequent sich weigere, jegliche
Erscheinungsform der Profitdenkens nicht etwa ablehne, sondern einfach
verweigere. Zerstörung und Selbstzerstörung gehe von ihr aus (…). Nicht er,
sie sei ein Unmensch, denn ein gesundes Profit- und Besitzstreben läge, und

---

[162] Hans Joachim Bernhard: Die Romane Heinrich Bölls. Gesellschaftskritik und Gemein-
schaftsutopie, 2. Aufl. Berlin/DDR 1973, S. 364.
[163] Batt: Exekution des Erzählers, S. 173.

das sei von der Theologie nachgewiesen und werde sogar von marxistischen Philosophen immer mehr bejaht, in der Natur des Menschen. (S. 406)

Auf der anderen Seite geht von der scheinbar selbstgenügsamen Frau eine starke, das soziale Umfeld neu ordnende Kraft aus. Fasziniert von Lenis affektiver Stärke wie von ihren lebenspraktischen Schwächen ordnet sich um sie herum jene Gruppe, deren ironische Bezeichnung als „Helft-Leni-Komitee" nicht darüber hinwegtäuschen kann, dass sie sehr ernsthaft als ein alternatives, sozialutopisches Modell des Zusammenlebens und -wirkens proklamiert wird – im frühmarxistischen Sinne einer „Assoziation, worin die freie Entwicklung eines jeden die Bedingung für die freie Entwicklung aller ist".[164]

Diese Gruppe, die nun – ein wenig im Sinne der antiautoritären Bewegung von 1967/68 – Protest- und Widerstandsaktionen gegen die drohende Räumung organisiert, rekrutiert sich zumeist aus unterprivilegierten oder randständigen Schichten der Wohlstandsgesellschaft: Lenis Freundinnen und ehemalige Kolleginnen aus der Generation der so genannten Trümmerfrauen, die ausländischen Lebens- und Arbeitsgenossen Lenis und ihres Sohnes Lev (der sich als herausragender Leistungsverweigerer bei der Städtischen Müllabfuhr einen Namen gemacht hat); nonkonformistische und nicht mehr ganz junge Intellektuelle wie Schirtenstein oder der „Verf." selbst, die sich zu ihrem eigenen Erstaunen in einer „Einigkeit der Einzelgänger"[165] wiederfinden. Sie alle beschützen Leni gegen den drohenden Zugriff der Profitgesellschaft und gewinnen andererseits eigene Wertorientierung und affektive Stärke aus der „reinen naiven Menschlichkeit" ihres Schützlings. Daraus erwächst – ungeplant und unvermutet – ein immer dichteres Band der Sympathie innerhalb dieser Gruppe, die man sich schließlich als eine Mischung aus Bürgerinitiative und urchristlichen Gemeinde vorstellen darf. Augenzwinkernd deutet der „Verf." „grassierendes Händchenhalten" als Zeichen dieser emotionalen Verflechtung und registriert „massenhaft Happy-Ends" (S. 434) – wobei die besondere Pointe darin liegt, dass er selbst nun ganz in diese Gruppendynamik einbezogen ist und sich dauerhaft in eine ehemalige Nonne und promovierte Germanistin verliebt. So locker die Exposition des Romans entfaltet wurde, so leichthändig oder

---

[164] Karl Marx/Friedrich Engels: Manifest der Kommunistischen Partei (1848), in: Marx Engels Werke, Bd. 4, Berlin 1972, S. 482.

[165] Eine von Böll selbst geprägte Wendung, ursprünglich auf die Interessenvertretung der bundesdeutschen Schriftsteller bezogen.

auch nachlässig werden am Ende die Handlungsfäden gebündelt: ein Märchen- oder Operettenschluss mit utopischen Einschlägen, ein wenig in der Traditionslinie von Goethes *Wilhelm Meister.*

Die utopische Qualität der weiblichen Hauptfigur wird erzählerisch besonders durch das *typologische* oder *figurale* Verfahren hervorgehoben, das heißt durch die Anlehnung an Figurengestaltung und Handlungsführung der biblischen Geschichte. Von Leni selbst wird zu Anfang wie am Ende des Romans gesagt, dass sie „mit der Jungfrau Maria auf vertrautem Fuß" steht oder, unter besonderen Bedingungen und auf der allerletzten Romanseite, sogar mit ihr identisch erscheint (S. 20f., vgl. 467). Die Geburt von Lenis und Boris' Sohn Lev, Anfang 1945 in der Gärtnerei, erinnert an die vertraute Krippenszene – „wie die beiden mit ihrem Söhnchen da hausten: wie die Heilige Familie" (S. 300); Lenis Freundin Margret erscheint als „Magdalena-Figur schlechthin", wodurch Leni erneut in die Position der Maria (dies ist auch ihr zweiter Vorname) rückt. Zahlreiche weitere Entsprechungen und Anspielungen tragen, wie Theodore Ziolkowski betont hat, dazu bei, durch die „Anwendung einer säkularisierten kirchlichen Form" schließlich auch das „Thema einer säkularisierten christlichen Heiligkeit adäquat zu gestalten".[166] Dieser Zug ist auch von der Literaturkritik sofort wahrgenommen worden: Wolfram Schütte bezeichnete den Roman als eine „häretische Marienlegende"[167]. Später hat der Literaturwissenschaftler Hans Joachim Bernhard den „Rückgriff auf Elemente des Heiligen Madonnenhaften", des „Legendenhaften" aus marxistischer Sicht als Bölls Versuch gedeutet, eine „humanistische Position" in allgemeiner Form, „getrennt vom Geschichtlichen" zu gestalten.[168]

Die politische Dimension

Das typologische Verfahren dient der Transzendierung, der Loslösung einer Figur bzw. eines Geschehnisses von der Geschichte; das sollte uns aber nicht hindern, Bölls Figurengestaltung im Horizont historisch-ge-

---

[166]   Theodore Ziolkowski: „Typologie" und „einfache Form" in „Gruppenbild mit Dame", in: Renate Matthaei (Hrsg.): Die subversive Madonna, S. 126, 138.

[167]   Wolfram Schütte: Häretische Marienlegende, kräftig abgedunkelt, in: Frankfurter Rundschau, 7. 8. 1971; auch in Böll: Werke 17, S. 507ff.

[168]   Bernhard: Die Romane Heinrich Bölls, S. 73.

sellschaftlicher Erfahrung, also in einer politischen Dimension zu diskutieren. Das Modell eines einfachen, sinn- und genussvollen Lebens, wie Böll es am Beispiel von Leni und ihrer sozialen Integrationskraft entwirft, umfasst drei ineinander greifende Komponenten:

Zunächst die umfassende, spontane, fast instinktive *Verweigerung* gegenüber den Zwängen und Zumutungen des Spätkapitalismus. Sie wendet sich gegen die moderne Konsum- und Überflussgesellschaft einerseits, die arbeitsteilige, durchrationalisierte, profitorientierte Leistungsgesellschaft andererseits. – Sodann die ebenfalls spontan, ohne politische oder theoretische Ableitung praktizierte Selbstbestimmung der individuellen Bedürfnisse und die Kultivierung der subjektiven *Genussfähigkeit*. Dabei werden körperlich-sensitiver, ästhetisch-intellektueller und erotischer Genuss nicht getrennt oder hierarchisiert, sondern in eine alltäglich-kulturelle Lebenspraxis integriert. – Schließlich eine auf diese individuellen Haltungen begründete Form der *Gruppenbildung*, die pluralistisch, egalitär und kooperativ strukturiert ist und uneigennützigen, stark gefühlsbezogenen Wertorientierungen folgt. Ihr gelingt insbesondere die Integration sozial ausgegrenzter und unterprivilegierter Menschen.

Mit dem Soziologen Max Weber könnte man den Verhaltenstypus, den Leni demonstriert, und das sich anschließende Sozialmodell als ein Konzept der *Wertrationalität* bestimmen, als ein Ensemble von in sich wertvollen Handlungen und Interaktionen – im Gegensatz zur gesellschaftlich dominierenden *Zweckrationalität*, die den allergrößten Teil unserer Handlungen als bloße Mittel zu außer ihnen liegenden Zwecken definiert.[169] In der Böll-Forschung wird das „Modell Leni" darüber hinaus mehrfach mit dem sozialphilosophischen Konzept der „Großen Verweigerung" in Beziehung gesetzt. Nach einem frühen Hinweis von Kurt Batt wurde die Affinität zwischen *Gruppenbild mit Dame* und theoretischen Schriften des Philosophen Herbert Marcuse, insbesondere *Triebstruktur und Gesellschaft* sowie *Versuch über die Befreiung* (beide 1969 deutsch erschienen), vor allem von Christian Linder und Herbert Herlyn herausgearbeitet.[170]

---

[169] Max Weber: Wirtschaft und Gesellschaft. Grundriß der verstehenden Soziologie, Tübingen 1976, S. 12f.

[170] Christian Linder: Heinrich Böll. Leben & Schreiben 1917-1985, Köln 1986; Heinrich Herlyn: Heinrich Böll als utopischer Schriftsteller. Untersuchungen zum erzählerischen Werk, Bern 1996, S. 73-138.

Man darf annehmen, dass der eifrige Leser Heinrich Böll die Schriften oder auch Reden Marcuses gekannt hat, der um 1968 häufig in der Bundesrepublik und Westberlin war und bekanntlich starken Einfluss auf die deutsche Studentenbewegung hatte. Aber auch unabhängig davon kann man eine Reihe von klaren Entsprechungen zwischen dem Roman und einem sozialphilosophischem Programm herausstellen (das zu einem nicht unwesentlichen Teil sogar auf Friedrich Schiller[171] zurück geht): Die Abwehr des Leistungsprinzips in seinen verschiedenen Erscheinungsformen, besonders auch als Konsumzwang; die Umwandlung von fremdbestimmter Arbeit in Spiel oder selbstbestimmte ästhetische Tätigkeit; die befreiende Kraft von Phantasie, Erinnerung und Kunst; die Entgrenzung des Erotischen und das Zurücktreten zielgerichteter Sexualität; die Hoffnung auf systemverändernde Aktivitäten und die Kooperation sozialer Randgruppen.

Darüber hinaus, dies macht der historische Rückblick über fast vier Jahrzehnte inzwischen vielleicht deutlicher, steht *Gruppenbild mit Dame* und steht das utopische Konzept eines einfachen Lebens aber auch in übergreifenden werk- und literaturgeschichtlichen Kontinuitäten, die ich abschließend in aller Kürze zumindest skizzieren will.

Die *Verweigerung* ist ein zentrales Selbstdeutungsmuster im literarisch politischen Diskurs der ersten Generation westdeutscher Nachkriegsautoren und -autorinnen. Wenn Ingeborg Bachmann poetisch die „Flucht von den Fahnen" und die „Nichtachtung jeglichen Befehls"[172] proklamiert, dann spricht sie für die kritische Intelligenz der Adenauer-Zeit schlechthin. Im Rückzug auf einen radikalen Individualismus und eine private Ethik soll eine Gegenposition zu dem als kryptomilitärisch erlebten System der früheren Nachkriegszeit gewonnen werden. In den Motiven der Absonderung, der Verweigerung – oder zugespitzt in der Fahnenflucht – wird diese nonkonformistische Position dann auch poetisch und erzählerisch ausgestaltet – von Bachmann, von Günter Eich, Wolfgang Koeppen, Alfred Andersch, und immer wieder von Heinrich Böll.[173]

---

[171]   Vgl. Friedrich Schiller: Über die ästhetische Erziehung des Menschen in einer Reihe von Briefen. Hrsg. v. Klaus L. Berghahn, Stuttgart 2000, besonders auch das Nachwort des Herausgebers S. 253-286.

[172]   Ihr Gedicht „Alle Tage" zitiert Böll in seinen „Frankfurter Vorlesungen" von 1964, in: Heinrich Böll Werke, Bd. 14, S. 162.

[173]   Vgl. Jochen Vogt: „Nicht mehr mitspielen, nie mehr vergessen". Nonkonformistische Motive in Romanen der Adenauer-Zeit, in: J.V. „Erinnerung ist unsere Aufgabe", S. 41-55.

Im Gegensatz dazu ist die *Ästhetik des Brotes*, für die sich Böll bereits in den *Frankfurter Vorlesungen* „präpariert und prädestiniert" erklärt[174], ein sehr persönliches Projekt. Gewiss haben auch Eich oder Wolfgang Borchert in den Hungerjahren nach 1945 das Essen als Indiz der *conditio humana* poetisiert. Böll aber macht das Brot, das sich je nach Situation auch in Pflaumenkuchen, Kaffee, Zigaretten oder Cognac (aber niemals in Currywurst!) verwandeln kann, bis in die siebziger Jahre zu einem seiner zentralen Motive. An den „Lebensmitteln", an ihrer Zubereitung und an den Umständen ihres Verzehrs wie auch am zwischenmenschlichen Geschehen, in das sie eingebunden sind, lässt sich nicht nur der Wohlstand, sondern auch die Humanität oder Inhumanität der jeweiligen Gemeinschaft oder Gesellschaft ablesen. Dabei durchdringen sich, leicht erkennbar, lebensgeschichtliche Erfahrungen der Hungerjahre im bzw. nach dem Ersten und Zweiten Weltkrieg mit einem symbolischen Verständnis von Essen und Trinken, wie es in der christlichen Tradition vorgeprägt ist. In seiner „Ästhetik des Brotes" säkularisiert Böll die Symbolik des Abendmahls und spiritualisiert zugleich den Vorgang unserer leiblichen Reproduktion.

Eine ähnliche Deutung bietet sich schließlich auch für Bölls typische *Gruppen* seit dem Frühwerk an. Sie mögen sich, je nach Kontext, als Betgemeinschaft oder Liebesbund, als Landkommune oder Hilfskomitee darstellen – ihre Tiefenstruktur gibt stets das Vorbild der Familie oder das der urchristlichen Gemeinde zu erkennen. Seine eigenen, außergewöhnlich starken und identitätsstiftenden familiären Bindungen hat Böll mehrfach beschrieben und reflektiert, etwa in der autobiographischen Skizze *Was soll aus dem Jungen bloß werden?* (1981). Aber auch hier wird persönliche und historische Erfahrung von vorgeprägten Mustern aus dem christlichen Traditionszusammenhang überformt. Nicht erst im *Gruppenbild* ähneln die Wunschfamilien seiner Romane durchweg dem Bild der Heiligen Familie, die ja schließlich auch keine natürliche, sondern eine symbolische Ersatz- oder *patchwork*-Familie ist. Und auch die andere Form der Gruppenbildung, die Gemeinschaft der Gläubigen nach urchristlichem Muster, der als säkularisierte Variante auch das „Helft-Leni-Komitee" zuzurechnen ist, findet spätestens in der denkwürdigen Imbissbude (!) von *Und sagte kein einziges Wort* (1953) zusammen. Weil es sich dabei um eine wesentlich egalitäre und nicht institutionalisierte Gemeinschaft handelt, kann Böll dieses Modell auch aktualisierend für

---

[174] Vgl. Heinrich Böll Werke, Bd. 14, S. 192.

seine Kritik an der Amtskirche bzw. der Bürokratie schlechthin nutzen. Zugleich lässt es sich ebenso zwanglos mit der „Ästhetik des Brotes" verbinden – zu jenen säkularisierten Varianten des Abendmahls, denen wir in Bölls Romanen und Erzählungen immer wieder begegnen.

Arbeitsvorschlag

Auf die strukturelle Nähe oder Analogie zwischen Uwe Timms *Die Entdeckung der Currywurst* (1993) und Heinrich Bölls *Gruppenbild mit Dame* (1971) habe ich einleitend schon hingewiesen. Ein detaillierter Vergleich, der sowohl die narrative Konstruktion und Erzählstrategie, wie auch die Figurenkonstellation, die Thematik und ihre zeithistorische Einbindung berücksichtigt, wäre sicher lohnend – im großen Ganzen wie in vielen Details.

Namen- und Titelregister